Zwischen Immer und Nie

Engidu

Die Erschaffung Engidus, des wilden Mannes aus dem Gilgamesch-Epos, hat zur Veranlassung eine menschliche Not. Gilgamesch, der Göttergleiche, herrscht über die Stadt Uruk. Er ist der König, der große Hirte, aber sein Wesen ist Maßlosigkeit, er kennt keinen Schlaf und schont die Sterblichen nicht. Ihn abzulenken, ihm einen Kampfgesellen zu geben, wird Engidu von den Göttern erschaffen, nach ihrem Bilde aus Lehm geformt und mit göttlichem Speichel belebt.

Engidu ist nicht der erste Mensch, aber er ist der erste erwähnenswerte, der erste, an dem dank seiner Kraft und Schönheit, seiner Selbstüberwindung und seiner Treue das Menschenschicksal ein großes, tragisches Ansehen gewinnt. Die Geschichte seines Erwachens, seines Kämpfens und Leidens und endlich seiner verzweifelten Sehnsucht, heimzukehren in die Natur – das ist Menschheitsgeschichte, Menschheitstragik an sich.

Wie tierhaft zunächst Engidus Erscheinung ist, wird ausführlich geschildert. Langes Haar umwallt sein Gesicht, Haar überwächst, dicht wie Getreide, seinen Körper, er rauft sich Kräuter zur Speise und trinkt, wie das Vieh, über die Tränke gebeugt. Tier unter Tieren ist er, das herrlichste vielleicht, aber in seinem Verhalten noch kaum unterschieden von den Wesen der Natur.

Daß er heraustritt aus solchem paradiesischen Zustand, verdankt er wieder einem Vorsatz, einem menschlichen diesmal, einer menschlichen List. Denn so tierisch ist er doch nicht, daß er nicht einen Menschen störte durch Zuwerfen der Fanggruben und Unschädlichmachen der

Fallen, durch die Rettung des brüderlichen Getiers. Wo er sich blicken läßt, wagt der Jäger nicht mehr zu jagen, Not ist die Folge, wieder ist menschlicher Alltag in Frage gestellt. So kommt es zu der Verführung, die notwendig ist, damit der Jäger wieder seinem Handwerk nachgehen kann, notwendiger noch, damit sich Gilgameschs Schicksal erfüllt.

So wenig Engidu der erste Mensch ist, so wenig ist die Verführerin die erste Frau. Sie ist eine Geweihte und gleicht fast einer Priesterin, die die Aufgabe hat, den Urmenschen in die Stadt zu führen, aus der dumpfen, unendlichen Wildnis in die dem Chaos abgerungene, umfriedete Stadt. An der Tränke sitzt sie und wartet, und der Jäger weiß ihr nichts anderes zu raten als daß sie ihre Reize enthüllen soll – Schwächung und Verstrickung des unheimlichen Widersachers, das ist wohl seines Vorhabens Ziel. Aber was dann geschieht, geht über solche Absicht weit hinaus.

In der orientalischen Form der Wiederholung, der psalmenähnlichen Reihung gleichartiger, aber zu verschiedenen Zeiten eintretender Situationen wird die Verführung geschildert, ein Tag, noch ein Tag, an dem Engidu mit dem Wild zur Tränke kommt, der Jäger, im Gebüsch versteckt, flüstert und die Geweihte »ihre Wonne enthüllt«. Und dann erwacht Engidu – und vergißt.

Die Schilderung seiner Vereinigung mit der Geweihten erweckt Vorstellungen von kosmischem Zeugen und Empfangen, von dem Himmel, der fest auf der Erde ruht. Nach sieben Tagen und sieben Nächten ist Engidu gesättigt, aber er ist auch verwandelt, so sehr verwandelt, daß die Rückwendung ins Elementare nicht mehr gelingt. Sein Blick, den er aufhebt, um das Wild zu suchen, ist nicht mehr der alte Bruderblick und vor seiner Fremdheit weichen die Tiere zurück.

Für den Leser der Jetztzeit, der seine eigene Entfernung vom Garten Eden so deutlich ermessen kann, ist die Vergegenwärtigung dieses Augenblicks beinahe erschütternder als die biblische Geschichte von der Austreibung aus dem Paradies. Nicht von Schuld und Strafe ist hier die Rede, nicht auf das dornenreiche Feld führt Engidus Weg, sondern in Glanz und Glück. Der Verlust, den er erleidet, ist nicht anders ausgedrückt als durch das scheue Zurückweichen der Tiere und wird dennoch in seiner ganzen Unabwendbarkeit offenbar. Und schaudernd ahnt man, daß die Erkenntnis, die Engidu durch die zeugende Liebe gewinnt, auch die Kenntnis vom Tode in sich schließt, den die Tiere nicht voraussehen, der aber den Menschen mit unsäglicher Trauer erfüllt.

Hat Engidu schon über dem ersten Erkennen der Frau den Ort seines Ursprungs vergessen – jetzt ist er vollends verstört. Jetzt wanken seine Knie, sein Ungestüm ist verflogen, er setzt sich zu Füßen der Geweihten, und zum erstenmal im Leben »öffnet er sein Ohr«. Er hört an, was die Frau ihm zu sagen hat, diesen langen, lockenden Bericht von der reichen umfriedeten Stadt, von dem gesitteten Leben dort und von dem beinahe göttlichen Gilgamesch, der ihm selbst gleicht, aber noch stärker, noch gewaltiger ist als er.

»Sein Herz erkennend, sucht er einen Freund.« In diesen wunderbaren Worten, mit denen Hermann Ranke die entsprechende Stelle des Keilschrifttextes übersetzt hat, liegt das Wesentlichste der Wandlung Engidus, das Aufbrechen seiner Liebesfähigkeit, die Wendung aus dem sinnlichen Genuß in die menschliche Hingabe, die schon weiß »wie alles kommen wird«, die alle Notwendigkeit des Opfers schon aus der Ferne begreift.

Ein bißchen wilder Mann ist Engidu dabei noch immer,

noch muß er mit seiner eigenen Stärke prahlen und kann sich den Beginn der Bekanntschaft gar nicht anders vorstellen als durch ein Messen der Kräfte, wie etwa Knaben sich erst einmal verprügeln müssen, ehe sie zusammen Äpfel stehlen gehen. Aber der wilde Mann wird jetzt weiter gezähmt, er wird zunächst einmal bekleidet, vorläufig mit einem Stück Frauengewand, das dem Feigenblatt der Bibel gleichkommt, da es seine Blöße bedeckt. Dann findet das Festmahl statt, diese seltsame Hochzeitsfeier, deren Gäste die Hirten sind und bei der Engidu erst einmal lernen muß, etwas anderes zu essen als Gras und etwas anderes zu trinken als das Wasser aus dem Fluß. Er trinkt sieben Becher Wein und lernt darüber das Lachen, jene menschliche Fröhlichkeit, Ausgelassenheit und Spottlust, deren Fehlen wir als »tierischen« Ernst bezeichnen. Er lernt auch, sich zu schmücken, da nun andere Gewänder gebracht werden, Männerkleider, Waffen und Öl, das den Körper geschmeidig macht und das Antlitz schön. Und dann wahrscheinlich erzählen ihm die Hirten von den Feinden der Wildnis, dem Löwen vor allem, der den Frieden der Menschen bedroht. Denn am Ende dieser Episode ist Engidu ein Mensch unter Menschen, aber ein Löwenbändiger, ein Erlöser vom Schrecken, ein mächtiger Schutz.

In der nun folgenden Begegnung mit dem Herrn von Uruk wachsen die Gestalten Gilgameschs und Engidus so riesenhaft auf, daß wir das Gefühl haben, zurücktreten zu müssen, um sie überhaupt ins Auge fassen zu können. Solcher Abstand aber verwischt wieder die persönlichen Züge – an großen Menschen kennen wir kleine Eigenheiten, an Giganten nicht. Gilgamesch ist zu einem Drittel Gott, er ist erfüllt von Hybris und Ruhmsucht, er ist, wie wir schon sahen, den Menschen unbe-

quem in seiner rastlosen Tätigkeit, unheimlich auch und fremd. Er braucht einen Gefährten von anderer Art und anderem Ausmaß als die Ältesten und die Männer von Uruk, einen Neu-Erschaffenen, in dem das Menschsein sich erst zu all seinen Möglichkeiten erhöht. Der neue Freund kündigt sich ihm schon in Träumen an, als Bedrohung der eigenen Macht zunächst, auch als der Einbruch, die ängstigende Forderung, die jede Liebesbeziehung bedeutet. Denn von einer Liebesbeziehung hat das Zusammenfinden der beiden Helden mehr als von ruhiger Männerfreundschaft – wir stehen hier noch am Anfang der Zeiten, wo Männliches und Weibliches sich in jedem Einzelwesen inniger vermischt. In seinen Träumen umfaßt Gilgamesch das »seltsame Gebilde«, das auf ihn niederstürzt und das er nicht abschütteln kann »wie ein Weib«, auch die Axt, die er findet und um die sich die Leute bewundernd scharen, ergreift er so. Und beide Dinge wirft er dann der Mutter zu Füßen, die sie ihm schon im Traume gleichstellt und dann im Wachen deutet als den Starken, den Gefährten, den Retter in der Not.
Und dann kommt Engidu wirklich, er kommt in seinen schönen Kleidern und Waffen, ein rechter Nebenbuhler, der auf den Straßen von Uruk Händel sucht und vor dem die Menschen zurückweichen in Bewunderung und Furcht. Das erste Zusammentreffen mit Gilgamesch ist wirklich ein Treffen, ein Aufeinanderprall zweier einziger, für die es nur zwei Möglichkeiten gibt: sich zu töten oder sich zu lieben.
Die Tontafel mit der Erzählung des Kampfes ist zerstört. Daß Gilgamesch der Stärkere war, ist gewiß, auch daß er in einer ihm edlen, den andern für immer verpflichtenden Weise davon Abstand nahm, Engidu zu vernichten oder auch nur zu demütigen. Gefolgschaft ist

kaum das Wort für die nun anhebende Beziehung des Menschen zu dem Göttergleichen – als einer, der Gilgamesch vorangehen soll im Kampf wird er von dessen Mutter ausdrücklich bezeichnet und für Gilgamesch wird er im Laufe der Zeit der Gefährte aller Mühsal, der Freund schlechthin. Schon bei der Vorbereitung des Zuges gegen den Riesen Chumbaba tauschen die beiden ihre Rollen. Zwar ist Engidu zuerst der Furchtsame, er kennt die Schrecken des Waldes, den Schauer der wilden Natur, deren Verkörperung Chumbaba ist; aber Ehrgeiz und Abenteuerlust sind ihm noch fremd, er begreift schwer, was Gilgamesch dazu treibt, daß er sich »einen Namen« machen muß. Vielleicht versteht er die Dringlichkeit solchen Anliegens nur aus dem Feuer, das Gilgameschs Züge beseelt, vielleicht macht erst das Schmieden der Waffen ihn entschlossen zur Tat. Jedenfalls ist am Ende er es, der die Warnungen der Alten übertönt und den Aufbruch bestimmt. Und an ihm ist es dann auch, auf der mühseligen Wanderung die Träume Gilgameschs günstig zu deuten und den Freund davon abzubringen, daß er das kaum unternommene Werk vorzeitig aufgibt.

Ist aber Gilgamesch, der Empfindliche, oft von Träumen und Stimmen Heimgesuchte, in diesem Epos nicht immer ein Held, so bleibt auch Engidu nicht unter allen Umständen gegen die Furcht gefeit. Man darf nicht vergessen, daß die Feinde hier nicht Menschen sind, sondern übernatürliche Mächte – auch die als gewaltige Kämpfer gerühmten Helden der Edda fürchteten sich ja, bei Dunkelheit allein über den Hof zu gehen, und man verübelte es ihnen nicht. Während des Aufstiegs der Freunde zum Zedernwald hat immer einer der beiden Angst und der andere redet ihm Mut zu, Engidu dem Gilgamesch, als den seine Träume beunruhigen,

Gilgamesch dem Engidu, als dieser die schimmernde Pforte berührt. Daß die Lose doch nicht gleich verteilt sind, erweist sich erst später, zunächst vergeht Engidus Schwäche so rasch wie Gilgameschs Furcht. Die Wanderer durchschreiten die magische Pforte, sie durcheilen den Zedernwald, dessen Schatten »schön, voller Jubel« ist und erreichen den Gipfel des Götterbergs, den noch nie ein sterbliches Auge gesehen.

Auch die Erzählung vom Sieg über Chumbaba und von der Heimkehr ist im Text zerstört. Einen großen Teil der sechsten Tafel nimmt die Werbung der Göttin Ischtar ein, die den schönen, siegreich heimkehrenden Gilgamesch zur Liebe verlocken will und von ihm grausame Beschimpfung erfährt. Zum Werkzeug ihrer Rache erschafft ihr der Vater den Himmelsstier, der auf Uruk niederfährt und dessen Schnauben Hunderte von Männern zu töten vermag. Nun ist wieder ein Schrekken zu überwinden, und wieder sind Gilgamesch und Engidu Genossen im Kampf. Engidu hat inzwischen erfahren, was Ruhm und Ehre bedeuten, in leidenschaftlicher Kampfeslust rennt er das Untier an und wie in atemloser Freude hervorgestoßen klingen seine Worte »Freund, wir haben unsere Namen herrlich gemacht.« Noch einmal wird Ischtar, nun von Engidu, als Buhlerin beschimpft, dann werden Opfer gebracht, dann beruhigen sich die Herzen der Freunde. Aber während nun Gilgamesch mit der Eitelkeit des Unüberwindlichen im Palaste umhergeht und sich von den Dienerinnen bestätigen läßt, daß er der Schönste, der Gewaltigste sei, während das Freudenfest gefeiert wird und die Männer von Uruk ruhen, befällt Engidu das schleichende Fieber, die gefährliche Krankheit, der Tod.

Nun ist auf einmal er der Träumende, der Gepeinigte, der sich wehren muß gegen die Geister der Nacht. Die

Tür sieht er wieder vor sich, die riesige, aus fremden Hölzern kunstvoll gefertigte, die magisch bannende Tür, die den heiligen Bezirk auf dem Götterberg abschloß und die er mit der Hand berührt hat, mit einer, wie sich nun herausstellt, frevelnden Hand. Denn nun ist das Unheil da, die Schwäche, die er schon damals gespürt hat, ist wiedergekehrt, sie erfüllt seinen Leib, sie überwältigt ihn ganz. Engidu redet im Traum mit der Tür, als wäre sie ein lebendes Wesen, er redet auch mit den Gestalten seiner Erinnerung und mit dem Jäger und der Geweihten, die ihn an der Tränke verführte. Und wie er die Tür verflucht, verwünscht er auch den Jäger und die Frau, wünscht dem Manne Armut und Schwäche und Schlangen über den Weg und der Frau Heimatlosigkeit, müde Füße und einen mißhandelten Leib.

In diesen Fieberphantasien enthüllt sich erst die Bedeutung der Götterpforte, die zwar Gilgamesch ungestraft durchschreiten durfte, aber Engidu nicht. Es enthüllt sich die Tragik der Erhöhung Engidus, die erst die Trauer über die Vergänglichkeit des Irdischen in ihm aufkommen läßt.

Diese Trauer Engidus kann niemand, der um ihn ist, verstehen. Nicht die Menschen, die sich mit ihrem Los abgefunden haben, noch weniger die Götter, denen Engidu als ein Verwöhnter, ein ausnehmend Geehrter erscheint. »Habe ich dir nicht Speise, Wein und schöne Kleider gegeben«, fragt der Sonnengott Schamasch, »haben nicht Fürsten deine Füße geküßt, und hast du nicht Gilgamesch zum Freunde gehabt?« und selbst Gilgamesch weiß zunächst nicht, was den Freund anfällt, daß er so tobt, so undankbar das Genossene verwirft. Er kann nicht verstehen, warum Engidu verzweifelt zurückbegehrt an die Stätte seines Ursprungs, zu den Gazellen der Steppe, in das unbewußte frühere Sein. Erst die letzte Traumerzählung macht Gilgamesch aufhorchen. Denn dieser letzte Traum ist eine Vision der unteren Welt. Es hat damit begonnen, daß Engidu, in finsterer Nacht allein, den Ruf des Himmels und die Antwort der Erde hörte, ein gewaltiges Zwiegespräch, wie es wohl nur der Abscheidende zu vernehmen vermag. Ein düsterer Mann mit Adlerkrallen an den Händen ist auf Engidu zugetreten und hat ihn aufgefordert, in das Haus der Finsternis hinabzusteigen. Dort hat Engidu die Mächtigen der Erde gefunden, die Priester, die Beschwörer auch, und Eresch-Kigal, die Herrscherin des Totenreichs, einer Schreiberin ihre Befehle erteilend. Engidu ist zuerst unbeachtet geblieben. Aber dann hatte Eresch-Kigal plötzlich den Blick auf ihn gerichtet, sie hat ihre Hand ausgestreckt und ihn zu sich genommen ...

Dem Eindruck dieser stummen und schrecklichen Traumszene kann sich Gilgamesch nicht entziehen. Jetzt ist es ernst geworden, so ernst, daß der tröstliche Zuspruch, den die Freunde doch allzeit für einander bereit hatten, nichts mehr auszurichten vermag. Und mit den Worten »mein Freund, der Traum geht in Erfüllung« hebt Gilgamesch die große Litanei, das große Klagelied an, das bis zum Ende des Epos forthallt, ein hohes Lied der Freundschaft, eine bittere Anklage an das unbegreifliche Geschick.

Mit dem Unterweltstraum ist Engidus Los besiegelt, von nun an gehen Totenklage und Klage des Sterbenden schon nebeneinander her – der Aufgegebene zählt kaum mehr zur lebendigen Welt. Zehn Tage Leiden, jeder einzeln aufgeführt, werden noch geschildert – Engidus wirre Verzweiflung über den Tod auf dem Lager, über seine frühere Kampfesfurcht, die ihn um das leichtere Sterben auf dem Schlachtfeld gebracht hat –, und Gilgameschs Schmerz über die Machtlosigkeit seiner Waffen und die Sinnlosigkeit seines schönen Gewands. Dann versucht Gilgamesch noch einmal mit dem Freunde zu sprechen – »Du Panther der Steppe, der alles vermochte« –, aber der Panther der Steppe ist stumm und finster und erhebt seine Augen nicht mehr. Und nun kann sich die große Mannesliebe Gilgameschs nicht anders mehr äußern, als daß er sich über den Freund beugt und ihn »zudeckt wie eine Braut«.

Das Irren Gilgameschs fängt in dieser Stunde schon an. Mit seinem Löwengebrüll, mit Haareraufen und Trauerkleideranlegen erfüllt er gewiß nur Gebote der Schicklichkeit, auch der Gang in die Wüste mag noch ein Teil Erfüllung der Gesetze der großen Trauer sein. Aber Gilgamesch ist doch über das Übliche und Schickliche hinaus aufgewühlt und verstört. Er kehrt aus der Wüste nicht ohne weiteres zurück, sondern tritt eine lange und scheinbar aussichtslose Wanderung an.

Mit der Geschichte Engidus scheint diese Irrfahrt nur in losem Zusammenhang zu stehen. Und es will uns fast dünken, als gälte das »bitterliche Weinen« Gilgameschs um Engidu weniger dem Freunde als sich selbst.

Denn die Todesfurcht ist es, die Gilgamesch in die Wildnis treibt, die Furcht vor dem eigenen Tod. Er kann die Starre und Stummheit des einst so Vertrauten nicht vergessen, die schreckliche Wehrlosigkeit des Toten hat ihn bis ins Mark berührt. Er, der in Löwenfelle Gekleidete, fürchtet sich nun vor den Schlangen und Löwen der Steppe, er weiß, daß er keine Ruhe finden wird, ehe er nicht die Geheimnisse des Lebens und Sterbens erfährt. Aber dieses geheime Wissen, diese Erfahrung ist es ja gerade, die Gilgamesch dann zu dem in die Regionen des Mythos erhobenen Urvater von Uruk macht.

Um dieser Erfahrung willen ist er der große Wissende, der die Mauern von Uruk so dauerhaft, so ewig rühmenswert zu bauen vermag.

So schließt sich denn das Leben und Sterben des Engidu mit Notwendigkeit in den größeren Kreis. Ohne die Liebe zu Engidu hätte Gilgamesch nicht die glühende Lebensliebe erfahren, die ihn nicht nur für sich, sondern auch für die Männer von Uruk das ewige Leben so heiß ersehnen läßt. Ohne den Schmerz über Engidus Tod wäre er nicht durch die Steppe geeilt, er hätte die Todesgewässer nicht überquert, er hätte die Kunde von der Sintflut nicht vernommen, er hätte das Lebenskraut nicht gewonnen, es nicht wieder verloren an die Schlange, die, ihre schillernde Haut abstreifend, sich immer wieder verjüngt. Er hätte diese bittere Erfahrung nicht gemacht, daß »der Wurm der Erde« in gewissem Sinne unsterblicher ist als der Mensch, er hätte nicht, heimkehrend, den Trost des guten Menschenwerks erfahren, auf den festen Mauern von Uruk, die er dem Fährmann der Totengewässer zeigt.

Der Tod Engidus ist demnach ein stellvertretender Tod. Er ist verursacht durch die Berührung der magischen Pforte, durch den Frevel der Götterbergbesteigung, aber er ist notwendig, um Gilgamesch, den Auch-Menschlichen, seine göttliche Sendung erfüllen zu lassen. In gewissem Sinne sind Gilgamesch und Engidu ein Wesen, Engidu der beseelte Leib, Gilgamesch der schaffende und wissende Geist. Der Leib muß den Frevel büßen, er muß mit offenen Augen zu den Schatten hinab. Aber der Geist wirkt in unzähligen Generationen fort und wird in die Gefilde der Unvergessenheit entrückt.

Daniel und die Könige

Dolf Sternberger zugeeignet

Das Buch Daniel beginnt mit der Einnahme Jerusalems durch den babylonischen König Nebukadnezar und mit dem Anerbieten des Königs, ein paar hochgeborene, dazu gescheite und gesunde Knaben aus Israel an seinem Hofe zu erziehen. Daniel ist unter den Ausgesuchten, wie die andern bekommt er einen babylonischen Namen, wie die andern wird er gehalten wie ein Page, wie ein junger Edelmann, ißt zwar nicht mit dem König, bekommt aber von des Königs Essen, des Königs Wein. Die Anpassung könnte beginnen, aus den jungen Israeliten könnten junge Babylonier, zum mindesten geschickte Opportunisten werden. Aber schon bei der ersten Gelegenheit zeigt es sich, daß Daniel einen eigenen Willen hat und daß er diesen Willen auch durchzusetzen versteht.

Was den Kostgänger des Königs, Daniel und offenbar von allen vier Knaben nur ihn, beunruhigt, sind gerade die Speisen von des Königs Tafel, die wahrscheinlich üppig und schwer, und der Wein, der wahrscheinlich stark berauschend war. Daniel will sich, so heißt es, mit dem allen nicht »verunreinigen« – man muß also sehen, wie man des Königs Gebot umgeht. Das gelingt mit Hilfe des obersten Kämmerers, der zuerst fürchtet, die ihm anvertrauten Kinder könnten vom Fleische fallen, sich aber dann auf ein Experiment einläßt, und die Kinder fallen nicht vom Fleische, besser als all ihre Altersgenossen gedeihen sie bei Gemüse und Wasser, der erstaunlichen Kost. Daniel, der Aufrührer, Daniel, der Wortführer, vielleicht auch der Schmeichler, man denkt an Joseph, dem keiner widerstehen konnte, an all die Lieblinge der Götter, die mit ihrem Charme das Ohr der Mächtigen gewannen. Man denkt an Joseph auch, weil in dem Buch Daniel von den andern Knaben zwar gesagt wird, daß Gott ihnen Kunst und Verstand in allerlei Schrift und Weisheit gab, aber nur von Daniel, daß er Gesichte hatte und Träume zu deuten verstand.

Als Daniel zum ersten Mal offiziell zur Traumdeutung herangezogen wird, sind die drei Lehrjahre der Knaben schon zu Ende. Es hat eine Art von Abschlußprüfung stattgefunden, und alle vier haben sich als superklug erwiesen und sind babylonische Beamte geworden. Aber es ist doch an Daniel, die offiziellen Herren Magier dann erst wirklich aus dem Felde zu schlagen. Der König hat geträumt, ist voll Schrecken aufgewacht und kann sich an seinen Traum nicht mehr erinnern, den vergessenen Traum sollen seine Weisen zuerst erraten, dann deuten, was sie nicht fertig bringen. – Nur Daniel sieht, was der König gesehen hat, diese Statue aus Gold, Erz und Ton, die von einem, von niemandem geworfenen Stein zertrümmert und in alle Winde verweht wird, nur Daniel kann sagen, was das bedeuten soll, nämlich verschiedene Zeitalter, verschiedene, immer schwächere Regierungen, die weggefegt und von einem mächtigen und ewigen, dem Reiche Gottes, abgelöst werden.

Die Wirkung dieser Traumansage und Traumdeutung auf den König ist ungeheuer. Er wirft sich vor Daniel nieder, läßt ihm Opfer bringen, und es sieht so aus, als opfere er damit schon dem Gott Israels, der so verborgene Dinge offenbar werden lassen kann. Von Belohnung ist auch die Rede, Daniel soll in der Landschaft Babel Fürst und oberster aller Weisen werden, aber er will nicht vom Hofe, und bringt es dahin, daß seine drei Gefährten die Ämter in Babel übernehmen. Er selbst bleibt in der Nähe des Königs, dessen Überschwang er nicht traut und den er für unberechenbar hält.

Wie recht Daniel mit solchem Mißtrauen hat, stellt sich schon bald heraus. Nebukadnezar ist weit entfernt davon, ein so abstraktes und spirituelles Wesen wie den jüdischen Gott zu begreifen oder gar mit fliegenden Fahnen zu ihm überzugehen. Der klotzig monströse Ausdruck seiner eigenen Gottesvorstellung ist ein Götterbild, das er schon kurze Zeit nach Daniels Traumdeutung aufstellen läßt, bei schmetternder Musik sollen seine Untertanen sich niederwerfen und das goldene Ding anbeten, widrigenfalls ihnen der Feuerofen, eine besonders grausame Todesart, droht. Die jungen Beamten in Babel werfen sich nicht nieder – damit kommen die drei, die vorher so sehr in Daniels Schatten standen, plötzlich zu Ehren, zu der Ehre von Menschen, die keine Furcht zeigen und es ihrem Gott anheimstellen, ob er sie retten will oder nicht. Der König tobt und läßt den Ofen siebenmal stärker als für gewöhnlich heizen. Den Gott möchte ich sehen, der euch vor mir errettet – vielleicht möchte er ihn im geheimen wirklich sehen, vielleicht war schon die Bildaufrichtung nichts als eine grandiose Herausforderung, jetzt zeig dich oder laß dich verachten, und schon schleicht Nebukadnezar begierig an den Spalt, durch den man ins Innere der kleinen Hölle sehen kann.

Was sich da drinnen begibt, ist oft dargestellt worden, drei singende Männer und noch ein singender Mann, die alle gelassen umhergehen, als umwehe sie die erfrischendste Luft. Daß seine Gefangenen ihrer Fesseln ledig sind, entsetzt den König, mehr noch, daß sich zu ihnen ein gar nicht hinuntergeworfener Jüngling gesellt hat, der so schön ist, daß Nebukadnezar ihn mit einem Sohn seiner Götter vergleicht. Dann aber, als er das Ofenloch öffnen läßt und die drei herausruft, denkt er nicht mehr an seine Götter, und spricht nur von dem einen, dem höchsten Gott, dessen Knechte die Geretteten sind. Vor dem ganzen Hofstaat, der sich eilig versammelt, um die Jünglinge zu sehen, ihre unverbrannten Mäntel zu betasten, an ihren unversengten Haaren zu riechen, preist er die unvergleichliche Kraft dieses Gottes und erfindet furchtbare Strafen für jeden, der Jehova lästert oder verhöhnt.

Das 5. Kapitel des Buches Daniel beginnt mit einem Erlaß des Königs, der sich großsprecherischerweise an »alle Völker der Erde« richtet und in dem Nebukadnezar von einem neuen furchtbaren Traum erzählt. Ein Baum ist ihm erschienen, aber ein ganz besonderer, der Baum der Bäume, der bis zum Himmel hinaufragte und seine Äste bis zu den Grenzen der Erde streckte, der zahllose Früchte trug und Schatten spendete und auf dem alle Vögel des Himmels nisteten – ein rechter Lebensbaum also, oder das Leben schlechthin –, kein Wunder, daß der eitle König in dem großen Frucht- und Schattenspender, Tiere- und Menschenschützer sich selbst erkennt. Er tut es mit Schrecken, weil sein Traumbaum ja nicht stehen bleibt, nicht weiter Schatten spendet und Quellen hütet, sondern gefällt und zerhackt wird und nur sein Wurzelstock in der Erde bleibt, während einem geheimnisvollen Er bestimmt ist, in Ketten zu gehen, mit dem Vieh im nassen Gras zu liegen, auch statt des menschlichen Herzens ein viehisches zu bekommen, und das sieben Zeiten lang. Ein Wächter hat das verkündet, er hat auch von dem Höchsten gesprochen und gesagt, daß dieser über des Menschen Königreiche Gewalt habe und erhöhe und erniedrige, wenn er wolle – eine üble Kunde für den Großkönig Nebukadnezar, der sich für unüberwindlich und sein Glück für unantastbar hält. Eine schwache Hoffnung hat er noch, daß mit den Mächtigen, die da gefällt werden sollen, seine Feinde gemeint sein könnten, aber Daniel zerstört ihm diese Hoffnung sogleich. Der König selbst in all seiner Macht und Herrlichkeit ist der Baum, der vernichtet wird, er ist auch der Mann in Ketten, ist das Tier unter den Tieren, nur daß eben die Wurzeln des Baumes noch im Boden stecken, eine Hoffnung, eine Möglichkeit zu neuem Beginn. Dem freilich muß die Einsicht vorausgehen, auch die Demut und die guten Werke, das neue Leben, das Daniel dem König nun in bewegenden Worten vor Augen stellt.

Dennoch erfahren wir von Bußfertigkeit oder gar von einem neuen Leben des Königs nichts. Kaum, daß ein Jahr vergangen ist, fängt Nebukadnezar wieder an zu prahlen, er steht da auf seiner Burg und schreit, ich, ich, ich, *meine* Burg, *meine* Macht, *meine* Herrlichkeit, er führt die Sprache des Tyrannen, der sich weder Gott noch den Menschen beugen will. Dem irren Selbstlob antwortet die Stimme aus dem Traum, eine Erinnerung, die den König überkommt und mit solcher Gewalt, daß der Größenwahnsinnige zum andern Mal den Verstand verliert. Die Stimme wiederholt die ganze gräßliche Prophezeiung, und schon ist der König gestürzt und fortgejagt, muß leben wie ein Ochse und wie ein Ochse Gras fressen, hat kein Gesicht, keinen Verstand, keine menschliche Stimme mehr. Ein tierisch brüllendes Wesen also, das in viehischer Dumpfheit umherirrt – davon, daß Daniel dem Nebukadnezar in dieser Zeit beigestanden hätte, ist die Rede nicht. Es ist alles eine Frage der Jahre, die vorübergehen müssen, der »sieben Zeiten« des Lallens und Krächzens, der König wird wieder zu Verstand kommen, und er kommt zu Verstand. Er kommt zur Erkenntnis seiner Ohnmacht und der Ohnmacht aller derer, die auf der Erde wohnen und zur Erkenntnis der Macht Gottes, mit dem niemand rechten kann. In solcher Demut, eben der, die ihm Daniel seinerzeit abverlangt hatte, gewinnt er sein menschliches Antlitz zurück.

Das fünfte Kapitel des Buches Daniel bringt die bekannte Geschichte von der Schrift, die, von Fingern einer Menschenhand an die Wand des königlichen Speisesaals geschrieben wurde, und deren Zeichen weder der König noch einer seiner Festgäste zu lesen verstand. Der König ist Belsazar, Nebukadnezars Sohn – ein Großkönig wie der andere, prunkliebend, gewalttätig, lasterhaft, und dieser hat zu seinem Bankett etwas Besonderes, nämlich die goldenen und silbernen heiligen Trinkgefäße aus dem Tempel von Jerusalem herbeischaffen lassen. Ein Gelage also mit Monstranzen – der Himmel stürzt deswegen nicht ein, nicht einmal die Decke des Hauses, es erscheinen nur die Finger, die lautlos diese gewissen Schriftzüge malen, und die Finger verschwinden, aber die Schrift bleibt stehen. Die Weisen werden gefragt und sind wieder einmal überfragt, mene tekel upharsim, das ist keine Sprache, die sie kennen, nicht einmal eine von der sie wissen, sie murmeln untereinander und ducken sich schon vor des Königs Zorn. Sie werden noch einmal gerettet, wieder einmal durch den Knaben Daniel, der kein Knabe mehr und auch gar nicht anwesend ist. Aber jemand erinnert sich seiner, und zwar die Königin, die ihn vielleicht gesehen hat, als sie ein Kind war, oder auch nur von ihm gehört hat, zu der Zeit der Verfinsterung, Vertierung ihres Schwiegervaters, Frauen vergessen so etwas nicht. Und nun wird Daniel gerufen, bekommt Schmeichelhaftes zu hören und Geschenke versprochen und lehnt die Geschenke ab. Er ist bereit, die Schrift zu lesen und liest sie, vorher aber erinnert er den jungen König an das Schicksal seines Vaters, an dessen viehisch-blödes Verlorensein, und daran, daß Nebukadnezar damit für seinen gotteslästerlichen Hochmut bestraft worden war. Die Schrift ist, wie sich herausstellt, eine Art von Kurzschrift, in der jedes der drei rätselhaften Worte einen ganzen Satz bedeutet und jeder der drei Sätze den König angeht, ihn allein. Der erste: Gott hat dein Königreich gezählt und vollendet. Der zweite: Man hat dich in einer Waage gewogen und zu leicht befunden. Der dritte: Dein Königreich ist zerteilt und den Medern und Persern gegeben. Eine Mitteilung, ein Urteil und eine recht genaue politische Voraussage, alles höchst unangenehm, und es nimmt wunder, daß Belsazar seine Versprechungen, purpurnes Kleid, goldene Ringe und hohes Amt für Daniel, sofort erfüllt. Er muß da noch eine Hoffnung gehabt haben, eine Hoffnung, daß, wer so weit sieht, auch helfen, wer ihn so klar durchschaut, ihn auch noch retten kann. Aber Belsazar ist nun vor seinem ganzen Hofstaat als der Schuldige gebrandmarkt, und man entledigt sich seiner, wie es in der Ballade heißt, noch in derselbigen Nacht.

Als bald darauf Darius von Medien Babylonien wirklich einnimmt, zeigt sich Daniel allen Beamten dieses neuen Königs so überlegen, daß er zu einer Art von Statthalter von Babylon gemacht werden soll. Das wird im 6. Kapitel des Buches Daniel erzählt, und es heißt da auch, daß der Vorsatz des Königs viel Unwillen erregte. Daniel, der vielbeneidete Fremde, soll zu Fall gebracht werden, was aber nicht so einfach ist, weil der Israelit nun auch dem Mederkönig treu ergeben und außerdem unbestechlich ist. Mit der Religion, seinem eigenen Glauben, ist noch am ehesten etwas anzufangen, man muß es nur geschickt aufziehen, den König bei dem packen, was allen orientalischen Herrschern am Herzen liegt, bei seinem Wunsch, die große Gnadensonne zu spielen, der einzige Gewährer aller Bitten zu sein. Es wird also ein Erlaß entworfen und der König unterschreibt ihn bereitwillig, dreißig Tage lang sollen an ihn alle fälligen Bitten und Gesuche gerichtet werden, nicht an irgend einen anderen Menschen, nicht an einen der Götter, an ihn, den König allein. Wer dem zuwiderhandelt, soll den Löwen vorgeworfen werden – daß Darius bei dieser grausamen Strafe nicht stutzt, daß er auch diesen Satz unterschreibt, stimmt bedenklich, Nebukadnezar, Belsazar, Darius, einer wie der andere, wenn es um die Macht geht, wird nicht lange gefackelt, und wo die Eitelkeit im Spiele ist, gilt ein Menschenleben nichts. Das heilige Gesetz der Meder und Perser wird auch noch bemüht, damit werden dem König die Hände gebunden, was, wie sich dann herausstellt, auch nötig ist. Denn so eitel, so machtgierig diese Könige auch sind, wo es um Daniel oder um Daniels Gott geht, werden sie merkwürdig unsicher, wie mag das ausgehen, der arme Daniel, und Furcht ist dabei. Daniel ist kein Knabe mehr, und Darius hat ihn nicht aufgezogen, aber der König ist doch entsetzt, daß diese seltsam befristete Vorschrift nun auf den angewendet werden soll, dem er mehr als allen Babyloniern vertraut. Der Fall ist leider eindeutig, Daniel hat an den nach Jerusalem gerichteten Fenstern seines Hauses zu seinem jüdischen Gott gebetet, und das vor aller Augen und dreimal am Tag. Der König hat sein Wort gegeben, er versucht noch, sich herauszuwinden, muß aber am Ende zugeben, daß Daniel in die Grube zu den Löwen geworfen wird und versiegelt den Stein, der vor der

Tür liegt, mit seinem eigenen Ring. Niemand also kann Daniel retten, es sei denn sein Gott, auf den nun mit einemmal auch Darius all seine Hoffnungen setzt.

Das sechste Kapitel, das dritte Kapitel, ist da nicht ein geheimer Zusammenhang, eine Wiederholung und doch eine entscheidende Veränderung desselben Motivs? Die drei Jünglinge, Daniels Gefährten, die so freudig singend in den Feuerofen gingen, sind aus dem Bericht längst verschwunden. Aber was jene in ihrer jugendlichen religiösen Begeisterung taten, nämlich für ihren Gott zeugen und sich ihm auf Gedeih und Verderb anvertrauen, das tut jetzt Daniel und mit voller Überlegung, als Mann. Er kämpft, wie schon so oft, gegen die alte Hybris der Könige, aber zum ersten Mal setzt er sein Leben dabei ein. Der König ißt am Abend nicht und schläft nicht in der Nacht, wie Nebukadnezar um den Feuerofen schlich, schleicht er in der Morgendämmerung um die Löwengrube, ein kläglicher Anblick, der Gottkönig, der sich über die Grube beugt, nichts sieht, aber fragt, bist du vielleicht, hat dich möglicherweise, und schon fürchtet, nichts anderes zur Antwort zu bekommen, als ein sattes Gebrüll. Es ist aber Daniels klare Stimme, die heraufdringt und die ihm ohne jeden Groll und sogar mit einem Eviva für den König Auskunft erteilt. Und nun endet alles wie es schon ein paarmal geendet hat – dem Gott Daniels wird in einer feierlichen, an alle Völker der Erde gerichteten Proklamation die Ehre gegeben.

Mit der Geschichte von der Löwengrube ist das Buch Daniel nicht zu Ende. Es folgen noch sechs Kapitel, Erzählungen von Träumen und Traumdeutungen, ein großes Bußgebet, die Verkündigung des Wiederaufbaus und der Wiederzerstörung Jerusalems, Weissagungen von den Königen von Persien, Ägypten und Syrien, auch eine Vorausschau auf das Ende der Zeiten und das Jüngste Gericht. Für viele Leser der Bibel mögen diese Kapitel des Buches Daniel die eigentlich interessanten sein. Der alte Prophet, der so gewissenhaft immer wieder die Geschäfte seines Königs versieht, dabei fastet und betet und furchtbare Depressionen hat und der eigentlich gar nicht mehr in der Gegenwart lebt, sondern in fernen Zeiten, die alle blutig und fürchterlich sind. Daniel, der Jahrhunderte der Gewalt und der Lästerung voraussieht, aber auch den Messias, der in der Gestalt eines Menschen aus den Wolken kommt. Es handelt sich aber doch immer um dasselbe, um den Sieg des Unsichtbaren über das Sichtbare, des Zeitlosen über das Zeitliche, des Geistes über die Macht. Das alte goldene Kalb muß noch immer überwunden und der Übermut der Mächtigen gebrochen werden. Noch nichts von christlicher Liebe, christlichem Verzeihen. Nur der alte ewige Warnruf, die tiefe Melancholie des Warners und sein Glaube, der stark genug wäre, um Berge zu versetzen und der Berge nicht versetzt.

Das Ärgernis

Jesus ein Ärgernis, nicht nur für die Pharisäer und das jüdische Volk, sondern vor allem auch für seine Jünger, darüber möchte ich heute etwas sagen. Ich möchte sagen, was ich nicht aus theologischen Büchern, sondern aus den Berichten der Evangelisten herausgelesen habe, nämliche wie streng und ungeduldig und unglücklich Jesus sein konnte und wie wenig seine Gestalt dem lieben Herrn Jesus unserer Kindervorstellung entspricht. Am Ende aber möchte ich behaupten, daß es gerade das Ärgerliche, das tief Schockierende seines Wesens war, das seine Gestalt und seine Lehre bis auf den heutigen Tag lebendig erhalten hat.
Ärgerlich und beunruhigend war Jesus gewiß vor allem für die Pharisäer und Schriftgelehrten, den Klerus also und die wissenschaftlich gebildeten Leute, die um ihre Macht fürchteten und die in Jesus so etwas wie einen kommunistischen Volksaufwiegler sahen. Tatsächlich war dem Nazarener ja außer dem Willen und den Geboten Gottes, von denen er seine eigene Auffassung hatte, nichts heilig und immer wieder setzte er sich über die Vorschriften des Gottesdienstes wie auch über die Tabus der Heimatliebe, des Familiensinnes und der Pietät hinweg. Er entweihte, jedenfalls in den Augen der Pharisäer, den Feiertag, er ließ seine Jünger auf einem fremden Felde Ähren raufen und sättigte sich an den Schaubroten, was doch etwa so viel bedeutet, wie wenn heutzutage ein Hungriger sich von den zum Abendmahl vorbereiteten Hostien ernährt. Dem Jüngling, der Jesu zwar folgen, vorher aber noch seinen Va-

ter begraben wollte, verweigerte Jesus diesen kleinen Aufschub – laßt die Toten ihre Toten begraben – eine Religion des Lebens also, man muß aber wissen, wie wichtig dem ganzen Altertum das Begraben und die Sohnespflichten waren, um das Ungeheuerliche von Jesu Ansprüchen zu verstehen. Keine Gemeinschaft mit Verbrechern und Unreinen – nun, die Zöllner galten als Verbrecher und die Prostituierten als unrein, und gerade diesen Verfemten hat Jesus seine größte Liebe und sein tiefstes Mitgefühl zugewandt. Endlich hat er auch seinen Jüngern erlaubt, sich ungewaschen an den Tisch zu setzen und behauptet, daß nur die Gedanken und die Worte der Menschen, nicht aber ihre Hände unrein seien – das war etwas völlig Neues und den Pharisäern so schwer eingänglich wie die Tatsache, daß Jesus den unbekannten »Nächsten« über den Verwandten stellte und die Liebe über das Gesetz. An Wanderprediger und Propheten waren die Pharisäer gewöhnt, Propheten waren nützlich, sie rüttelten das träge Volk auf, ihre Verrücktheiten kamen der Kirche zugute – nur daß Jesus eben auf eigene Rechnung arbeitete oder auf die Rechnung der Zukunft, von der er in so begeisterten und bedrohlichen Worten sprach. Er war dabei vorsichtig, nicht nur die Wunderheilungen, sondern auch die Erscheinung der redenden Wolke – dieses ist mein lieber Sohn – sollten geheim gehalten werden. Die Pharisäer erfuhren doch dieses und jenes und nagelten Jesus auf dieses und jenes fest. Sie untergruben seinen Ruf, indem sie ihn, der sich von seinen Anhängern gern zum Essen einladen ließ, einen Fresser und Säufer nannten, die Heuschreckenkost Johannes des Täufers war ihnen freilich ebensowenig recht. Sie warfen Jesus vor, daß er bestimmte, was am Feiertag zu tun und zu lassen sei, mehr noch, daß er, was doch nur

Gott zukam, Sünden vergab. Das gehörte schon in das Gebiet der Gotteslästerung, und Gotteslästerung war es auch, einen Menschen, den Gott hatte sterben lassen, vom Tode zu erwecken. Der unerbittliche Ernst, mit dem Jesus auf seinen Forderungen bestand, war den Pharisäern ebenfalls zuwider, nicht nur weil sie in dem Christus den Nebenbuhler fürchteten, sondern auch, weil zu jeder Staatskirche ein gut Teil Anpassung gehört. Jesus, das sahen sie schon, würde sich nie anpassen, mit seinem »Gebt dem Kaiser, was des Kaisers ist« hatte er sich nur die lästigen Denunzianten vom Hals schaffen wollen, in Wirklichkeit interessierte ihn der römische Kaiser so wenig, wie ihn jede weltliche Regierung interessierte. Sein Reich war nicht von dieser Welt, es sollte eines Tages zu den Menschen kommen, aber dann würde alles so anders sein, daß die Frage, wer an wen Steuern zahlte, keine Bedeutung mehr hatte.

Von der Absicht der Pharisäer, Jesus umzubringen, ist bei Matthäus zum erstenmal nach der Heilung des Mannes mit der verdorrten Hand die Rede. Gott ist wichtiger als der Tempel, das Erbarmen wichtiger als die Opfergabe, hatte Jesus kurz vorher gesagt, von nun an paßten die Pharisäer ihm auf und stellten ihm Fallen, einmal würde er schon etwas äußern, was als Gotteslästerung angesehen werden konnte, auch nach dem Gesetz. Nah beieinander wohnten die schwarze Magie und das wirkliche Wunder, besonders das Teufelsaustreiben war verdächtig, wer sich darauf verstand, mußte selbst ein Teufel und vielleicht der oberste der Teufel sein. So wurde Jesus denn auch hingestellt, als Beelzebub, als Gotteslästerer und als Staatsfeind und mit so zornigen Schimpfworten wie »Ihr Otterngezücht« bedachte er die ihn nicht verstanden und nicht verstehen wollten. So war denn auch, als er, der Bettlerkönig, zu Ostern in

Jerusalem einzog und seine Anhänger ihm den Weg mit blühenden Zweigen bestreuten, das Urteil über ihn schon gefällt.

Liebevoll und als ein rechter Wundertäter, aber doch auch seltsam muß eben dieser Bettlerkönig dem Volk von Israel erschienen sein. Vieles von dem, was er tat, war unheimlich, etwa die Szene mit dem nackten Irren, der »in den Gräbern« wohnte, und der nichts wollte als von Jesus in Ruhe gelassen werden. Aber Jesus drängte sich ihm auf, er trieb die Legion von Teufeln, die in dem Unglücklichen steckte, in eine *Herde* von Säuen, die sich dann auch über die Felsen ins Meer stürzten – ein so sensationelles Ereignis konnte nicht verborgen bleiben, und Jesus wurde beschworen, die Gegend zu verlassen. Man versteht, daß es bei den Wundergeschichten immer wieder heißt, Jesus bedräuete seine Jünger, daß sie es nicht meldeten, versteht es auch im Sinne einer Angst, von der später noch die Rede sein soll. Daß aber auch die einfachen Forderungen Jesu, der unbedingte Glaube und die unbedingte Liebe von dem größten Teil seiner Zuhörer als ungeheuerlich empfunden wurden, geht aus den Berichten der Evangelisten Matthäus, Markus und Lukas klar hervor. Das Volk entsetzte sich über seine Rede, heißt es schon nach der Bergpredigt, von Schrecken und Entsetzen wird auch weiterhin bei jeder Gelegenheit berichtet. Nur daß dem allen eben, wenigstens in den Augen des Volks von Israel, so viel anderes gegenüberstand, die Milde und Sanftmut, mit der Jesus die Ehebrecherin, die Samariterin und die Sünderin, die seine Füße salbte, behandelte und die unendliche Geduld, die er den zahllosen ihn bedrängenden Leidenden bewies.

Seinen Jüngern gegenüber ist Jesus, jedenfalls bevor er in die Todesnähe gerät, so milde und sanftmütig nicht.

Er nennt sie das Licht der Welt, bittet sie, sich nicht zu fürchten und hält in den Seligpreisungen allerlei Trost, auch für die geistig Armen bereit. Aber er ist mit dem Licht der Welt doch recht ungeduldig, von der zornigen Strenge eines Vaters oder Lehrers, der die Vergeblichkeit seiner Erziehungsversuche bereits ahnt. Immer wieder wird den Jüngern ihr Mangel an Glauben vorgehalten, sie haben nicht das rechte Erbarmen, sie verachten das krüppelhafte Volk und verjagen die Kinder, sie sind geschwätzig, sie genügen nicht. O Ihr Kleinmütigen, heißt es, obwohl es doch nur natürlich ist, daß sie sich im Sturm auf dem Wasser fürchten und daß Petrus, als er wie sein Herr über die bodenlose Tiefe spazieren will, vor Schreck versinkt. Aber das ist es eben, sie, die Jünger, sollen, wie alle späteren Christen, mehr als Natur, mehr als natürliche Menschen sein. Petrus wird noch einmal hart angelassen, als er Jesus bittet, sich zu schonen, die Freundlichkeit, die in seinen Worten liegt, wird überhört. Die Jünger, diese zusammengewürfelte Schar von Fischern und Landarbeitern, haben die verkehrte Art, sie lachen und sollten doch weinen, sie verstehen Jesu Gleichnisse nicht, noch weniger die dunkeln Reden, mit denen er auf sein schreckliches Ende weist. »Wie lange soll ich Euch noch dulden« – da spricht nicht der alles verzeihende Menschenfreund, sondern der leidenschaftliche Erneuerer, der sein Ziel im Auge hat und sonst nichts. Leidenschaftlich erzürnt und für seine Jünger gewiß äußerst befremdlich benimmt sich Jesus auch, als er von seiner Mutter und seinen Brüdern nichts wissen will, auch als er den armen Eier- und Hühnerverkäuferinnen am Tempel ihre Körbe zu Boden fegt, auch als er den Feigenbaum verflucht, an dessen Früchten er sich sättigen wollte, der aber zu dieser Jahreszeit gar keine Frucht tragen kann. Unverständliches und Schockierendes auf Schritt und Tritt, und wenn wir auch heute ahnen, wie alles gemeint war und daß Jesus sich so paradox nur verhielt und ausdrückte, um allen Halbheiten, jedem kleinen Ausweichen von vornherein den Kampf anzusagen, so müssen doch seinen Jüngern viele seiner Worte hart genug geklungen haben. Denn es genügte Jesus ja nicht, daß sie die Ihren weniger als ihn selbst liebten – es konnte vielmehr keiner sein Jünger sein, der seinen Vater, seine Mutter, sein Weib und seine Kinder nicht haßte: das sollte wohl nur heißen, alle, die ihm etwa entgegenstehen könnten, aber es klang doch radikal im wahrsten Sinne des Wortes, alle natürliche Neigung zu der eigenen Familie mit den Wurzeln ausgerissen. Selig sollten Jesu Anhänger nur werden, wenn die andern Menschen sie haßten, sich von ihnen abwandten und sie schalten – da doch jeder Mensch unwillkürlich darauf aus ist, geliebt zu werden, schien das für eine ungewisse Seligkeit ein recht hoher Preis.

Von Haß ist überhaupt recht viel die Rede, und es gibt manche Aussprüche Jesu, die nicht nur zu seinen Geboten, sondern auch zu seiner Behauptung, ich bin sanftmütig und von Herzen demütig in einem merkwürdigen Widerspruch stehen. Sein Joch war eben *nicht* sanft und seine Last *nicht* leicht, und daß er sich vor dem, was kommen mußte, fürchtete, bezeugen nicht nur die zahlreichen Stellen, an denen von Geheimhalten der Wunderheilungen die Rede ist. Er fürchtete sich vor seinem Tod und vor der Vergeblichkeit seiner Sendung, gerade im Hinblick auf eine solche mögliche Vergeblichkeit kam es zu Ausrufen von furchtbarer Bitterkeit, zu Verfluchungen unbotmäßiger Städte und zu Unheilsverkündigungen finsterster Art. Eine Zeit der Zwietracht, so heißt es, wird kommen, um seines, Jesu, Namen willen wird ein Bruder den andern und der Vater den Sohn dem Tode überantworten, Kinder werden sich gegen ihre Eltern empören und sie töten. Des Menschen Feinde werden seine eigenen Hausgenossen sein – man denkt an die römischen Christenverfolgungen, an die Religionskriege, an die Inquisition. Aber es ist ja, und das ist mehrfach bezeugt und Jesus in den Mund gelegt, er selbst, der, und ganz absichtlich diesen Unfrieden heraufführen muß. Kein Heimatglück, keine Familiensimpelei, kein Leben und Lebenlassen, mit dem man sich das irdische Dasein so angenehm machen kann. Nur das leidenschaftliche Bestehen auf dem Willen Gottes, eigentlich auf dem Willen des Menschensohnes, der das jüdische Gesetz schon über den Haufen geworfen und an seine Stelle etwas ganz Neues gesetzt hat, die Nächstenliebe eben, die keine Religion des Altertums kennt. Für sie gilt es sich zu entscheiden, ganz im allgemeinen und täglich neu, und für den Fall des Versagens hat Jesus seine düstersten Prophezeiungen bereit. Es wird sein wie vor der Sintflut, vor der ja auch vergeblich gewarnt wurde, wer jetzt noch lacht, wird weinen und heulen, wer Jesus anhängt, soll sein Kleid verkaufen und ein Schwert kaufen, Jesus ist nicht gekommen, den Frieden zu bringen, sondern das Schwert. Wie sollten die Jünger das zusammenreimen mit dem »liebet eure Feinde, segnet, die euch fluchen« mit der ganzen Religion der Gewaltlosigkeit überhaupt? Sie reimten sich ohne Zweifel nichts zusammen, versuchten nur ihrem wunderlichen Herrn, den sie fürchteten und liebten, alles recht zu machen und horchten immer ängstlicher auf seine Worte, besonders auf die, mit denen er sein nahes Ende heraufbeschwor. Des Menschen Sohn wird überantwortet werden in des Menschen Hand – diesen Satz verstanden sie so wenig wie Jesu Anspielung auf Jonas, der drei Tage lang im Bauch des Walfischs war und dann ausgespieen wurde, oder wie die von Johannes erwähnte Prophezeiung von Kapernaum, in der Jesus von seinem Fleisch sprach, das die Juden essen mußten, um zu leben. Es ist da ausdrücklich gesagt, daß seine Jünger murrten und Jesu Worte als hart und unverständlich empfanden, und auch, daß von da an viele »hinter sich gingen«, also ihm den Rücken kehrten und ihn verließen.

Der Bettlerkönig unterwegs nach Golgatha – es konnte nicht anders kommen, so meinte Jesus, der einem vorgezeichneten Weg folgte und der davon überzeugt war, der lang verheißene Messias zu sein. Es konnte nicht anders kommen, denkt auch der Leser des Neuen Testaments, der mit der Anfälligkeit und Schwäche der Menschen und mit seiner eigenen Anfälligkeit und Schwäche seine Erfahrungen hat. Die Welt erträgt kein Genie, auch keines der Liebe, und das muß Jesus, trotz allem hier Gesagten, doch gewesen sein. *Er* konnte sich dem Willen Gottes unterwerfen, deshalb seine fruchtbare Unduldsamkeit gegen die Stümper im Gehorsam, *er* konnte das Leiden der Armen und Kranken wie am eigenen Leibe fühlen, nur deshalb kränkte es ihn so, daß er das wahre Mitleid den andern nicht beizubringen vermochte. Er sah das Reich Gottes auf Erden und ahnte doch, daß es nie, oder doch erst nach halben Weltuntergängen, nach furchtbaren Exzessen von Mordlust und Haß, verwirklicht werden würde. So ist er denn am Ende nur noch traurig, nur der bekümmert Liebende, als den ihn der Evangelist Johannes immer gesehen hat. Die Spanne, in der er noch wirken kann, wird immer kürzer, die Jünger haben ihn, bis auf die zwölf, die er dann zum Osteressen versammelt, verlassen, von diesen zwölfen muß er noch einem die Rolle des Verräters selbst zudiktieren, das ist das letzte irritierende Moment. Schon die Abschiedsreden waren versöhnlich, Jesus mit Jesus versöhnend, den Geduldigen mit dem Unduldsamen, den Verzweifelten und Verbitterten mit dem freudigen Verkünder des Heils. Noch vor der spektakulären Kreuzigung, bei der seine Todesangst vollends ausbricht und überwunden wird, verschwindet seine unmenschliche Strenge, nun sind die unvollkommenen Jünger wieder rein, schon um der Worte willen, die er zu ihnen geredet hat. Sie werden zerstreut werden und doch in ihm ihren Frieden finden, wie er selbst in der Welt Angst gehabt hat, werden sie in der Welt Angst haben und die Welt wie er überwinden. Nichts mehr von verwirrenden Gleichnissen, jetzt redet Jesus frei heraus, und die Jünger sind zufrieden und doch auch betrübt, weil diese neuen, verständlichen und liebevollen Worte um nichts anderes kreisen als um den Tod. Die Jünger haben, nach des Johannes Bericht, auch hier noch viel zu fragen, sie können sich unter dem ihnen verheißenen geistigen Trost nichts vorstellen, sie wollen wissen, wohin Jesus gehen wird und warum er sich nur ihnen, und nicht aller Welt offenbart. Jesu Antworten klingen ausweichend, zeigen aber nur, daß er eben ein zum Tode Verurteilter ist und daß es zwischen zum Tode Verurteilten und *Freien* keine Möglichkeit der Verständigung gibt. Bleibet in meiner Liebe, und am Ende betet ihr hochmütiger und demütiger Herr für sie, eindeutig nur für sie und nicht für die Welt, schließlich doch für die Welt, soweit sie von den Worten der Jünger erreicht werden wird. Der kleinste Kreis, und im Olivengarten sinken die Jünger noch einmal in ihre von Jesu so oft und zornig bekämpfte Menschennatur zurück. Am Kreuz steht nur einer von ihnen, den, wie es heißt, Jesus lieb hatte, so als wäre nun alles zusammengeschmolzen auf zwei Menschen, einen leidenden und sterbenden und einen teilnehmenden Freund. Aber Johannes steht da doch stellvertretend für alle, die sich zerstreut haben und die sich wieder zusammenfinden werden. Denn das Ärgernis Jesu kann nicht von der Erde verschwinden. Es stellt noch immer seine alten leidenschaftlichen Forderungen, es ist in der um ihr Fortbestehen besorgten und zu Kompromissen bereiten Kirche der unangenehm brennende, der unsterbliche Kern.

Tobias

Wie ein düsteres Märchen mutet die Geschichte des alten Tobit und seines Sohnes Tobias an, die den Büchern des Alten Testamentes zugeordnet ist. Auf zwei Schauplätzen begibt sich dasselbe: ein Fluch wirkt sich aus und führt zu Verzweiflung und Verhärtung. Den Betroffenen erscheint das Leben nicht mehr lebenswert, und sie erflehen von Gott den Tod. Der eine dieser Schauplätze ist das von den verbannten Israeliten bewohnte Ninive, und was sich dort abspielt, ist merkwürdig genug. Ein alter Mann geht von einem Festessen fort, um einen widerrechtlich erdrosselten Stammesgenossen heimlich und mit eigenen Händen zu begraben. Er schläft danach, gewissen sakralen Vorschriften gemäß, im Freien, die Exkremente vorüberstreichender Sperlinge fallen in seine Augen, und er wird blind. Dem Ereignis folgt Armut und Verlassenheit auf dem Fuße und aus dem angesehenen gottesfürchtigen Mann wird ein verzagter und mißtrauischer Greis.

In dem einige Tagesreisen entfernten Ort Ekbatana in Medien wird um dieselbe Zeit das Haus eines ebenso angesehenen Mannes von einem noch größeren Unheil heimgesucht. Die Tochter Sara, schön und zur Ehe reif, wird einem Manne nach dem andern zur Frau gegeben, und jedesmal stirbt der Freier in der Hochzeitsnacht, noch bevor die Ehe eigentlich vollzogen ist. Sieben Männer sind bereits auf diese Weise umgekommen und von dem Vater der Braut mit Wehklagen bestattet worden. Vom Gesinde als Hexe und Mörderin verflucht, will die Tochter sich nirgends mehr blicken lassen. Wie der Alte in Ninive verzweifelt auch sie, und auch sie erbittet als die einzige Erlösung den Tod. Im Fortgang der Geschichte aber werden die beiden Verfluchten gerettet, jeder auf seine Art. Sie erhalten das Leben zurück, das für den Mann das Augenlicht, für die junge Frau eine gesegnete Ehe bedeutet. Beide sind am Ende geachtet und geehrt und blicken auf die Zeit ihrer Erniedrigung wie auf eine notwendige Prüfung zurück.

Ein düsteres Märchen, das gut ausgeht, aber doch nicht eines, das nur erzählt wird, um die Zuhörer Grauen und Erleichterung empfinden zu lassen. »Die Geheimnisse eines Königs zu verbergen ist schön, aber die Werke Gottes zu offenbaren ist herrlich«, sagt der ins Alltagsgewand verkleidete Engel Rafael, als er den Sterblichen seine Engelsnatur enthüllt. Schreibt auf, mahnt er, ja er fordert dieses Aufschreiben und Lautwerdenlassen als einzigen Dank für sein göttliches Bemühen. So kommt die Geschichte zustande, welche die Bibelkundigen eine religiöse Unterweisung in Erzählungsform nennen. Sie gehört in das Kapitel der großen Heimsuchungen des Volkes Israel, in die Zeit der Verbannung aus dem Gelobten Land. Die Einzelschicksale meinen das Ganze: Die Tage des Trostes sind noch nicht gekommen, aber die Söhne werden das Heil erleben. Die Blindheit der Seelen hat die äußerste Form der leiblichen Blindheit angenommen, aber die wieder geöffneten Augen sehen in die Zukunft hinein. Der Schoß der Frauen ist zu einem Felsen des Todes geworden, aber er wird wieder aufgeschlossen und kann die neuen Geschlechter gebären. Gott ist noch im Zorn befangen, aber ein Engel darf auf die Erde hinabsteigen, um an einem Unglücklichen das Wunder der Gnade zu vollziehen. Mit dem allen ist, in der privaten Sphäre, eine Wende deutlich gemacht, die sich im ganzen Volk Israel, und nicht nur in den Menschen, sondern auch im Willen Gottes vollzieht.

Von Schuld und Sühne der Einzelnen kann bei dem allen die Rede nicht sein. Der alte Tobit ist nur ein Mitbetroffener, kein Mitschuldiger an dem Abfall seines Volkes, der die lange Strafe nach sich zieht. Seine Vorgeschichte ist ihm selbst in den Mund gelegt, da kann er weitschweifig erzählen, wie brav er war. Wie er, noch in der Heimat, als sein ganzer Stamm bereits dem Goldenen Kalbe opferte, mit allerlei Gaben in den Tempel zu Jerusalem zog. Wie er, mit den anderen Gefangenen fortgeführt, keine unreine Speise aß und die religiösen Vorschriften pünktlich befolgte. Wie er sich gegen seine Stammesgenossen äußerst mildtätig zeigte, die Nackten kleidete und die widerrechtlich Getöteten heimlich begrub. Der Geruch von Eigenlob und Selbstgerechtigkeit, der uns aus dieser Schilderung anweht, ist gewiß nicht beabsichtigt, und es ist mit der Heimsuchung sicherlich keine Strafe für Hochmut und Eitelkeit gemeint. Tobits Schönheit und Anmut, das Wohlgefallen, das er bei den Machthabern erregt, soll doch nur deutlich machen, daß er eben kein Hungerleider ist, dem nichts übrig bleibt als zu beten und gottesfürchtig zu sein. Er ist reich und angesehen und könnte noch reicher und angesehener sein, wenn er nicht so festhielte am alten Glauben, wenn seine ganze Wesensart ihn nicht ein übriges tun ließe an Barmherzigkeit – ein übriges, das ihn dann auch ins Unglück stürzt.

Die besondere Wesensart des alten Tobit kommt in der späteren, nunmehr von einem Dritten erzählten Geschichte viel eindeutiger zum Ausdruck als in seinem eigenen Bericht. Da erfahren wir, wie Tobit bei einem Gastmahl, das er selbst an einem kirchlichen Festtag und zur Feier einer günstigen Wendung seines Geschickes veranstaltet hatte, am Tisch saß und nicht essen wollte, wie er keinen Bissen herunterbrachte, weil in die fröhliche Gesellschaft die Nachricht von einem neuen Verbrechen der Machthaber, der Tötung eines Stammesgenossen, fiel. Man glaubt zu hören, wie die Gäste ihm zureden, zu essen und zu trinken und bei ihnen zu bleiben, man spürt wie die Frau ärgerlich wird, wie alle in der Absicht Tobits, nun auch diesen Toten zu begraben so etwas wie eine Absonderlichkeit, wie die Äußerung eines geheimen Lasters sehen. Es könnte gerade einmal so gemütlich sein, und der besessene Alte muß wieder hinaus und sich mit Leichen befassen, man könnte einmal feiern und sich freuen und soll nun wieder an die denken, denen man doch nicht mehr helfen kann und die man so gern vergißt. Tobit vergißt sie nicht, er kann nicht nur er selbst sein und sein eigenes Geschick. Er hat zu viel Vorstellungskraft, eine, die beständig von sich absieht und sich in andere hineinversetzt, in Menschen mit hungrigen Mägen und frierenden Gliedern, in arme Leiber, die den Aasgeiern zur Beute fallen, in verlorene Seelen, die ohne Bestattung den Weg zum Himmel nicht finden.

Das beständig Erzieherische ist die andere Seite von Tobits besonderer Wesensart. Auch hier: zuviel Vorstellungskraft, zuviel lebendiges Bewußtsein für das, was einem Menschen geschehen kann, der sich seiner heiligsten Güter begibt. Darum muß dem Sohn bei jeder Gelegenheit ins Gewissen geredet werden. Er soll sich nicht fürchten vor der Armut, er soll nicht hochmütig gegen seine Stammesgenossen sein, sich nicht betrinken und nicht unkeusch leben, niemandem antun, was er selbst nicht erleiden will. Um Gerechtigkeit und Barmherzigkeit kreisen all seine guten Lehren, immer wieder kommt Tobit auf diese beiden Säulen des menschlichen

Zusammenlebens zurück. Er ist gewiß kein bequemer Vater, aber er muß das alles doch mit Liebe und Güte immer wieder vorgebracht haben, sonst könnte der Sohn für seine Vorhaltungen nicht so empfänglich gewesen sein. Erst die Blendung verblendet den Alten – da wird die Heimsuchung auch zu einer innerlichen, wird die Gerechtigkeit im Mißtrauen, die Barmherzigkeit in Härte verkehrt. Der große Wohltäter und Erzieher tut, blind geworden, seiner Familie unrecht, indem er das geschenkte Lamm als ein gestohlenes bezeichnet und sich keines Besseren belehren läßt. So also bist Du – sagt die Frau, und erst diese Worte stürzen den Blinden in den wirklichen Abgrund, die wirkliche Nacht. Er lästert nicht, begehrt nicht, wie Hiob, auf und zweifelt nicht an der göttlichen Gerechtigkeit. Aber er will nun sterben, weil er so geworden ist, so blind, so kleinlich und böse, so unähnlich seinem früheren Selbst.

Wir sahen schon, wie derselbe heiße Wunsch nach dem Tode in derselben Nacht in dem düsteren Hause in Ekbatana an Gott gerichtet wird. Eine geheimnisvolle Verbindung besteht zwischen dem alten Tobit in Ninive und der jungen Frau in Medien, die dort die Hände ringt und nicht mehr da sein möchte, weil sie sich selbst und den andern ein Ärgernis ist. Von der persönlichen Gottesfurcht dieser Frau ist nichts ausgesagt, vielleicht ist sie überhaupt keine Persönlichkeit, sondern nur ein Schoß, in dem sich die Zukunft bereiten soll. Dennoch gehört sie zu Tobit, dessen Charakter so ausgesprochen ist und der seinen Gott so nachdrücklich verehrt. Ein Spiegelbild seiner Verzweiflung ist das Haus mit den sieben frischen Gräbern im Garten, mit den verscharrten Hoffnungen und dem Dämon, den die Fama den unsichtbaren Gebieter Saras nennt. Denn wenn Tobit die Augen verschlossen sind, wenn sein Starrsinn seine Familie betrübt und irremacht, so ist dem Mädchen der Schoß versiegelt, so treibt ihre Liebesunfähigkeit die werbenden Männer in den Tod. Beide, Tobit und Sara, sinken in ihre Todesbegierde wie in ein Grab, und zur gleichen Zeit treten beide wieder aus dem Schatten hervor. Aber während das Mädchen nun wartend verharrt, macht sich Tobit schon auf den Heilsweg – freilich nicht er selbst, sondern Tobias, sein anderes und glücklicheres Ich.

Denn glücklicher als Tobit ist sein Sohn Tobias in der Tat. Er darf die alte Schuld einlösen und die Befreiung der unbekannten Gegenspielerin vollziehen. Während sein alter Vater, blind und verzagt, in der Stube sitzt, geht er auf der Straße mit klingenden Schritten, sieht den Fluß Tigris dahinrauschen, tut alles, was der Vater nicht mehr vollbringen kann. Er ist ein Stück Tobits und doch auch wieder er selbst, ein aufgeweckter und weltkluger Jüngling, der, im Gegensatz zum Vater, bereits von dem medischen Mädchen gehört hat und sich nun, auf dem Wege, gegen die Zumutung einer solchen Heirat kräftig wehrt. Aber dann ist er doch auch wieder Tobit, d. h. einer, der auf die Stimme Gottes zu hören vermag. Denn was sich da auf der Reise begibt mit dem großen wild um sich schlagenden Fisch ist zwar die Gewinnung der magischen Zaubermittel, aber doch nicht diese allein. Einen Widersacher, eine Naturmacht bezwingen, etwas fest ergreifen und bewahren gehört von altersher zur Erziehung der Knaben und mit der kurzen Reise des Tobias sind gewiß alle Lehr- und Wanderjahre eines Jünglings gemeint. Aber die Überredung zur Liebe, die Hinwendung eines ichsüchtigen Kindes zur Selbstaufgabe ist doch solcher Erziehung anderer und nicht weniger wichtiger Teil. Da weiß mit ein paar Worten der Engel Tobias Bedenken zu zerstreuen. »Du wirst sie retten« – das sind Zauberworte, die einen Knaben mit einem Schlage zum Mann werden lassen, mit dem Ritterschlage, den nur ein göttlicher Mentor auszuteilen vermag. »Als Tobias diese Worte hörte, liebte er sie, und seine Seele hing sehr an ihr« – das ist das eigentliche Wunder dieser wunderbaren Fahrt.

Tobit, wie gesagt, weiß nichts von diesen Erlebnissen, nichts von der seltsamen Hochzeitsnacht, bei der ein wenig gezaubert und sehr viel gebetet wird, nichts von der Erlösung der Glaubensgenossin, die so viel erdulden mußte, ehe sie reif war zu lieben und fruchtbar zu sein. Er hat den Sohn nach Geld ausgeschickt und beim Abschied sehr nüchtern festgesetzt, was der Reisegefährte für seine Dienste erhalten soll. Als des Sohnes Rückkehr sich verzögert, beziehen sich Tobits Besorgnisse nur auf den Ausgang des Geldgeschäftes, der Schuldner kann den jungen Gläubiger abgewiesen haben, oder er kann mittlerweile gestorben sein. Die Mutter fürchtet anderes und Schlimmeres – nun, da es um ihr Kind geht, ist sie die Phantasiebegabtere, die tödliche Gefahren aus der Ferne spürt. Sie will nicht getröstet, nicht mit gutem Zureden getäuscht werden, sie läuft täglich auf den Weg hinaus, auf dem der Sohn heimkehren soll, ißt nicht und schläft nicht, die vierzehn Tage lang, die Tobias, von seinem Schwiegervater freundlich aufgehalten, in Ekbatana verbringt. Dann kommt Tobias wirklich heim, läßt die junge Frau zunächst vor dem Stadttor und wendet seine Zaubermittel an. Daß diese Zaubermittel aus dem Wasser und von einem Fisch stammen, mag auf die erhellende Macht des Christentums gedeutet werden. Jedenfalls öffnet Tobias dem Vater die Augen – das ist sehr kennzeichnend für die ganze Geschichte, in der der Sohn mehr weiß als die Eltern, und nicht aus persönlichem Scharfsinn, sondern weil er ein Teil der Zukunft ist.

Daß Tobits Blindheit für alle trübselige Ichbefangenheit, sein Wiedersehenkönnen für jede helle Erkenntnis steht, wird durch die Enthüllungsszene beim Abschied des Engels besonders deutlich gemacht. Denn Rafael, den der junge Tobias zum Reisebegleiter gewinnt und von dem er so wichtige Unterweisung erfährt, gehört doch eigentlich dem Tobit zu, ist *sein* Schutzengel, der ihn ein Leben lang begleitet hat und der »alles von ihm weiß«. Und wenn auch Tobias mit dem Fremden wie mit einem Bruder umgehen darf, während Tobit ihn nur einen Augenblick lang wahrnimmt, so sieht er in diesem Augenblick eben nicht einen freundlichen Mitreisenden oder einen hilfreichen Mentor, sondern einen überirdischen erschreckenden Glanz.

Wir kennen die Gestalt des göttlichen Reisekameraden aus vielen späteren Märchen als den Überwinder böser Zaubermächte und den Bekräftiger menschlichen Liebesvermögens, als den Geflügelten, der die helfenden Tiere herbeiruft und mit Rutenstreichen die Geister bannt. Er ist immer von jeher dabeigewesen, hat die guten Taten seiner Schützlinge zur Kenntnis genommen, hat sich auch hier und da in den zu begrabenden Toten, den zu rettenden Fremden am Wege verstellt. So vornehm aber, so hochstehend in der Hierarchie der guten Geister wie in der Geschichte des Tobias ist dieser Reisekamerad in den späteren Märchen nicht mehr. Denn hier ist er ja noch einer der sieben Erzengel, ein unmittelbar von Gott Geschickter und eigentlich viel zu groß, um der Begleiter eines einzelnen zu sein. Im Gegensatz zu den Nothelfern der späteren Geschichten, diesen Flügelverleihern, Dämonenpeitschern und Mutzusprechern, die verschwinden, sobald die behexte Braut gewonnen ist, verkündet er am Ende ausdrücklich die Herrlichkeit

Gottes, die sich in Licht *und* Finsternis, in Gnade *und* Züchtigung offenbart.

Gerade so nun, in all seiner Glorie, darf der alte Tobit seinen Schutzengel, zum ersten und zugleich zum letzten Mal in seinem Leben sehen. Er darf hören, was Rafael befiehlt, dieses eindringliche »schreibt auf«, und sich von ihm die Feder führen lassen wie auf dem Bilde des Caravaggio der herabstürzende Engel dem ungeschlachten Johannes die Feder führt.

Auf die Söhne der Gerechten ist in der Geschichte des Tobit und seines Sohnes Tobias jeder Lichtstrahl der Zuversicht gelenkt – das macht sie zu einem Gesang der Hoffnung, einem Hahnenschrei in der Tiefe der Nacht. Dem alten Tobit wird mit dem neuen Augenlicht auch ein weitergreifendes, die Gabe der Prophetie, geschenkt. Er weiß jetzt, daß es noch lange dauern wird, bis das Volk Israel nach Jerusalem zurückkehren darf, und er sieht über Ninive ein Unheil heraufziehen, vor dem sein warnendes Wort die Kinder und Kindeskinder bewahren kann. Aber daneben erblickt er doch schon Bilder des neuen Jerusalem, mit Häusern aus Smaragden, Saphiren und Diamanten, mit Straßen, die mit Beryll und Karfunkel gepflastert sind, mit Mauern und Türmen aus lauterem Gold. Er hört die Straßen Jerusalems Hallelujah singen und sieht die Söhne der Gerechten fröhlich sein in alle Ewigkeit – das ist über die einmalige geschichtliche Situation hinaus die ewige Hoffnung der Menschen auf den Frieden und das Glück ihrer Kinder, auf ihre Heimkehr in ein verlorenes Paradies.

Sappho

Wenn ich die Lieder der Sappho lese, taucht vor meinen Augen das Bild einer der Koren aus dem Akropolis-Museum auf. Diese Statuen standen in den Jahren vor dem Krieg eine Weile lang unter freiem Himmel. Die südliche Sonne glühte auf dem von leisen Farbspuren belebten Marmor, hinter den so unvermutet ins Freie gesetzten archaischen Gestalten zogen die Schirokkowolken über den Lykabettos hin. Die Statue, an die ich vor allem denke, ist die eines schönen und jungen Mädchens, eines lebensvollen und zugleich noch knospenhaft verschlossenen Geschöpfes. Ihr Körper trägt sich stolz mit steilem Nacken und emporgereckten Brüsten, aber nicht wie in Abwehr, sondern bebend vor Bereitschaft, von unsäglicher Erwartung durchflutet. Ihre Augen sind groß und voll Staunen geöffnet, und über ihren Wangen liegt das geheimnisvolle und ein wenig maskenhafte Lächeln, das allen gelehrigen Schülerinnen weiblicher Anmut zu eigen sein mag.

Nicht, daß man sich die Dichterin so vorzustellen hätte, so blondlockig, so großgewachsen, so lächelnd still. Sie selbst hat von sich gesagt, sie sei dunkel und klein gewesen, und unmöglich erscheint, daß die Leidenschaft ihres Gefühls, die Besessenheit ihrer dichterischen Hingabe nicht ihre Spuren hinterlassen haben in dem sterblichen Gesicht. Aber was dieses Mädchen darstellt, ist doch Sapphos Welt. Es ist die junge, die märchenhafte, die strahlende Welt der Frühzeit, in der die Frauen noch Kränze wanden, Festlieder sangen und Reigen tanzten, von Veilchengeruch und Meerwind umweht.

Dies alles scheint unendlich fern, versunken hinter zahllosen Bergen, die die Menschengeschichte aufgetürmt hat zwischen der Jetztzeit und einem freundlichen Beginn. Es ist als vermöchten wir jene seligen Inseln kaum mehr ins Auge zu fassen, als hätten die Anstrengung und die Furcht der Jahrtausende unseren Blick getrübt. Aber das Zauberwort »es ist noch alles wie je« klingt aus jedem Vers der Sappho an unser Ohr. Wenn wir uns ihrer Dichtung öffnen, sind wir jung wie damals und wie damals gehören uns die Inseln, die Myrrhen und das Gold.

Das Leben der Sappho haben die Gelehrten aus vielen Berichten antiker Schriftsteller zusammengefügt. Die Echtheit der ihr zugeschriebenen Oden und Bruchstücke ist umstritten, ich kann nicht über sie urteilen und kann auch nur ahnen, wo die Übertragung den reinsten Klang bewahrt. Aus allen Versen steigt das Bild der Heimatlandschaft, jener Insel Mytilene, die, gegen Ende des 7. Jahrhunderts, auch der Geburtsort des Dichters Alkaeus war. Seine Verse müssen wir lesen, wenn wir ein Bild der Zeit gewinnen wollen, die auch die Lebenszeit der Sappho war und die sich doch in der männlichen Dichtung ganz anders spiegelt, wilder und gefährlicher, politischer eben, um vieles mehr von den Kämpfen und Forderungen des Tages bewegt. Bei Alkaeus hören wir von Revolution und Verbannung, die er durch die Tyrannis erfuhr. Daß auch Sappho zu den Verfolgten gehörte, scheint ihrer Herkunft nach gewiß, ihre Verbannung nach Sizilien ist wahrscheinlich, aber nicht verbürgt. Aber die Frage, ob Sappho ihre Heimat für kurze Zeit verlassen hat oder nicht, hat wenig Gewicht gegenüber der Tatsache, daß sie die Insel ihres weiblichen Daseins niemals verließ. Ihr Leben vollzog sich fern von den Plänen und Reden und Taten der Männer, seine

Erfüllung war die Liebe, sein Reich die beseelte Natur.
Und aus dem Dienst an den Göttern wuchs ihm die Kraft
der Gestaltung zu.

Es ist trotz aller Überlieferung schwer, sich ein Bild
davon zu machen, in welcher Form dieses begrenzte und
reiche weibliche Dasein sich vollzog. Unsere Vorstellung
von den archaischen Frauen schwankt zwischen Hirtenmädchen und Prinzessinnen – die Inseln sind noch Märchenland, beides ist wahr. Auch die Könige der Odyssee
trieben noch ihre Herden aus und zogen die Netze ins
Boot. Die Inselbewohner standen in Handelsbeziehungen zu den reicheren Küsten des Mittelmeeres, und kostbare Dinge gingen durch ihre Hand. Die Stickereien
waren prächtig, die Stoffe edel, die Formen der Geräte
schön. Die Töchter der reichen Seefahrer hatten Goldschmuck, auch duftende Salben und Öle und Kleider aus
feinem Gespinst. Daß sie den ganzen Tag müßig gingen,
ist nicht wahrscheinlich, aber Muße war ihnen doch gegönnt, Musendienst, Göttinnendienst und eine Zeit der
Bildung des Körpers und der Seele, deren Ziel die vollkommene Anmut war. Eine Jungfrauenkongregation in
einem reichen Dorfe, Marienspiele aufführend, diese
Vorstellung ist vielleicht noch der sicherste Zugang zu
der schwer faßbaren Form der mytilenischen Frauengemeinschaft, da in solchen Reigen und Aufführungen viel
Antikes noch lebendig ist. Aber der sapphische Kreis
unterscheidet sich doch in allem Wesentlichen, da eben
Aphrodite und nicht die Jungfrau Maria ihr Leitstern
und Mittelpunkt war. Aphrodite, Kypris ist auch eine
Hochzeitsgöttin, und auf die irdische, aber heilige Hochzeit ging alles hinaus, jede Bemühung um Schönheit des
Leibes, Glätte der Haut und Harmonie der Bewegungen, jede Ausbildung in Tanz und Gesang. Das Beste
und Schönste aus sich zu machen, verlangt die Göttin,

darum sind die Unbekränzten die Unbegnadeten, die Sappho beklagt. Darum sind fast alle Lieder der Dichterin Hochzeitslieder, darum ist ihr Amt nichts anderes als ein, vielleicht über Jahre sich erstreckendes Schmücken der Bräute zum Fest. Am Ende standen immer die Feier, der Brautraub, kultische Tänze und Gesänge, Berichte von mythischen Hochzeiten und die alten Gebräuche, die an der Schwelle der Kammer sich vollziehen.

Wache Erwartung, Lebens- und Liebesbereitschaft, diese Stimmung also war es, die Sappho zeitlebens umgab, die sie selbst hervorrief in der Erziehung der Mädchen zu Anmut und Würde, in der Sichtbarmachung einer höheren Welt. Wenn einem Dichter unseres Jahrhunderts – Trakl – »alles Werdende so krank« erschien – die jahrtausendealte Sappho sah im Frühling, auch im Menschenfrühling, noch unendliche Hoffnungen, noch unendliches Glück. Ihre Augen stehen noch so weit, so staunend offen wie die der Kore von der Akropolis, jeder Blick, jeder Atemzug ist Entdeckung der Welt. Und ihr Lebenslob umfaßt jeden Bereich der beseelten Natur, die mit dem Gefühl nicht weniger als mit den Sinnen wahrgenommen wird.

Sehen wir sie nicht vor uns, diese hyazinthenbewachsenen Hänge, über die die Herden hingehen, diese wasserdurchströmten blühenden Apfelhaine und den rosenfarbenen Mond über dem Meer? Die Tageszeiten heben sich ab, der Morgen, der panische Mittag, die Dämmerung, in der den heimkehrenden Hirten der Abendstern erglänzt. Im kühlen Wind der Abendfeuchte erbeben die Blätter, und die Stille der Vollmondnacht senkt sich über den Altar. Immer andere Düfte wehen, Rosenduft und der Salzhauch des Meeres und die wilden und süßen Gerüche der Kräuter, mit denen die Mädchen sich bekränzen. Klänge erheben sich, schrilles Grillengezirp. Meeresrauschen und Vogellieder und der sehnsüchtige Menschenruf, den die Unendlichkeit des Meeres verschlingt. Und gepriesen wird immer der Glanz, der des Goldes vor allem, in dem sich Reinheit und Kostbarkeit paart.

Die Krönung aber solcher Daseinsfülle ist der Mensch. In dem heranwachsenden Mädchen offenbart sich der Dichterin die Schönheit, nach der ihr Herz zeitlebens dürstet, die vollkommene Schönheit des Leibes und der Seele, die dem griechischen Menschen die höchste Befriedigung war. Die Ausbildung solcher Vollkommenheit war Sapphos dringendstes Anliegen, und all die zarte und gewaltige Liebe, deren sie fähig war, wandte sie den ihr Anvertrauten zu.

Sehen wir doch einmal ab von dem uns Fremden, der Neigung zum eigenen Geschlecht, die ja nur der Anfang aller Liebe war, wie sie es in jedem einzelnen Leben, neben der unbewußten Neigung des Mädchens zum Vater, des Knaben zur Mutter, heute noch ist. Denn erste Liebe ist Weltliebe, Welt- und Ichentdeckung, und das eigene Ich spiegelt sich gewiß reiner im gleichen Geschlecht. In solchem Liebeslob jedenfalls findet Sappho die zartesten Töne, alles Rauschen und Glühen und Beben der Natur ist nur Begleitung zu dieser ewigen Melodie, »Du, weißer als Milch / weicher als Wasser / süßeren Liedes als Leier / zarter als Rosen / freudiger als Fohlen / weicher als weiches Gewand / Du, goldner als Gold –« singt sie und vergegenwärtigt damit alle blühende, sanfte und freudige Jugend der Welt.

Wenn wir nun aber diese Liebestöne durch die sapphischen Verse weiter verfolgen, finden wir doch noch anderes als den reinen, lobenden Klang. Hochzeit bedeutete nicht nur hohe Zeit, Krönung und Erfüllung, sie bedeutete auch Abschied, und der Abschied ist der große Schatten, der der Lyrik der Sappho erst ihre eigentliche Wesensart verleiht. Erst in der Klage, die, bald von ihr selbst ausgesprochen, bald den scheidenden Mädchen in den Mund gelegt, laut wird, offenbart sich alle Süße und aller Glanz der Mädchenzeit, erst die Vergänglichkeit macht das Holde der Jungfräulichkeit bewußt.

Denn mit der Heirat scheiden die Mädchen aus dem Kreis, was Sappho in ihnen erweckt hatte an Sehnsucht und Liebe zu den edelsten Dingen der Welt – die Erfahrung lehrte sie, daß es später erstarb. Gewiß, nur Verwandlung war, was sich hier vollzog, aus dem Mädchen wurde die sorgende Mutter, die zuteilende Hausfrau, die zärtliche oder ängstliche Gattin. Was aber konnte alle Fruchtbarkeit, alle Notwendigkeit solcher Wandlung für Sappho bedeuten, wenn der schöne Körper träge wurde oder verkümmerte, wenn die zärtliche, neugierige Seele erstickte in Sorge und Mühe des Tages. Die Trauer um die Schönheit ist der unpersönliche Teil von Sapphos immer neu erwachendem Schmerz, es gab auch einen anderen, eine Liebesnot persönlichster Art. »Vergiß nicht! Gedenke!« singt sie den Geliebten in den Hochzeitsgesängen zu und ruft ihnen ins Gedächtnis zurück, was war, wie es war in der Zeit der Veilchen und Rosen, der heiligen Tänze, der süßen Muße im Frühlingswald. Der Bräutigam, der Mann ist nicht durchaus der Feind, freundliche, fast schmeichelnde Worte werden an ihn gerichtet, Worte des Staunens auch, daß er so unbefangen soviel Holdes besitzen darf. Aber er ist doch der Fremde, der Eindringling, der Raubende, und in gewissem Sinne ist er, wie Persephones dunkler Liebhaber, der Tod. Er ist der Tod, der über jede erschlossene Blüte seine Herrschaft beginnt, der am

Ende jeder Verwandlung ins Fruchttragen steht, der heimliche, unerbittliche, notwendige Tod.

Demetertrauer, das ist gewiß ein wesentlicher Zug in Sapphos Leiden um die ihr entrückten Mädchen. Es heißt, daß sie selbst eine Tochter gehabt habe – mütterliche Angst und Eifersucht mischt sich in all ihre Liebesklagen. Aber das persönlich Fordernde, das eigentliche Liebesbegehren ist nicht minder stark. Ein leidenschaftlich persönlicher Unterton schwingt in fast allen Versen, unbedenklich fügt Sappho in die Götterhymnen das Zeugnis ihres eigenen Ergriffenseins, das fast schamlos zu nennen wäre, wenn das Ergriffensein nicht auch göttlichen Ursprungs wäre und eben jenes Licht, das die Welt in so strahlende Farben taucht. Die süßeste Frucht des Himmels wird die Liebe von ihr genannt, und doch auch eine Schlange, etwas chthonisch Dunkles, dem man nicht entrinnen kann. Bei jeder Liebesentfernung offenbart Eros erst seine dunkle Gewalt, er ist der Sturm, der durch die Kronen der Eichen hinfährt, der Bitter-Süße, das Tier. Für den Zustand, in den er die Liebenden versetzt, findet Sappho Worte, die, in den herkömmlichen Rahmen der Hochzeitslieder gefügt, die Hörer gewiß so ungewohnt anmuteten wie den späteren Augen Grünewalds fahle Farben, wie seine ganze bedrohliche, unerbittliche Welt. Vom Ohrensausen spricht Sappho und von gelähmter Zunge, von grünbleicher Haut, Gliederzittern und Ohnmacht, einem mänadischen Zustand fürwahr, der die harmlos heiteren Mädchen gewiß ängstlich zurückweichen ließ. In diesen Augenblicken, aber sicherlich nicht nur in diesen, war Sappho, als die immer um wieviel Liebesmächtigere, Leidensfähigere, allein. Von ihrer Einsamkeit geben manche Verse Kunde, auch von einem Uneinssein mit sich selbst, von Qualen der Eifersucht und der Verlassenheit. Der Tod, der eigene und endgültige, wirft, als »das größte Übel«, seine Schatten voraus, die Veränderungen des Alters, der bittere Zwiespalt eines verwelkenden Leibes und einer ewig liebenden, ewig nach Schönheit verlangenden Seele wird offenbar. »Die Mitternacht kommt und ich liege allein« klagt Sappho einmal, und selbst Töne der Bitterkeit finden sich, Verse, in denen sie über Undankbarkeit und Untreue klagt. Und diese Verlassenheit, diese Einsamkeit eines unersättlichen Herzens spiegelt sich am deutlichsten in der Legende, die den schönen Jüngling Phaon mit ihrem Schicksal verknüpft.

Aber so stark, so leidenschaftlich das Motiv des Abschieds und der Vergänglichkeit in Sapphos Liedern zum Ausdruck kommt, so bleibt doch noch Raum für Worte der Lebensweisheit, der Lebensvorschrift, die die mytilenischen Mädchen sicherlich durch die Macht der Persönlichkeit Sapphos häufiger und unmittelbarer empfingen. Daß dem Hause der Göttin die Trauer fernbleiben müsse, mahnt Sappho einmal und wirft damit ein helles Licht auf die Wesensart der Aphrodite und der Huldinnen, deren lebendige Gegenwart überall selbstverständlich erscheint. Ein sanftes Wesen macht der Dichterin die Götter zu Bundesgenossen, wenn der Ärger im Herzen schwillt, empfiehlt sie, die Zunge zu hüten. Sie warnt vor dem Reichtum ohne sittlichen Wert, aber die Vereinigung von beiden erscheint ihr als der Gipfel des Glücks. Der Götterdienst durch die Kunst ist ihr das eigentlich Lebenswerte, er ist es, der den Menschen eines Tages dem Totenreich entrückt, wer nie von den Rosen des Musenwaldes gepflückt, den erwartet das traurigste Los. Daß sie selbst unter diesen glanzlosen Toten nicht sein wird, ist ihre Hoffnung, ihre Gewißheit fast. »Wenn ich sterbe, werde ich nicht verges-

sen sein« heißt es in einem der Bruchstücke, und wie ein unendliches Echo dieser Worte klingen die rühmenden Stimmen der Zeit und Nachzeit, die sie die »Honigstimmige«, die »heilig Reine«, den »hinreißenden Ruhm von Lesbos« und die »zehnte Muse« nennen.
Wer die Texte der Frühzeit kennt, kann die Berechtigung solchen Ruhms verstehen, er kann ermessen, wie kühn die Dichterin und Sängerin Altes und Neues verband, wie sie das Volkslied aufnahm und Versmaße zusammenstellte und neu erschuf und welche Worte sie prägte oder in den geheiligten Kreis der gehobenen Sprache zwang. Wo aber die Freude, nicht die Kennerschaft das Wort führt, wo diesen Wegen nicht nachgegangen werden kann, mag es wohl erlaubt sein, sich am Ende noch in die Gefilde zu verlieren, in die der Mythos die unsterbliche Gestalt entrückt.
Daß Phaon schon in der Antike als Sapphos Geliebter genannt wird, entspricht sicherlich nicht dem Wunsche, die Dichterin »normal«, als eine dem Manne zugeneigte Liebende zu sehen. Erst bei der späteren Sichtbarmachung ihrer Gestalt mag dieser Wunsch maßgebend gewesen sein. Bei Grillparzer konnte Sapphos doppelte Wesensart nur in der Gegenüberstellung von Frauenglück und Schöpfertum zum Ausdruck kommen, nur ein Mann konnte Ursache werden für den tragischen Konflikt. Wilamowitz hat Phaon als den mythischen Fährmann gedeutet, der Aphrodite in Gestalt eines alten Weibes übersetzt und zum Dank das Geschenk unvergänglicher Schönheit und Jugend erhält. Aber diesem Geschenk haftet eine andere Verwandlung an, der die Gestalt des Phaon in die Nähe des Phaeton, des nächtlichen Tempelhüters der Göttin rückt, wie jener ist Phaon nun zur eigenen Liebe nicht mehr fähig. So viele Wünsche sich an seiner Schönheit entzünden, er kann sie

nicht befriedigen, er wird zum ewig Geliebten aber ewig Kalten, dem sich niemand vermählen kann. Als solcher steht er in direktem Gegensatz zu den sterblichen Mädchen, deren Verwandlung Sappho beklagt. Aber die von Ovid erdichtete Klage Sapphos um Phaon ist doch nichts anderes als der Ausdruck eines Verlangens, das niemals Befriedigung findet, eines Festhaltenwollens von etwas, das sich beständig wieder entzieht. Nur die Wasser des Todes löschen die Glut der vergeblichen Wünsche. Und an die Wasser des Todes führt denn auch die Legende die Dichterin und läßt sie herabspringen vom leukadischen Fels.

Dieser Fels ist ein Todesort, aber die Schwelle zum Schattenreich ist er nicht. So ist denn auch Sapphos mythischer Selbstmord nur ein »Stirb und werde«, ein Übergang in die von Apoll gehüteten Gefilde ewigen Götterdienstes und eines ewigen Lebens in der Kunst. Er ist der Eingang zur Unsterblichkeit, die der Sängerin schon die Mitwelt zusagte, und die sich dann bestätigt hat, durch die Jahrtausende hin.

Denn obschon wir auf dem langen Wege der Geschichte vieles erfahren haben, obschon wir gelernt haben, uns in der Liebe zwischen den Geschlechtern zu erfüllen und die Verwandlung zu bejahen, das Dunkle und sogar den Tod – die Erinnerung an die strahlende Jugend der Menschheit wird ihren Zauber niemals verlieren, und solange wir leben, wird Sapphos Stimme unter den fernher klingenden die holdeste sein.

Lysistrata

Vor fast 2400 Jahren hat die Lysistrata des Aristophanes das Licht der Welt erblickt. Damals war sie funkelnagelneu, im Gegensatz zu den Heldinnen der antiken Tragödie, die alle schon einmal da waren und höchstens ein paar moderne Züge aufwiesen. Ebenfalls im Gegensatz zu jenen mythischen oder geschichtlichen Gestalten steht Lysistrata in keinerlei verwandtschaftlichem Verhältnis zu den Göttern und wird von keinem von ihnen heimlich besucht. Sie stammt nicht aus einer fluchbeladenen Familie und wird nicht in schauerliche Taten verstrickt. Sie ist sehr irdisch, voll von gesundem Menschenverstand, sie liebt das Leben und haßt den Krieg. Eine von uns, mögen die Frauen von Athen gedacht haben, aber auch die von Sparta, von Böotien und von Korinth. Eine von uns, denken die Frauen heute nach 2400 Jahren. Aber kaum daß Lysistrata aufgetreten ist und einige Worte gesprochen hat, erweist sich schon, daß sie doch eine Besondere ist.

Ein wenig gescheiter ist Lysistrata, ein wenig wacher und hellhöriger als die anderen Frauen. Sie hat ein bißchen besser aufgepaßt im Unterricht des Lebens, wenn auch mit dem Spiegel und dem Schminktöpfchen in der Hand. Sie weiß, daß Geld und Liebe die Welt regieren, daß die Herren am Krieg verdienen und daß viele von denen, die die großen Worte machen, nichts als ihren eigenen Vorteil im Auge haben. Sie hat so gut achtgegeben, daß ihr der Respekt vor den Männern abhanden gekommen ist, aber nicht der Respekt vor der Liebe, einer recht antiken, unsentimentalen übrigens, die plagt und zwackt, mit der man rechnen muß und auf die man sich verlassen kann. Auf diese irdische, herrlich lebenserhaltende Liebe gründet sich Lysistratas Plan, den man einen verteufelten nennen könnte, wenn er nicht eben dazu diente, die Männer zu retten – vor dem Kriege, vor sich selbst.

Wer früher wach ist als andere Menschen ist ungeduldig, und ungeduldig zeigt sich Lysistrata oft in höchstem Maße. Die Frauen sind saumselig, wetterwendisch, verbuhlt und verspielt, und denken gering von ihrem eigenen Geschlecht. Die Männer sind streitsüchtig und verblendet und leiden an Größenwahn. Nicht nur in Athen, sondern überall auf der Welt wird, was es zu tun gibt, gar nicht oder zu spät getan. Daß es so nicht sein müßte, daß es besser werden könnte, dieser Glaube macht einen Teil von Lysistratas Überlegenheit aus. Der andere ist nicht weniger wichtig: unter allen Frauen sind Lysistrata und ihre derbe Gegenspielerin Lampito die einzigen, die, um einer allgemeinen Sache willen, ihre persönlichen Gefühle zurückstellen können. Lysistrata hat in der langen Zeit des Alleinseins ihren Jammer nicht laut werden lassen. Sie unterdrückt ihre großstädtische Spottlust gerade dieser Lampito gegenüber, die es zu gewinnen gilt. Immer wieder wird sie über ihre eigene Entmutigung Herr. Wo sie sich gehen läßt – im Gespräch mit dem Kriegsschatzmeister –, weiß sie sehr wohl, was sie tut: auf den groben Klotz gehört ein derber Keil, und die Marktfrauen, die sie an den Feind heranführt, haben keine anderen Waffen als Nägel und Zähne, Gekeif und Geschrei.

In solcher Besonnenheit erscheint Lysistrata kühler als die anderen Frauen. Aber man muß nur hören wie sie aufbrausen kann, sobald es um das Eigentliche geht und mit wie leidenschaftlichen Worten sie ihre heilige Sache vertritt. Die Frage, die ihr gestellt wird »was es sie angehe«, löst den edelsten Zorn aus, dessen ein menschliches Herz fähig ist. Was der Krieg die Frauen angeht, ist gemeint, und nun bricht es hervor, jahrhundertealte Erfahrung des Leidens, jahrhundertealter Schmerz der Mütter um ihre Söhne, der Frauen um ihre Männer, der einsam trauernden Mädchen um die Liebe und das Glück. Ein Gefühl, nahe dem Haß, mischt sich darein, wenn Lysistrata davon spricht wie die Männer, erzürnt über die Einmischung der Frauen, diese mit bösen kalten Augen, ja mit der Hundepeitsche zurücktreiben an den Webstuhl, an den Herd. Etwas wie Haß, ja aber der Haß derer, die lieben wollen und die es satt haben, immer wieder irre zu werden.

Denn ganz und gar dem Manne zugewandt, eine Liebende und große Verführerin, das ist Lysistrata gewiß. Anmutig ist sie und erfahren in allen Künsten des schönen Scheins und wenn auch die griechischen Frauen, von ihren unbequemen Fragen bedrängt, einmal scherzend behaupten, sie sei gar keine Frau, so weiß Lysistrata doch dem ersten Manne, der im Lager auftaucht, gleich den Kopf zu verdrehen. Sie ist eine Prophetin, aber ihre Voraussagen haben nichts von den dunklen Rufen der Kassandra, da ja nicht ein unabwendbares Schicksal, sondern die menschliche Unzulänglichkeit ihr Widersacher ist. Diese zu überwinden, sind sehr drastische Mittel nötig, aber auch Heiterkeit, Witz und Spott. Mit der verliebten Lysistrata werden alle Männer lächerlich gemacht, diese unzulänglichen Männer, die man doch nicht entbehren kann, die man so überaus nötig braucht.

Daß die schöne Lysistrata in allen Dingen sogleich das Wesentliche sieht, gibt ihr den Vorrang, und nicht nur den über ihr eigenes Geschlecht. Sie erkennt, daß der

Krieg niemand zu retten vermag und daß es am Ende aller Schlachten weder Sieger noch Besiegte, sondern nur ein zu Tode erschöpftes Griechenland gibt. Sie sieht, daß über dem inneren Hader die äußere Gefahr vergessen wird und daß die Begierde nach Macht und Besitz jeden mühsam errungenen Frieden aufs neue bedroht. »Was liegt daran« gibt sie zu bedenken, als die eben versöhnten Athener von einem alten Streitobjekt nicht lassen wollen. Was liegt daran, das ist alte Weisheit, ist die Erkenntnis, daß nicht alles so furchtbar wichtig ist und daß man verzichten können muß, um in Frieden zu leben. Rasch ist die Jugend des Weibes dahin, auch das ist alte Weisheit, und das Los derer, die unerfüllt nur noch im Traumbuch blättern, wird von Lysistrata in bewegten Worten beklagt. Sie wäre keine Griechin des 5. Jahrhunderts, wenn ihre Bemühungen nicht der Liebeserfüllung gälten, und wenn diese Liebeserfüllung nicht sehr viel mehr bedeutete, wenn sie nicht gleichzusetzen wäre mit der Erfüllung des Lebens schlechthin.

Romeo und Julia

Wie sehr allein diese Liebenden sind, das ist das Bewegendste von Anfang an. Allein in der bösen Welt, so empfindet man es, obwohl diese Welt gar nicht so arg ist, gar nicht besonders böse, sondern eben nur die wirkliche Welt, ein Bereich, in den Kinder und Liebende nicht passen, die einen noch nicht, die andern bereits nicht mehr. Ein alter Streit ist im Gange, aber doch schon im Abklingen, die alten Herren mögen nicht mehr recht, der Fürst und der fromme Bruder suchen, jeder auf seine Weise, dem Übel Abhilfe zu schaffen. Die Jungen sind händelsüchtig und auf ihre Kavaliersehre bedacht, aber es sind keine Schurken darunter, und es wird keine Schurkerei begangen, nichts, was nicht alltäglich gewesen wäre in der rauflustigen Zeit. Sehr alltäglich sind auch Romeos Freunde, der gutmütig ihm ergebene Benvolio, der Fasler und Schwätzer Merkutio, sehr alltäglich ist das Gehaben der Amme, die sich den Kuppellohn verdient und die dann, als die Sache mit Romeo sich zum Schlechten wendet, ihrem Kindchen zuliebe, gleich den neuen, reichen Ehemann preist. Man weiß, wie es zugeht in der Welt, weiß auch, daß Eltern selbstsüchtig und herrschsüchtig in ihrer Neigung sind, und hält es ihnen zugut. Tatsächlich bedarf es der Erscheinung dieser jungen Liebe, um das alles einmal anders zu sehen, nichtsnutzig, alt und verrottet und eben als die böse Welt, die voll Angst ist vor dem Verlust von Ansehen und Geld und vor dem Sterbenmüssen schlechthin. Da paßt alles zusammen, die oberflächlichen Ratschläge, die Romeo von seinen Freunden bekommt, die Geschwätzigkeit der alten Amme, der Wunsch der Eltern, die Tochter bald und gut verheiratet zu sehen. Denn die Eltern sind solange freundlich, als alles sich gut fügt und werden dann zornig, hart und eiskalt, rechte Vertreter der Wohlanständigkeit, die das Lebendige zertritt. Du Tränensuse, Du Talggesicht – und schon ist nichts als Ärgernis, was vierzehn Jahre lang die Freude des Herzens war. Der Gipfel von Julias Einsamkeit im vertrauten Bereich ist ihr Zubettgehen mit dem Gifttrank, der Schlaf bringen kann, aber auch Wahnsinn oder Tod. Da wird draußen gebraten und gebacken und das Fest gerüstet, die Stimmen sind ganz nah und doch ist niemand da, den das Kind rufen und dem es sich anvertrauen könnte. Niemand, zu dem man eilen kann, als Romeo, der ganz und gar nicht Gegenwärtige, der Traumgefährte, der auch das einzig Wirkliche ist.

Das Wunder der auf beiden Seiten gleich starken, gleich unbedingten Liebe ist das Licht in solcher Nacht, in der Dunkelheit und Wirrnis des Lebens überhaupt. Liebe auf den ersten Blick und über den Tod hinaus, bei dem einen wie bei dem andern, und eine sehr verschieden geartete doch. Romeo hat schon geliebt, eben erst, und daß er von Rosalie nicht erhört worden ist, hat seine Glut geschürt, die, wie sich dann herausstellt, nur ein Strohfeuer war. So lernen wir ihn kennen, halb von Sinnen, kopflos, närrisch-abgründige Weisheiten im Munde führend, und schon in dieser abwegigen Neigung ein Fremdling in seiner Welt. Mehr als ein Zuschauer will er auf dem Feste nicht sein, nur einer, der, ohne Hoffnung für sich selbst, den andern das Licht hält. – In dem Schein dieses Lichtes erblickt er dann das ganz Neue – das eben herangewachsene Kind. Wie er sich Julia zuwendet, ändert sich sein Wesen mit einem Schlag. Nun kommt es ihm nicht mehr in den Sinn, in jedem Ding gleich sein übles Gegenbild, in jedem Beginnen gleich das Ende zu sehen. Die kleine Julia ist die wahre Schönheit, die weiße Taube, die sich nicht ziert, sich schon hingibt mit dem ersten Händedruck, dem ersten Kuß. Weil Romeo für sie ein Mann und nicht wie für die spröde Rosalie ein törichter Knabe ist, wird er auch zum Mann, springt bei Nacht über die Gartenmauer und sucht die gefährliche Nähe der Geliebten, ist auch, da sie auf geheime Eheschließung drängt, nicht verlegen um Ausweg und rasche Tat. Bei dem geistlichen Freund bestellt er alles aufs beste, man wird die Welt vor vollendete Tatsachen stellen, alles andere wird sich schon finden, Verzeihung, Versöhnung und Glück. Später, nach dem unglückseligen Zwischenfall, ist Romeo wieder verzweifelt, aber doch anders als vorher, nicht wie ein beleidigter Knabe, sondern wie ein Mann, der es nicht ertragen kann, daß er der Geliebten Schmerz zufügen muß. Vernünftig ist er auch jetzt nicht, wie denn überhaupt in diesem Trauerspiel das hohe Lied der Unvernunft gesungen wird, ihr Untergang und überwältigender Sieg. Aber Romeo läßt sich doch zureden, und handelt nach dem Rat, noch als Verbannter ist er voll guten Muts. Die falsche Todesnachricht erst stürzt ihn in seine dritte große Verzweiflung – und die ist nun erst recht eine männliche, eine völlig wortkarge, die niemandem mehr Rechenschaft gibt.

Genügen die paar Tage, um aus dem gekränkt redseligen Jüngling einen stummen, zum Äußersten entschlossenen Mann zu machen, so reichen sie auch hin, das Kind Julia zu verwandeln von Grund auf. Sie hat noch nicht geliebt, ist der Welt noch nicht fremd geworden, sehr selbstverständlich heiter und gefügig bewegt sie sich zu Anfang des Spiels im elterlichen Haus. Die Klostererziehung ist ihr anzumerken, als Romeo, schon recht kühn für eine erste Begegnung, seine Lippen mit einem Paar frommer Pilger vergleicht, greift sie das Bild auf und führt es in aller Unschuld ins Verfängliche fort. Ehe daß sie es noch weiß, ist sie schon gefangen, sagt ja und hält still, gerade wie in der alten Kindergeschichte, die die Amme erzählt. Gar kein Widerstand, gar kein Schuldbewußtsein, nur Ungeduld, große, von Anfang an. Sie haben so wenig Zeit, diese beiden, weniger als sich mit der Vernunft rechtfertigen ließe, und doch, wie sich bald herausstellt, nur eben genug, um Mann und Frau zu werden, jeder für sich und miteinander, in der einzigen Nacht. Jeder für sich – das bedeutet auf Julias Seite eine Entwicklung stürmischster Art. Von kindlicher Fessellosigkeit zum völligen Gebundensein, vom Spiel zum Ernst, zum Schicksal und zum Tod. Dreimal erscheint sie auf dem Balkon, verlangend, beschwörend, nicht von Romeo lassen könnend, so als sei sie schon lang die Seine, als gehöre er ihr schon ganz. Die alte Frauenangst, getäuscht zu werden, stellt sich schon bald ein, auch die kleine Besorgnis um ihr Ansehen bei ihm. Der wandelbare Mund, der allzurasche Blitz, das sind die Bilder des Vergänglichen, Ängstigenden – sei treu, heißt die alte Beschwörung und dabei weiß die kaum Erwachte schon, daß ihre eigene Liebe wie das Meer so tief und unausschöpfbar ist. Wer nicht spielen will, verlangt nach der festen Bindung, der gesegneten, die niemand anfechten kann. Als Julia zum zweitenmal auf den Balkon kommt, äußert sie recht unbefangen ihren Ehewunsch, der doch nur die selbstverständliche Voraussetzung der Erfüllung ihrer Liebeswünsche ist. Beim drittenmal mißgönnt sie Romeo in aller Liebe schon die Freiheit und zieht ihn wie ein Vögelchen am seidenen Faden immer wieder zurück.

Gleichzeitig mit solcher Verwandlung vollzieht sich bei

Julia eine andere, die nun auch sie im Heimischen heimatlos werden läßt. Sie muß lügen, muß sich verstellen, schon dadurch wird sie dem Zuhause entfremdet und entrückt. Als Romeo ihren Vetter Tybalt getötet hat, muß sie Partei ergreifen, und steht einen Augenblick lang auf der Seite der Andern, ihrer Sippe, die gekränkt worden ist. Einen Augenblick lang ist Romeo der Eindringling, das Lamm mit Wolfsbegier, einer, der sie getäuscht und furchtbar verwundet hat. Dann hört sie ihn schmähen und weiß plötzlich, daß er ihr Gatte ist, ein Unglücklicher, dem sie dennoch für immer gehört.

Nichts von Welt-Unlust, von Sehnsucht nach einem gemeinsamen, frühen Tod. Die Liebenden wollen leben, sie haben erst eben Geschmack daran gefunden, sie beginnen erst eben, sie selbst zu sein. Die Natur ist nur dazu da, ihre eigenen Gefühle zu spiegeln, aber wie sich die Stimme der Nachtigall für die beiden Liebenden verwandelt, wird diese Stimme doch erst eigentlich gehört, und wie Julia ihren Geliebten als einen goldenen Glanz an den Sternenhimmel versetzen will, wird dieser doch erst eigentlich gesehen. Julias Schönheit wird zur Schönheit an sich, die sich Romeo schenkt und die er nun zum ersten Mal in sich aufnehmen kann. So viel Lebensfreude, so viel Hoffnung ist da, daß der verzweifelte Romeo Rat annehmen, daß die schüchterne Julia auf die schlaueste Weise Theater spielen kann. Es stimmt ja alles zwischen den Liebenden, kein Argwohn taucht auf, keine Eifersucht, keine Anwandlung von Kälte, Liebesunlust und Trotz. Alle Gefahr ist außen und sie wäre zu besiegen, wenn sie nicht den Charakter des Verhängnisses trüge von Anfang an.

Dieses Verhängnis ist mehr und etwas anderes als die Kette von unglücklichen Zufällen, als die es sich zunächst darstellen mag. Gewiß, Romeo *müßte* nicht gerade des Weges daher kommen, als der unselige Streit im Gange ist, der Bote, der den Brief des Klosterbruders nach Mantua bringen soll, müßte nicht aufgehalten werden, Romeo müßte nicht auf dem Friedhof mit dem bedauernswerten Bräutigam zusammentreffen und noch einmal Blut vergießen, was ihn dann blind für Julias wahren Zustand und erst recht reif für seinen unüberlegten Selbstmord macht. Aber das alles muß doch nur sein, weil das Wesen der jungen Liebe und das der alten Welt so weit auseinanderklaffen, weil jenes durch dieses auf *jeden* Fall einmal gestört und gefährdet würde. Zu schön, um wahr zu sein, das ist alte Volksmeinung, zu schön, um zu dauern auf jeden Fall. Unter diesen Umständen dienen Verhängnis und Tod nur dazu, in vollkommener Reinheit zu bewahren, was sich später doch verändern würde, nicht gerade in Unliebe, aber doch in die Anpassung an die wirkliche Welt. Romeo in Staatsdiensten, Julia von einer Schar kleiner Kinder umgeben sind undenkbar, nicht weil sie nicht in der Welt hätten leben wollen, sondern weil sie es nicht können. Weil sie, einmal auf so stürmische Weise zur Liebe erwacht, nicht im eigentlichen Sinne Menschen, sondern die Verkörperung eines menschlichen Zustandes sind.

Darum diese Besessenheit, diese Unerbittlichkeit vom ersten Augenblick an. Kaum, daß man sich flüchtig gesehen hat, ist schon das Leben nur durch die Gegenwart des andern überhaupt noch des Lebens wert. Von Julias Ungeduld war schon die Rede – noch ehe die Eltern sie so schmählich verraten, hat sie selbst Vater und Mutter schon preisgegeben. Der Vater, die Mutter tot, das wäre nichts im Vergleich zu Romeos Entfernung aus der Stadt. Die alte Vertrautheit gilt wenig, nach der heimlichen Hochzeitsnacht werden vollends alle zu Feinden, denen man trotzen oder die man mit holdem Lächeln und freundlicher Willfährigkeit betrügen muß. Enterbt, verstoßen, das wäre noch vor kurzem der Tod gewesen und bedeutet nun weniger als nichts. Die Verstellung soll keineswegs die verlorene Liebe zurückgewinnen, nur Raum schaffen für das Alleinsein, für die Flucht. Das Mittel dazu, der halbe Tod, wird unbedenklich, ja gierig hingenommen und selbst in der Beklemmung der Nacht führt kein einziger Gedanke zu den Eltern zurück. Als Julia in der Grabkammer erwacht, nun wirklich von Leichen und Sterbegeröchel umgeben, als sie Romeo tot sieht und der Mönch ihr einen Ausweg ins Leben weist, gibt es in ihr keine Erinnerung an die süßen Kindertage, keine Möglichkeit, das Ganze als einen bösen Traum zu verstehen. Die kaum Wiedererwachte kann nur eine einzige Bewegung ausführen, den Griff nach dem Dolch, den Übertritt aus dem grausigen Halbdunkel in die unaufhörliche Nacht.

Romeo ist nicht weniger starrsinnig, nicht weniger einseitig verwundet und beglückt. Er kennt keine einzige männliche Bestrebung, und das Wesen seiner Freunde ist ihm fremd. Die Verbannung gleicht ihm einer Folter, nicht weil sie gesellschaftliche Ächtung bedeutet, sondern weil die Zeit des Getrenntseins von Julia lauter Unzeit ist. Von Julias Leiden unterrichtet, möchte er schon in der Zelle des Mönchs seinem Leben ein Ende machen – in dem Glauben, daß es ihr gut geht, will er auch im fernen Mantua zufrieden sein. Als er das Gegenteil erfährt, ist dann freilich auch gleich alles aus, in finsterer Hast bedenkt er die letzte Begegnung und wie er sie zu einer wirklichen machen kann, Leichnam zu Leichnam wie vordem blühender Leib zu blühendem Leib. Es gibt für ihn auf dieser Welt nichts zu verrichten, also gibt es auch kein Überleben, nur noch diesen

Heimweg in die Liebe, der dann auf so ärgerliche Weise aufgehalten wird. Der arme blümchenbringende Bräutigam muß daran glauben, er wird einfach hineingerissen in den Sog der großen Todesumarmung, in den Wirbel des Sturmes, den Romeo als seinen verzweifelten Führer, seinen bitteren Piloten anruft. Das alles erscheint übertrieben, hitzig, maßlos und fast frevelhaft, und ist doch nichts als Treue, Treue zum ersten überwältigenden Gefühl, Treue zur Liebe an sich.

Von einer Schuld also kann nicht die Rede sein, es wäre denn die eines allzu großen, allzu abgesonderten Glücks, wie sie etwa – allerdings viele Jahrhunderte später – Franz Werfel in seinen schönen Versen »Als mich Dein Dasein tränenwärts entrückte« sich zum Vorwurf gemacht und wie in unseren Tagen Ingeborg Bachmann in ihrem Spiel »Der gute Gott von Manhattan« sie als todbringend gezeigt hat. Ein Verschulden ist dennoch im Spiel und ein tragisches, weil es so reinen Willens begangen wird. Romeo selbst nämlich stört den friedlichen Ablauf des Geschehens. Er tut es, indem er den alten Streit schlichten will. Er ermahnt seinen Freund, Frieden zu halten, und dieser, der auf seine Stimme wie auf die eines höheren Wesens hört, läßt den Degen sinken und verteidigt sich nicht. Er wird tödlich verwundet, weil Romeo, der glücklich Liebende, den Haß der Welt nicht wahr haben will, weil er wünscht, daß, solange er liebt, alle Menschen sich lieben, weil ihm gerade in diesem Augenblick der ewige Hader nicht paßt. Die Welt soll ihm in Ordnung sein, darum muß Benvolio sterben. Danach freilich wird alles anders, weil es für Romeo nun nicht mehr um die eigene, sondern um die Ehre des Freundes geht. Jetzt muß er mit den Wölfen heulen, muß den Degen ziehen und töten, rasch, ohne Überlegung, nur mit der Ahnung, daß der Unstern dieser Stunde durch nichts mehr abgewendet wird. Bezahlt wird erst viel später und mit dem eigenen Blut. Die Freude, die Romeo in der Grabkammer über solche Sühne empfindet, zeigt, daß seine Liebe ihn wirklich auf eine höhere Stufe geführt hat und in einen Bereich der Menschlichkeit, der jenseits aller Kavaliershändel liegt. Aber diese Verwandlung spielt in dem Ganzen des Geschehens doch nur eine unbedeutende Rolle. Sie verblaßt neben dem großartigen Schauspiel einer jungen, unerbittlichen Liebe, die mächtiger ist als der Tod.

Auch das Allgemeine, das Schicksal der Stadt und der feindlichen Familien verblaßt und findet keine rechte Teilnahme mehr. Zwar gibt es am Ende eine große Versöhnung und eine feierliche Verkündigung vom Ende des alten Streits. Man tauscht Versprechungen aus, nicht nur die, endlich Ruhe zu halten, sondern auch, das Andenken der Toten durch rein goldene und sehr kostspielige Bildnisse zu ehren. Das Volk war ja schon lange nicht zufrieden, sogar höchst verärgert über die Streitereien der Jeunesse dorée, die seine eigene Existenz bedrohten. Nun also ist Ruhe, und es kann jeder ungestört seines Weges gehen. Fast hat es den Anschein, als hätten diese jungen Leute sterben müssen, damit nun endlich das Bauwerk der Gesittung aufgerichtet werden könnte, als stellten sie so etwas dar wie die lebendigen Bauopfer, die man in der Vorzeit in die Sockel bedeutender Gebäude eingemauert hat. Aber diese neue Gesittung hängt dem Trauerspiel doch nur recht äußerlich an. Sei es, daß man dem Frieden der großen Herren nicht traut, sei es, daß man das Opfer, wenn es nichts anderes als ein solches war, als zu unabsichtlich und zu schrecklich empfindet, unwillkürlich kehrt man sich, ehe der Vorhang fällt, ab von den lebenssüchtigen Greisen und ihrer neuen Bonhomie, und wendet sich noch einmal zu den

Toten zurück. Hat nicht Romeo geflüstert »Heute nacht ruh' ich bei Dir«? – hat nicht Juli den Tropfen Gift von den Lippen des Liebsten gesogen, in der Hoffnung, daß er sie zu ihm brächte? Romeo und Julia, die dort tot liegen, waren keine Menschen, die in dieser Welt leben konnten, also konnten sie auch nicht sterben in unserem, dem herkömmlichen Sinn. Sie sind unsere Liebe, wie sie einmal war und wieder sein kann, besessen und selbstvergessen, ohne Neben- und Hintergedanken, und von sich selber ganz erfüllt. Der Marmorsarg in Verona, bedeckt von einem Haufen von vergilbten und staubgrauen Visitenkarten aus aller Welt, ist ein sichtbarer Beweis dafür, wie mächtig dieses reine Liebeslied durch alle Zeiten forttönt und wie viele danach trachten, ihren sterblichen Namen in Verbindung zu bringen mit der unsterblichen Hingabe, die nichts bewahren will außer sich selbst.

Prospero

Das Reich des Zauberers Prospero in Shakespeares Sturm ist eine öde Insel, auf der nichts wächst als Schlehen und Holzbirnen, Buschwerk und saueres Gras. Aber diese Insel ist beständig erfüllt von geheimnisvollem zauberhaftem Klang. Selbst der ungeschlachte Caliban hört Töne und süße Lieder, die ergötzen, und immer wieder sinken dort die Tatenlustigen unversehens in tiefen, traumreichen Schlaf. In solcher Verzauberung können die stärksten Arme nicht zu den Waffen greifen, und auch den unbestechlichsten Ohren erklingen märchenhafte Glöckchen im Wind. Fratzengesichter tauchen auf, bewegen sich feierlich und bringen eine verlockend duftende Mahlzeit. Göttergestalten zeigen sich und, im wahrsten Sinne des Wortes aus der Luft gegriffen, wiegen sich Nymphen und Schnitter im festlichen Tanz. Das ganze Heer der hilfreichen Elfen und Kobolde ist am Werk, aber auch die Plagegeister, stachlig und schlangenglatt, auch die Sturm- und Feuerdämonen, die mit Donner, Blitz und Wirbelwind die Wellen aufpeitschen und die Wälder verheeren. Die Rachegeister sind nicht fern, mit dem Geheul von Bluthunden überfahren sie das Eiland und erschrecken die Übeltäter. Immer wieder aber, und besonders gegen das Ende des Spieles hin, erklingt eine erhabene und feierliche Musik, die das Chaos besänftigt und den erregten Herzen Frieden bringt. Alle diese melodischen und schreckhaften Töne, diese Zauberlieder und Warnrufe sind nicht eigentlich der Insel zugehörig. Sie sind das Werk Prosperos und seines luftigen Dieners, sind Gebilde der schöpferischen

Phantasie. Die Insel selbst ist nichts als Einsamkeit und Menschenferne, aber gerade in dieser Eigenschaft bringt sie die wunderbarsten magischen Blüten hervor.

Prospero ist ein Mensch, kein Gott. Er hat eine Geschichte, wir haben sie aus seinem Munde, erfahren sie zusammen mit der Tochter, die kindlich gescheite Fragen stellt. Die Geschichte ist politisch und ist doch auch ein Gleichnis, da hier der Verlust eines Herzogtums für das Abreißen aller weltlichen Bindungen, und das Leben auf der einsamen Insel für jede Verwandlung in der Einsamkeit steht. Prospero hat Mailand regiert und auch wieder nicht regiert, weil er mit anderem, Höherem beschäftigt war. Es ist da von Forschung, freien Künsten und geheimer Wissenschaft die Rede – wir glauben zu verstehen, was gemeint ist mit solcher Zauberkunst, nämlich die Macht der Einbildungskraft, die erschrecken und besänftigen, erschüttern und beseligen kann. In dem Bericht über Prosperos früheres Leben aber spielt diese Macht eine durchaus negative Rolle. Sie beglückt den, der sie besitzt, aber sie sondert ihn auch ab, macht ihn dem Leben und seinen Anforderungen fremd. In dem Sinne, in dem ein Dichter unseres Jahrhunderts den Ermordeten, nicht den Mörder schuldig nannte, hat auch Prospero Schuld auf sich geladen, indem er dem Bruder zuviel vertraute, ihn zu selbständig schalten und walten ließ. Er hat sich aus allem herausgehalten und war dann plötzlich ganz draußen, nicht nur seiner Macht beraubt, sondern auch mit dem Tode bedroht. Er hat seine Helfer gefunden, gewiß. Aber das Beste, das ihm noch werden konnte, war doch die einsame Insel, das Alleinsein mit der jungen Tochter, den Geistern und sich selbst.

In diesem neuen Dasein nun spielen, wie auch schon in dem alten, die Bücher eine bedeutende Rolle. Von ihnen oder von »dem Buch« ist beständig die Rede. Nur dadurch, daß der hilfreiche Gonzalo sie dem Prospero nachschafft, kann dieser in der Wildnis sein Leben fristen. Bei allen wichtigen Entscheidungen zieht er sich zurück, sie zu befragen, und sogar der Tölpel Caliban weiß, daß mit ihrem Besitz oder Verlust des Herren Macht steht oder fällt. In diesem Zaubermittel die Gesetze und Formeln der Kunst zu erkennen liegt nahe, auch der Gedanke an die geschichtliche und künstlerische Überlieferung jeder Art. Aber später dann stellt sich heraus, daß mit diesem Buch eben doch der *ganze* Zauber, die *ganze* Kunst gemeint ist, wenigstens jede, die nur um ihrer selbst willen da ist und die sich nicht in den Dienst der sittlichen Erneuerung des Menschen stellt. Denn wie Prospero am Ende sein Buch, *das* Buch ins Meer versenkt, schwört er doch *allem* ab, was er einst vermochte, allen Gestalten, die er aufweckte, allen Geistern, die er rief. Was immer sich während des einen langen Tages auf der Insel begibt, ist nur Vorbereitung auf solche Absage, die Absage eines großen Künstlers an seine Elfen und Dämonen, an die ganze ungeheure Welt, die er liebend und leidend beschwor.

Das alles erfahren wir später, oder erkennen doch erst später seinen eigentlichen tieferen Sinn. Prospero, der seine Geschichte erzählt, den Luftgeist Ariel herumschickt und den Erdenkloß Caliban zornig bedroht, ist noch kein Heilsbringer, ist nicht einmal ein besonders gütiger alter Mann. Es ist ihm Unrecht geschehen, und nun ist er auf sein Recht bedacht, sein Vertrauen ist getäuscht worden, nun besteht er auf seinem Schein. Er hält dem kindlich lustigen und kindlich bekümmerten Ariel vor, was er einst für ihn getan hat und schilt ihn, als er gar zu ungestüm bittet, heimkehren zu dürfen ins Element, undankbar und ein boshaftes Ding. Den Caliban hat er erziehen, aus dem tölpelhaften Naturwesen einen Menschen machen wollen – und hat das Gegenteil erreicht. Das ist der große Mißerfolg seines Insellebens, daß das Naturwesen die Sprache erlernt hat und sie zu unflätigem Schimpfen gebraucht, daß es Liebe erfahren hat und auf Vergewaltigung sinnt. Der Erzieher Prospero denkt nicht daran, den Hexensohn Caliban mit seiner Abstammung zu entschuldigen, er ist aufs tiefste verletzt. Als einen gekränkten verbitterten Pädagogen, so lernen wir ihn kennen, als der Sturm, das Blendwerk gerade vorüber ist. Aber gleichzeitig erfahren wir auch, was es auf sich hatte mit all der künstlichen Erregung der Natur. Die Welt, Prosperos frühere Welt, wird an die Küste seiner Insel verschlagen und befindet sich völlig in seiner Macht.

Die Welt draußen, das ist der unrechtmäßige Herzog von Mailand, ist der König von Neapel und sein Bruder, der alte Gonzalo und die Höflinge zuerst. Aber auch die braven Schiffsleute gehören zu ihr, auch die weinseligen Rüpel Stephano und Trinkulo, die zu jeder Schlechtigkeit, aber auch zu jeder Buße willfährig sind. Die Hofleute zeigen sich gleich überaus weltlich mit ihrem nicht Stillseinkönnen, ihren zweideutigen Scherzen, ihrem ehrfurchtslosen Geschwätz. Der alte Gonzalo wird verlacht, dem König Alonzo wird der vermeintliche Tod seines Sohnes zur Last gelegt, mit dem unrechtmäßigen Herrscher von Mailand schmiedet der andere Königsbruder seinen gewissenlosen Plan. Prospero ist nicht dabei und weiß doch alles, bald stellt sich heraus, wozu er seine Macht benützen, seine Gaukelei ausüben will. Der Augenblick ist gekommen, auf den er ein halbes Leben gewartet hat, die böse und geliebte Welt ist ihm zugetrieben worden, nun könnte er

Rache nehmen, aber er tut es nicht. Die Kinder dieser Welt sollen anders werden, stiller, ähnlicher ihrem anderen, besseren Ich. Das Verwirrte soll entwirrt, das Chaotische in Ordnung gebracht werden, dafür das Feuer, die Trennung und die halben Tode, dafür die Zauberglöckchen und der magische Schlaf. Dafür die große geheime Kunst – zum letzten Mal.
Alles scheint zum besten zu geraten, zunächst. Ariel ist diensteifrig und geschickt, der Liebeszauber gelingt, die Bedingungen der Liebesprobe werden erfüllt. Der junge Königssohn Ferdinand ist am Anfang einigermaßen selbstbewußt, aber seine Verlorenheit öffnet ihm die Sinne für die Schönheit Mirandas, für die Zauberlieder, die Ariel singt. Die Liebesprobe besteht in ungerechter Behandlung, die zu erdulden, und in knechtischer Arbeit, die zu leisten ist. Ferdinand übersteht beides, weniger aus Tugend, als weil er dabei der Geliebten nahe sein kann. Er gerät ins Träumen, während Miranda mitanpacken, ihm die Last tragen helfen will. So möchte jeder dem anderen dienen, über dem Edelmutsstreit kommt es zur Liebeserklärung, bei der Miranda alle sittsame Verstellung fahren läßt. Ihre Phantasie kann kein schöneres Wesen schaffen – ähnliches hat sie schon dem Vater gestanden, als sie Ferdinand zum ersten Mal sah. Da ist die Wirklichkeit verzaubert, der Zauber Wirklichkeit geworden, und Prospero kann seinen Segen geben, allerdings nicht ohne einen kräftigen Bannfluch gegen jede voreheliche Zärtlichkeit, die die heilige Ordnung stört. Er kann die versprochene Augenweide in Szene setzen, ein ziemlich fades Spiel, bei dem Juno, Ceres und Iris die eheliche Liebe preisen, die Nymphen und Schnitter tanzen und der Verführer Amor seine gefährlichen Pfeile zerbricht. Aber dann, mitten in diesem Singen und Wiegen geschieht etwas, das das ganze

Heilswerk in sein Gegenteil zu verkehren droht. Prospero wird zornig, Prospero unterbricht das Spiel.
Nicht daß sein Zorn einen besonderen, äußeren Anlaß hätte. Es fällt ihm nur etwas ein, etwas, das er erfahren und wieder vergessen hat, eine Nachricht Ariels, die so tragisch eigentlich gar nicht zu nehmen ist und die ihn doch plötzlich aufs äußerste erregt. Trinkulo, Stephano und Caliban, die sich zusammengefunden haben, sind zusammengeblieben, Caliban will den Weinspendern wie Göttern dienen und sie zu Herren der Insel machen – über Prosperos Leiche hinweg. Das war nicht vorgesehen im Heilsplan, und wenn auch der Anschlag leicht abzuwehren ist, so bleibt doch die Absicht als etwas Finsteres und Unmenschliches bestehen. Es handelt sich ja wieder um Caliban, den Erdenkloß, das mißglückte Produkt von Prosperos Erziehung, das macht alles noch schlimmer, macht es erst eigentlich schlimm. Prospero hat von ihm nichts zu fürchten, schlägt wohl im Grunde auch sein Leben nicht mehr allzuhoch an. Es ist der neue Mißerfolg im Gelingen des Friedens, die Unzulänglichkeit jeder menschlichen Bestrebung, die Prospero so verzweifelt macht. Nun ist nicht nur Caliban ein geborener Teufel, an dem alle menschliche Mühe ganz und gar verloren ist. Wie sich für den alternden Herakles die Stätte seines hilfreichen Lebens, die Welt, mit einemmal fürchterlich verdüsterte, so sieht nun auch Prospero mit einem Mal nichts als Unruhe, Unsicherheit und Gefahr. Seine Unheilsverkündung mitten aus dem Verlobungsfest heraus hat etwas apokalyptisch Drohendes, etwas vom Aufbäumen eines alten Riesen, der über Länder und Zeiten hinweg den Untergang sieht. Bezeichnenderweise sind die Liebenden von dem Ausbruch nicht eigentlich erschüttert – mit dem Wunsche, daß der Vater bald Frieden finden möge, ziehen

sie sich zurück. Ariel vollends kann davon nichts begreifen, so gilt die Rede dem Zuhörer, vor *seinen* Augen sinken die Tempel und festen Städte zusammen, zerstiebt der Erdball, wie die Gebilde eines Traumes vor den Augen des Schläfers vergehen. Wir sind aus solchem Zeug wie das zu Träumen – diese zornige Abkehr von allem Irdischen zeigt uns Prospero von einer anderen Seite als bisher. Sein Wesen gewinnt an Abgründigkeit, und sein Heilswille tritt in ein neues bedeutenderes Licht.

Die Umkehr, das Einlenken in die Bahn des guten Willens vollzieht sich nicht sogleich. Zur Zeit von Prosperos Verdüsterung ist die Hofgesellschaft auf magische Weise gebannt, geschart um die drei vom Wahnsinn Geschlagenen, die nun auch, aber auf eine andere Weise als Prospero, den Untergang vor Augen sehen. Die lauten Höflinge sind still geworden, nichts mehr von Späßen, Spott und Schadenfreude, sie haben ein echtes Gefühl bekommen für die schicksalhafte Verwandlung, die sich in ihrer Nähe und in ihnen selbst vollzieht. Der alte Gonzalo, der schon immer ein mitleidiger Mann war, strömt über von Tränen, die jungen Heißsporne können ihre Schwerter nicht mehr rühren – gerade als verstünden sie nun, daß Gewalt nicht überall etwas ausrichten kann. Ariel schildert seinem Meister diesen Zustand, und Prospero, der noch eben die drei rüpelhaften Missetäter mit Hunden hetzte und sich rühmte, daß nun alle seine Feinde wie diese in seiner Hand seien, hört betroffen zu. Ariel hat Mitleid mit den großen Sündern, Ariel, der Kobold, der keine unsterbliche Seele besitzt. Er bittet für die Verstörten – das weckt Prosperos edleren Sinn. Es liegt etwas sehr Rührendes in dieser Szene, in der der große Unheilsprophet und alttestamentarische Rächer sich umstimmen läßt von diesem luftig-launischen Wesen, das wie Blumen und Bienen leben will, in den Tag hinein. Da lernt der große Alte noch einmal, und daß er es kann und will, macht erst eigentlich seine Größe aus. Nun kommt alles von selbst wieder ins rechte Fahrwasser, die Verzeihung und Versöhnung und die Sünder, ihrer Sinne wieder mächtig, können ihn kennen lernen, wie er ist, wie er immer sein wollte, milde und gerecht und gut. Der Vorhang, der das junge Paar verhüllt, kann weggezogen werden – da sitzt der verlorene Sohn und bringt mit der Braut auch das eben abhanden gekommene Mailand wieder in die Familie zurück. Schon wird die Heimfahrt gerüstet, die Hochzeit geplant, die letzte, lange Nacht auf der Insel soll mit Erzählen und Erklären vergehen.

Damit ist das Spiel zuende, der Vorhang fällt. Die rechte Kunst hat geholfen, jeder hat sein besseres Selbst finden und besitzen gelernt. Die Ordnung ist wiederhergestellt, die angestammte Herrscherwürde ist in ihre alten Rechte getreten, darauf, und nicht auf die Ausübung der Macht, kam es Prospero an. Um der heiligen Ordnung willen haben die Wellen getobt, sind die Flammen gesprungen, hat der reinigende Wahnsinn die Gemüter verheert. Zur Ordnung gehört der gesegnete Ehebund, das rechte Herrschen und Dienen auch. Prospero, einsam und alt, hat noch einmal gezaubert, nun wird er noch einmal herrschen, aber als ein Weiser, mit dem nie ihn verlassenden Gedanken an das Grab. Die feierlich erhabene Musik war der letzte Klang, den er dem Äther entlockte, es wird von nun an der einzige sein. Ich versuchte zu gefallen, sagt demütig abbittend die Stimme des Epilogs, sagt in diesem letzten seiner Schauspiele Shakespeare, und weiß nicht mehr wie süß und herrlich, nur noch wie leidenschaftlich unruhig und dämonisch gefährlich dieses Gefällige war. Er verzichtet darauf, um des Friedens der Seelen willen – damit tritt er schon vor seinem Ende in einen Bereich, in dem nicht mehr der Chor der Winde und Wellen, der Vögel und der menschlichen Stimmen, sondern einzig die Musik der Sphären erklingt.

Diotima

Hyperion, da er, auf der Insel Salamis ruhigerer Tage genießend, dem Freunde Diotimas Schatten beschwört, ist uns nicht mehr fremd. Viele Briefe an Bellarmin sind vorausgegangen, in denen der Heimgekehrte das Leben seiner Jugend aufzeichnete. Wir hörten ihn seine Kindheit rühmen, jene Zeit des freien Einsseins mit dem All, nach welcher ihn ewige Sehnsucht verzehrt. Adamas kam und belehrte den Knaben, er führte ihn ein in die Geschichte, und bei den marmornen Trümmern der großen Vergangenheit in blühender Macchia verweilend, erfuhr Hyperion die erste Trauer über den Verfall des geschichtlichen Geistes und den ersten Trost der großen ewig lebendigen Natur. Er zog hinaus in die Welt, begleitet von den Gestalten der Heroen, glühend in dem Wunsche, ihnen gleich zu sein. Aus bitterer Enttäuschung über die trägen, stumpfen Menschen des Tages rettete ihn die Begegnung mit Alabanda. In leidenschaftlicher Zuneigung erschlossen die Jünglinge einander die Quellen ihres Wesens, die Schmach des Vaterlandes überwältigte sie gemeinsam, und sie bestärkten sich in dem Wunsche, eine neue Welt zu bauen. Diese glücklichen Tage aber endeten jäh, als Hyperion, die Macht einer neuen Kirche denkend, sich von Alabanda als Schwärmer verspottet sah und in den Freunden des Freundes nur Menschenverächter und kalte Spötter zu erkennen glaubte. Er floh Alabanda, floh die Berührung der Welt, die ihn zu beflecken drohte. Lange Zeit blieb sein Leben bar des Glaubens, leer an Liebe und still.
Doch haben mancherlei Vorzeichen eine Wendung seines

Schicksals schon angedeutet. Hyperion erinnert sich seines Besuches auf der Insel Kalaurea, als eines Tages voll von wundersamen Zeichen und Stimmen, wie eine Erscheinung von überirdischer Schönheit, sich Diotima aus dem stillen Schauen hob, in dem er sie überraschte. Sie ist die Mitte und Flamme eines häuslichen Kreises, und wie sie die Blumen versorgt, das Feuer behütet und die Nahrung bereitet, scheint sie im nächsten begrenzt. Aber das Haus ist nur der Kern ihres Wesens, das ohne Hinderung hinausstrahlt in die vertraute Welt. Schweigsam bleibt sie zuerst wie die Wesen der Pflanzen, und nur ihr Gesang, zwischen Höhe und Tiefe schwebend, verrät dem Fremden die Glut ihres Herzens. Doch im ersten Gespräche schon, als die schnell Vertrauten der Erde Überfluß und Schönheit wechselweise rühmen, fühlt sich Hyperion ihr wunderbar verbunden in der Liebe des Alls. Von ihrer Ruhe erfährt er Besänftigung, und ihre Trauer über sein Schicksal tröstet ihn. Wie sie ihn zum erstenmal umarmt, scheint er verwandelt, der Finsternis und des Unmuts entkleidet und ihresgleichen geworden. Sie gesteht ihm ihre Liebe, und nun öffnen sich ihm die Tore der alten Heimat und lassen ihn ein.

Zur selben Zeit jedoch beginnt, von Hyperion unbeachtet, für Diotima jener Vorgang des Werdens und Reifens, auf den erst die späten Briefe helles Licht werfen. Jäh wird die Gelassene von dem Feuer Hyperions ergriffen. Während sie sich noch bemüht, seine Gedanken an die vertraute Erde zu fesseln, fühlt sie die ihren schon losgerissen, hinaus, hinauf, in eine Fremde, die ihr nicht mehr Heimat ist. Hyperion erzählt ihr von seinem Schicksal, und in der klaren Schau der Liebe erkennt sie, daß seine Wünsche nur im Tode gestillt werden können. Sie erschrickt über die Verklärung, die er ihr angedeihen läßt, erschrickt über das Ungestüm, mit dem er sich an sie klammert, die ihm doch niemals alles bedeuten kann. Zwar stimmt seine Verwandlung sie glücklich, und sie bittet ihn nur, etwas stiller noch zu werden. Doch schon empfindet sie ihre Treulosigkeit gegen die alten Gefährten Himmel und Erde, Nacht und Tag als eine Bedrohung ihres Seins, und wie in schmerzlicher Voraussicht kleidet sie das Geständnis ihrer Liebe in die Worte »zu sehr«.

Von nun an verbindet jede Stunde sie dem Freunde stärker und inniger. Da sich seine männliche Welt ihren Blicken enthüllt, erhellt sie auch diese mit der leisen Flamme ihrer Begeisterung. Mit ihm weiß sie die heilige Glut tatenreicher Männerfreundschaft zu empfinden, und, von seinen Worten geleitet, begreift sie die Wandlungen der Geschichte. Wo sie nicht verstehen kann, ahnt sie doch, und so voller Leben ist ihre Teilnahme, daß Hyperion sich von ihr beschenkt und beflügelt glaubt. So erlebt sie endlich jenen entscheidenden Augenblick des Einsseins, in dem sie nicht nur das Schicksal der Zeit völlig mit seinen Augen sieht, sondern auch Gefahr und Macht solcher leidenden Einsicht erkennt. Wie sie den Klagenden hinwegführt aus den Trümmerfeldern Athens, weiß sie schon um die rettende Aufgabe, und in begeisterter Schau malt sie ihm das zukünftige Wirken als Erzieher des Volkes. Sie wendet seine Gedanken aus der Vergangenheit in die Zukunft, von den Gestalten der Geschichte auf die lebenden Menschen, und da Hyperion den Gedanken weiterführt, bereit noch zu wandern und zu lernen, wird ihnen beiden die Welt fremd und neu, gleich einem winterlichen Acker an Zukunftshoffnung reich.

Der Brief Alabandas, der Hyperion zur Teilnahme am Aufstand auffordert, erreicht die Liebenden in der süßen Schwermut des Herbstes. Von gewaltsamen Mächten, die in der Brust des Freundes ein leidenschaftliches Echo finden, sieht Diotima ihren schönen Traum bedroht. Nicht in Furcht oder Eifersucht, sondern aus der schrecklichen Weisheit ihrer jähen Reife sucht sie ihm die Ideale zu zerstören. Aber Hyperion ist verwandelt, ist auf unbegreifliche Weise ihrem Einfluß entrückt, und nun weicht sie erschrocken zurück, bemüht, seinen Entschluß zu billigen, seinen Weg zu segnen. Verändert, größer erscheint sie dem Geliebten, aber ruhig noch immer, und lächelnd-strahlenden Auges sinkt sie an seiner Seite nieder, als die Mutter und die Freunde Zeugnis ablegen für den heiligen Bund. Indessen jedoch hat das Schicksal sie schon unaufhaltsam weiter getragen. Sie hat die Grausamkeit des männlichen Handelns erkannt und anerkannt, aber sie weiß, daß sie ihr den Tod bringen wird. Als sie sich von den Knieen erhebt, liegt ihre Hand erkaltet in der des Freundes; die Worte, mit denen sie Abschied nimmt, sind nicht mehr von dieser Welt, und ein geheimnisvolles Lächeln entrückt sie, als Hyperion den erdenfernen Sternenhimmel zum Zeichen zwischen sich und der Zurückbleibenden bestimmt.

Nun beginnt für Hyperion die Zeit des Erwachens im tätigen Mannesleben, er durchstreift die Peloponnes und ruft die Völker auf, er begrüßt den Freund, und in Kampfesübung und Gespräch erwartet er die reinigende Schlacht. Währenddessen aber neigt sich für Diotima der Bogen des Seins schon wieder der Erde zu. Zwar gewinnt sie noch Glück in der Erinnerung an die erste Zeit ihrer Liebe, Kraft in dem Gedanken an die Größe spartanischer Frauen. Aber die Jahreszeiten nähren sie nicht mehr, Licht und Dunkelheit behüten ihr nicht mehr das Herz. Sie lebt nur in ihm, und oft überkommt sie der schreckliche Zweifel, ob er nicht die Liebe verlerne.

Durch die Briefe, in welchen Hyperion in bitterer Selbstverhöhnung von Aufruhr und Plünderung, von der Macht des Bösen über die entfesselten Menschen berichtet und ihr die ganze Finsternis seines enttäuschten Herzens enthüllt, wird ihr dieser Zweifel grausam bestätigt. Sie soll ihm entsagen, denn was er einzig noch sucht, ist die furchtbare Freiheit der Hoffnungslosen, die Freiheit zum Tod. Noch umfangen seine Gedanken sie voll Sehnsucht, aber sie soll ihn nicht hören, ihn nicht zurückrufen ins Leben, und da sie schweigt, verkündet er ihr seine volle Entschlossenheit, in neuen Kriegsdiensten den Tod zu finden.

Man ist geneigt, die tragische Verkettung des Folgenden der leiblichen Entfernung zuzuschreiben, jenem schleppenden Hin und Her der Mitteilung, welches einen überlebten Augenblick festhält und einem längst veränderten Zustand furchtbare Wirkung verleiht. Denn als Diotima Hyperions Brief erhält, ist er durch einen verwandelnden halben Tod schon durchgegangen und zu neuem Leben freudigeren Sinnes erwacht, und als diese neue Kunde sie erreicht, hat sie der Liebe schon entsagt und bejaht seinen Tod. Aber es ist doch nicht diese Verzögerung, die ihr Schicksal bestimmt. Längst schon war der Höhepunkt ihres irdischen Lebens überschritten, jenes Lebens, das Hyperion aus seiner stillen Bahn gerissen und zu jäher Blüte gebracht hatte. Während einst ihre Gegenwart die Unrast seines Wesens stillte, war sie von der Traurigkeit seines Herzens schon wie von einem verzehrenden Fieber befallen worden. Sie hatte ihn und sich gerettet in den schönen Vorsatz der Menschenveredlung. Nun aber ist dieser Traum zerstört, und einen Augenblick lang wünscht sie in bitterer

Klage, Hyperion nie verstanden zu haben. Mit flammender Entrüstung entsagt sie der Liebe, der Erfüllung in der Mutterschaft und weist den zutiefst Gekränkten, den der Vater verfluchte und die Heimat verstieß, auf den Weg, den sie selbst zu gehen entschlossen ist.
Noch einmal erreicht sie die flehende Stimme des Freundes. Ein neues Leben malt er ihr aus, ein Leben stiller Arbeit im fernen Bergtal, nahe den Pflanzen, der Sonne und den Sternen. Noch kann er nicht glauben, daß sie nicht dieselbe geblieben ist. Denn unverwandelt, in Anmut und Ruhe, steht sie vor seinem Blick. Doch stellt er sich nun zum erstenmal die Frage, ob sie noch ihren Frieden machen kann mit der Welt. Und ihr Schwanengesang bestätigt ihm die ahnende Furcht.
Einen Augenblick lang wird Diotima von der Hoffnungsfreude getäuscht. Dann erwacht sie aus dem Traume und muß mit Klage und Anklage auch ihn erwecken. Denn es ist zu spät. Seiner Liebe, seiner tröstenden Gegenwart hätte es bedurft, um sie auf die Erde zurückzuführen. Aber er war fern, uneingedenk des Feuers, das er entzündet hatte, bar des Willens, es zu behüten. Dieses Feuer glühte noch auf in den Tagen des Abschieds, nährte die Flamme des Geistes und die Kraft des Herzens in der ersten Zeit der Trennung. Dann aber kam über Diotima eine große Müdigkeit und Sehnsucht, sich der Unvollkommenheit dieser Erde zu entziehen. Die Kunde über sein Schicksal bestätigte und heiligte solches Begehren, und der rasche Wechsel seiner Gesinnung lockt sie nicht zurück.
Nicht Hyperions Wesen, sein Schicksal war es, das Diotima tötete, und wie sie Abschied nimmt, befreit sie ihn von aller Schuld. Sie weist ihn mit Worten des Trostes in jene Welt, die ihnen auch fernerhin gemeinsam sein wird, in die Welt der heiligen Wesen der Natur. In letzter

Vision gewahrt sie den Tod, von dem ewig erneuten Leben in goldenen Ketten geführt, und sich selbst und den Freund, mitwirkend im Gesang der Sphären, dessen eherner Harmonie die sterblichen Wesen die Heiterkeit wechselnder Harmonien verleihen.

Wie Hyperion, gelassen bald und bald in heftiger Verzweiflung, diese Erinnerungen wachruft, sehen wir Diotima mit seinen Augen als ein begnadetes Wesen der Natur, ja als die Natur selbst, die den Verirrten an sich zog. Sie gleicht jenen Frauengestalten, bei welchen wandernde und irrende Helden für eine Zeit Glück und Frieden genossen. Gleich jenen gab sie sich dem Fremden hin, gleich jenen wurde sie verlassen, als der Ruf ihres Schicksals die Träumenden zur Tat aufrief. Aber die Diotima Hölderlins steht uns unendlich näher als jene Gestalten der griechischen Sage. Denn während dort der weiblichen Natur nur das männliche Schicksal gegenübertritt, wird hier die Einwirkung des Geistes zum eigentlichen Thema der Beziehung.

Diotima wurde von Hyperion zu dem Glück und dem Verhängnis geistigen Lebens erweckt. Gleich einer Dryade, die von der Stimme eines Gottes gerufen, sich aus dem Wurzelgrunde ihres pflanzenreichen Daseins löst, trat sie ein in die geistige Welt. In jäher Reife wuchs sie dem Freunde nach, wuchs ihm zu, wurde ihm gleich an Einsicht und Kraft des Gedankens. Dieser rasche Wechsel aus schattiger Stille in feuriges Licht barg Gefahr. Aber nicht diese Gefahr war es, die den tragischen Ausgang bedingte. Denn wenn auch Diotima schon ihre Abtrünnigkeit von der Natur beklagte, so hatte sie doch die Verbindung mit der mütterlichen Erde noch nicht verloren. Noch wurde sie von ihren Kräften genährt, noch beherrschte sie in Ruhe und Gelassenheit auch den fremden Bereich. Sie wies Hyperion auf den rettenden Weg, und was sie in weiblicher Sehnsucht nach Befriedigung und ruhig-stetiger Entwicklung ersann, rührte an die Möglichkeit eines fruchtbaren Zusammenwirkens von Geist und Natur, an die mögliche Harmonie des Weltgeschehens überhaupt.

Hyperion, des Träumens schon müde, folgte dem männlichen Ruf zur Tat, und nun zeigte für Diotima die Einwirkung des Geistes ihr verhängnisvolles Gesicht. Denn ihre Auflehnung gegen das Kommende war mehr als die bittere Anklage der Frauen gegen Gewalt und Aufruhr, jene Stimme, die im Lauf der Jahrtausende niemals zum Schweigen gekommen ist. In ihrem Herzen erhob sich der Zweifel an dem Sinn des Geschehens, die wachsende Trostlosigkeit, die ihr, ein anderes und bitteres Geschenk, von Hyperion überkommen war. So konnte die Verlassene nicht den Frauen gleichen, die ein langes alltägliches Leben hindurch die Erinnerung an einen überirdischen Augenblick ruhig behüten, nicht den Schwangeren, die im Austragen der Frucht Versöhnung erlangen. Vom männlichen Geist geweckt und getragen, hätte sie nur in der lebendigen Einheit mit ihm Frieden finden können. Aber Hyperion stand unter einem fremden Gesetz. Und nun zeigten sich erst in aller Deutlichkeit die Verschiedenheiten ihres Wesens.

Einem anderen Rhythmus als Hyperion ist Diotima unterworfen. Nicht in jähen heftigen Wellen hob und senkte sich die Flut ihrer Empfindungen, sondern langsam ansteigend wuchs sie empor und wurde zur Woge, so groß und mächtig, daß zwischen Wellenberg und Wellental wohl ein Leben sich erschöpfen mochte. Zwar hätte sie in dem sanften Schlummer ihres pflanzenhaften Seins Genüge gefunden. Da sie aber zum Geist erweckt wurde, war ihre Hoffnung glühender, ihre Empörung tiefer, ihre Todessehnsucht schrecklicher als die des Geliebten. Ihre Enttäuschung über die Unvollkommenheit des Irdischen stürzte sie, die einst so völlig Natur war, zurück in den Aufruhr der Elemente, die ebenso fruchtbar wie unfruchtbar, ebenso lebensspendend wie lebenverneinend zu sein vermögen. Und auch am Ende, als sie wieder heimfand in die stille Gelassenheit ihres Beginns, blieb sie von dem Freunde getrennt. Denn der Tod, den sie erwartete, glich dem seinen nicht; er war kein Schwertstreich, von dem man erwachen kann, um neu zu leben. Sie hatte ihn aufgenommen in Leib und Seele, dort tat er sein stilles Werk, und sie widersetzte sich ihm nicht.

Aber das Wirken des Geistes auf Diotima war doch nicht nur Lösung der alten Bande, nicht verhängnisvolle Einsicht und erhöhte Leidensfähigkeit allein. Von dem Freunde geleitet, erlebte sie die kühne Freiheit des Gedankenfluges und das Glück der gemeinsamen Begeisterung, die die Liebe adelt und vertieft. Ihrer Erweckung verdankte sie die Lösung vom Alltag, das wache Bewußtsein einer allgegenwärtigen Liebe und die Furchtlosigkeit gegenüber dem Tod. So wurde sie am Ende ihres kurzen Lebens wieder zu der stillen Mitte, in der Natur und Geist sich umfangen – zu einem Teil jener Harmonie, deren Verwirklichung sie so heiß ersehnt hatte. Ihre Stimme blieb dem Freunde nah, rief ihn auf in der Fremde, und die Verlorene war es, die er gewonnen hatte für alle Zeit.

Mignon

Gegen Ende der großen Erzählung von Wilhelm Meisters Lehrjahren wird viel Verschlungenes auseinandergelegt, viel Dunkles erhellt. Es stellen sich manche verwandtschaftlichen Beziehungen heraus, und das rätselvolle Tun der Menschen scheint nur ein Gleichnis für das geheimnisvolle Nebeneinanderhergehen und Nichtzueinanderfinden verwandter Seelen überhaupt. Der Irrgarten der Beziehungen liegt nun offen da, gesehen von der höheren Warte der Erzieher, die den irrenden Helden unmerklich zu leiten verstanden. Wie sie ihre so lang geheimgehaltenen Absichten offenbar machen, scheint das Ganze des Romans planvoll, die Verstrikkung und Verdunkelung nur ein Mittel zur Erkenntnis des rechten Weges zu sein. Aus den auf solche Weise geöffneten Kammern trifft den Adepten klare Helligkeit, aber auch ein kühler Hauch der Vernunft, der die starken und zauberhaften Düfte verfliegen läßt. Nun scheint auf einmal nichts mehr um seiner selbst willen dagewesen zu sein, jede Erscheinung erhält ihren Platz im Erziehungswerk und selbst den Sohn, dessen lebendige Gegenwart doch das Ende der Lehrzeit schon lange anzukündigen schien, empfängt Wilhelm nun erst feierlich aus der Lehrer Hand.

Im Rahmen dieser Enthüllungen wird nun auch von dem Lebensweg des alten Harfners berichtet, dessen fluchbeladenes Schicksal ihn zum Urbild aller menschlichen Ausgesetztheit und Ohnmacht werden läßt. Mit seiner Geschichte ist die Geschichte des fremdartigen Kindes Mignon eng verknüpft. Auf den Fluch, der den

Alten in den Wahnsinn treibt, gründet sich auch Mignons Leiden, ihr unstetes Wandern ist nur eine Fortsetzung der Unrast, die den Harfenspieler aus der Heimat trieb. Mit der Erhellung der Geheimnisse, die den alten Wanderer das ganze Buch hindurch umwittern, müßte auch Mignons Geheimnis erklärt und die Ursache ihres seltsamen Wesens offenbar gemacht sein. Dennoch nimmt diese ergreifendste Gestalt des Romans ihr Geheimnis mit ins Grab. Sie entzieht sich der vernünftigen Erklärung des Ganzen und findet in dem großen Menschenwerk der Erziehung ihren Platz nicht mehr. Wenn wir ihren Wegen nachgehen, so folgen wir den Spuren einer übernatürlichen Erscheinung, und ihre Deutung aus dem Weltbild des Dichters kann nichts anderes als eine Andeutung sein.

Denn zum Wesen der übernatürlichen Erscheinungen gehört es, daß sie sich nicht festhalten lassen, daß sie auch vor den Augen des Dichters nicht wie seine eigenen Geschöpfe klar umrissen stehen. Mignon ist Kind und Frau, Knabe und Mädchen, Naturdämon und Engel zugleich. Von der wunderbaren Geschichte ihrer Herkunft prägt sich nichts anderes so genau ein wie der auf dem Wasser schwimmende Hut, diese Möglichkeit eines frühen Todes und einer Wiedergeburt aus dem See, einer neuen, dämonischen Verkörperung, die der Schicksalsfluch der geschwisterlichen Eltern bestimmt. Die vom See zurückgegebenen Knöchlein sind nicht die echten, kein echtes Wunder führt Erlösung herbei. Mignon, dem äußeren Hergang nach von Seiltänzern geraubt, sieht sich in ihrer kindlichen Arglosigkeit betrogen und tut einen Schwur, ihr Geheimnis zu hüten, keinem Menschen mehr zu vertrauen. Die Behandlung, die sie erfährt, Zwang und Abrichtung, scheint nur ein Gleichnis für alle Beugung und Abrichtung kindlich träumerischen Wesens überhaupt. Aber das Geheimnis, das sie zu verbergen hat, ist doch ihre eigenste dunkle Wesensart, die sich in die menschliche Gesellschaft nicht einfügen läßt. Sie offenbart sich in ihrer Heimatlosigkeit, ihrer Sehnsucht, ihrem unmöglichen Begehren, in allem, was in ihren Liedern auf so ergreifende Weise nach Erlösung ruft. Und fast unglaublich will uns anmuten, daß ein so verfolgtes, so verfluchtes Geschöpf zum Schutzgeist eines Menschen, und zu der lieblichsten Verkörperung überirdischer Hilfe werden kann.

Denn wird nicht mit lauter dämonischen Zügen, lauter Kennzeichnungen eines geplagten und fast bösen Geistes Mignon uns zuerst vor Augen gebracht? Ihre Blicke sind scharfe schwarze Seitenblicke, ihre Gestalt wirkt düster, ihr Mund bleibt stumm. Sie ist nicht geschickt zu menschlichem Tun, selbst bei der tänzerischen Körperarbeit der Akrobaten versagen ihre Glieder den Dienst. Den einzigen Tanz, den sie beherrscht, den zuerst feierlichen und dann beängstigend wilden, zwischen den ausgelegten Eiern, führt sie ohne eigentliche Anmut, scharf, trocken und heftig aus. Heftigkeit ist in all ihren Bewegungen, etwas von dem Zucken elektrischer Entladungen und eine mechanische Ruckhaftigkeit, die ebenso weit entfernt ist von dem Einklang der Natur wie von der Harmonie eines jenseitigen Seins. Bis zur Epilepsie steigert sich das Krampfhafte ihrer körperlichen Zustände, und diese Krämpfe werden abgelöst von einem jähen Sichlösen und In-Tränen-Verströmen, das die letzte Auflösung schon anzudeuten scheint. Immer wieder ist von Mignons krankhafter Unruhe, ihrer Zappeligkeit die Rede. »Bis zur Wut lustig« zeigt sie sich bei dem Festmahl nach der Hamletaufführung, sie zieht den kleinen Felix hinein in ihre Welt, für die das trocken hölzerne Aneinanderschlagen der Köpfe ebenso kennzeichnend ist wie der zuckende Wirbel der Schellentrommel und der mänadische Tanz. Wie jedes Maß ihr zu fehlen scheint, fehlt ihr auch die Möglichkeit der Einordnung in menschliche Verhältnisse. Mit den Wesen der Natur erwacht sie und geht sie zur Ruhe, wie ein Hund liegt sie des Nachts auf dem nackten Boden und ist wie eine Katze um ihre Reinlichkeit besorgt. Wie ein echter Dämon verschwindet sie ab und zu, und die Orte ihres Aufenthaltes sind Dachböden und Dächer, solche also, die von Menschen selten aufgesucht werden oder ihnen nicht zugänglich sind. Dämonisch auch ist ihre Sehnsucht nach einem Lande, das hier niemand kennt, das unendlich viel schöner und lieblicher als alles Gegenwärtige ist und das sie auf den Landkarten nicht zu finden vermag. Die Sprache ihrer Umgebung erlernt Mignon nur unvollkommen, in all ihren Aussagen ist etwas Dunkles, Andeutung und Narrenwitz, der ein fernes Wissen verhüllt. Nur in der Musik, nur in der abgründigen Sprache der Verse vermag sie auszudrücken, was sie bewegt. Mit aller rührenden Bemühung der verdammten Geister versucht sie immer ihr Bestes, vor allem in der Übung der Schrift, die ihr als ein besonderes Mittel menschlicher Verständigung erscheinen mag. Aber auch diese Bemühung hat wenig Erfolg, ihre Schriftzüge bleiben krampfhaft und unregelmäßig und enthüllen das dunkle Mißverhältnis, das in ihrem körperlichen Wesen besteht. Dieses Mißverhältnis, von Jarno einmal mit einem kalten Wort als Zwitterhaftigkeit bezeichnet, wird im Beibehalten der Knabenkleidung, in der Knabenhaftigkeit ihres Gebarens, mehr noch in ihrer halb kindlichen Liebessehnsucht offenbar. Und die Unerfüllbarkeit dieser Liebessehnsucht ist es auch endlich, an der dieses reine Herz zerbricht. Ein Herzschlag und eigentlich ein Brechen des Herzens macht dem Leben Mignons ein Ende. Bei ihr ist das Herz, und nicht nur im organischen Sinn, der Ursprungsort aller Liebes- und Leidenskräfte und nicht erst der tödliche Ausgang enthüllt die tiefere Bedeutung, die dieser Tatsache zuzumessen ist. Mignon, die sich in ihrem kindlichen Liebesdrang dem einzigen Freunde zugesellen wollte und ihn in den Armen einer andern findet, bricht zusammen und, ein Naturwesen noch immer, windet sie sich auf der Erde wie ein Wurm. Das ist schon der kleine Tod, die erste Verwandlung, und es tritt von nun an die andere Seite ihres Wesens, das Engelhafte und Lichte erst eigentlich hervor.

Diesem Engelhaften ist jedoch ebensowenig wie dem Naturdämonischen in der Menschenwelt eine Stätte bereitet. Diesem wie jenem ist die Vernunft ein Feind, dieses wie jenes sehnt sich nach einer andern Heimat, einem andern, seinem eigentlichen Lebensbereich zurück. Mignon in Mädchenkleidern und mit langem, lockigem Haar streckt ebenso vergeblich wie der heftige Knabe ihre Arme nach dem geliebten Menschen, nach allem irdischen Glücke aus. Nach jener vergeblichen Annäherung, nach den Schrecken des Brandes wird Mignon eine andere, sie hört auf, Wilhelm Vater zu nennen und tritt ihm mit Würde und Anmut entgegen. Nach und nach verliert sich das Krampfhafte ihrer Bewegungen völlig, und ihre Sprache gleicht sich der Sprache ihrer Umgebung an. An die Stelle des Narrenwitzes tritt Weisheit, aber eine traurige, die die Welt mit bitterer Wehmut begreift. Nun weiß sie selbst, daß sie nichts mehr zu lernen hat. Auf Wilhelms Anregung, ihre Studien fortzusetzen, antwortet sie »ich bin gebildet genug, um zu lieben und zu leiden« und seiner Besorgnis um ihre Gesundheit wehrt sie mit den Worten »Warum soll man für mich sorgen, da so viel zu sorgen ist«. Sie spricht auch davon, daß die Vernunft grausam und das Herz besser sei, und mit aller Wärme ihres liebevollen Herzens nimmt sie nun Wilhelms kleinen Sohn in ihren Schutz. Gleichzeitig mit dieser Erweiterung der Liebesmöglichkeit verschwinden die letzten dämonenhaften Züge: jetzt klettert sie nicht mehr auf den Dächern herum, jetzt spricht sie nicht mehr von dem fernen Land. Seit sie sich, durch einen Zufall als Engel verkleidet, im weißen langen Gewand und mit goldenen Flügeln gesehen, scheint sie sich selbst in ihrer Engelhaftigkeit zu erkennen. Ihre Sehnsucht, noch immer am reinsten in Liedern geäußert, bittet »Laßt mich so scheinen, bis ich werde« – und die alte Martensehnsucht nach der verlorenen Heimat wendet sich nun einem himmlischen Reiche zu. Mit der Tätowierung auf ihrem Arm, die erst nach ihrem Tode enthüllt wird, erweist sie sich als eine von diesem Himmel Gezeichnete, und durch das Bild des Gekreuzigten wird ihre dämonische Natur von einem geistig-christlichen Lichte erhellt.

Wird sich der Leser Mignons anderer Erscheinung erst nach und nach bewußt, so ist doch für Wilhelm ihr naturhaft-engelisches Wesen von vorn herein offenbar. Sein Gefühl weist ihr die Rolle zu, die sie in der Tat vom ersten Augenblick an spielt, die Rolle des kindlichen Schutzengels, der ihn eine Weile lang begleitet und dann ins Leben entläßt. Es scheint kennzeichnend für die Weltauffassung des Dichters, daß die dunkeln Züge, die Fremdartigkeit und Martenhaftigkeit des seltsamen Kindes Wilhelm von solchem Erkennen nicht abhalten, ja daß erst durch ihr naturhaftes Wesen Mignon zu seiner Helferin werden kann. Schutzgeist ist ja auch der sehr irdisch-bubenhafte Felix, dessen Existenz Wilhelm erst eigentlich mündig macht, und in gewissem Sinne ist es auch der Harfenspieler, den Wilhelm auffordert, mit seinem dunkeln Sterne dem eigenen, hellen immer nahe zu sein. Was hätte ein Nichtsals-Engel Wilhelm bedeuten können, der mit so ahnungsvoller Ergriffenheit den Schicksalsliedern des Alten lauscht, was dem Dichter, der in diesen Liedern wie in dem Gesang der Parzen so inbrünstig das verhängnisvolle Walten dunkler Mächte zum Ausdruck bringt. Der Harfenspieler, Mignon und Felix, im Laufe des Romans oftmals zu einer Gruppe vereint, gehören in der Tat zusammen. Durch viele Fäden angstvoller Ahnung und halber Erinnerung verbunden, durch die Ereignisse noch stärker aneinandergefesselt, verstehen sie sich, wie die großen Leidenden, die Heimatlosen und die Kinder einander verstehen.

Aber im Grunde ist es doch ihre Wirkung auf Wilhelm, die sie so untrennbar erscheinen läßt, und erst durch den hellen Strahl aus seinem Herzen stehen sie so fortdauernd im gemeinsamen Licht. Denn zu jeder dieser drei Gestalten fühlt Wilhelm sich rätselhaft hingezogen, jede ist ihm nötig auf ihre eigene Art. Und wenn der Dichter in dem alten Sänger die Schicksalsgewalten beschwor, wenn ihm der Knabe als die rettende Fortdauer des Lebens erschien, so bedeutete ihm Mignon gewiß die Verkörperung des überirdischen Beistandes, den die Mächte der Natur *und* des Geistes dem Menschen gewähren.

Den Zauber dieser Mächte spürt Wilhelm vom ersten Augenblick an. Die Begegnung mit Mignon auf der Treppe des ländlichen Gasthauses unterscheidet sich von allen andern Begegnungen des Irrgartenspiels, und durch das harte Los des Kindes zeigt sich Wilhelm im tiefsten Kern seines Wesens berührt. Er wird zum Beschützer, zum Vater, ja zum Herrn des gequälten Geschöpfes und spürt doch zugleich eine Führung und Behütung von höherer und geheimnisvollerer Art. Ahnungsvoll, wie den dunkeln Klagegesängen des alten Harfenspielers, lauscht er den sehnsüchtigen Liedern des Kindes, ihm allein scheinen diese verlorenen Stimmen zum Herzen zu dringen, er allein scheint diese, der Vernunft enthobene Sprache zu verstehen. In solcher Empfänglichkeit ist er mehr als der gelehrige Schüler des Lebens, in ihr zeigt er sich allen andern überlegen, auch den besonnenen Lenkern seines Geschicks. Er zeichnet die fragend verlangenden Strophen auf, in denen das Kind die traumhaft gegenwärtige Heimat beschwört, er läßt sich von dem Zwiegesang der Sehnsucht in seinen eigenen Schmerzen ergreifen, und aus Nataliens Mund klingt ihm der erschütternde Erlösungsdrang der gepeinigten Seele zuletzt noch ans Ohr. Dennoch ist solcher Anteilnahme eine wunderliche Gleichgültigkeit gepaart. Mignons Dasein ist ihm nicht immer gegenwärtig, er vergißt sie, er sieht über sie hinweg, wie man zu Zeiten über Bäume und Tiere hinwegsieht, über alle Wesen, die aus einem andern Grunde gespeist werden und deren Entwicklung sich nach andern Gesetzen vollzieht. Um dieser Fremdheit willen und nicht nur, weil er in ihr immer das Kind sieht, bleibt Wilhelms irdisches Liebesbegehren Mignon gegenüber stumm, und aus demselben Grunde empfindet der von soviel Schuldgefühl Geplagte dem unglücklichen Kinde gegenüber nur menschliches Ungenügen, aber keine männliche Schuld. Er scheint zu ahnen, daß, was sich hier vollendet, außerhalb der menschlichen Sphäre liegt, auch außerhalb des geheimnisvollen Kreises, in dem sich die geistigen Lenker seiner Erziehung bewegen. Denn obgleich Mignon wie jene versucht, ihn aus der Welt des Theaters zu lösen, obgleich sie ihm, als er den entscheidenden Brief unterzeichnen will, die Hand fortzuziehen versucht und ihm den Schleier mit den Worten »Flieh, Jüngling, flieh« immer wieder vor Augen bringt, ist sie doch nicht das Werkzeug jener Führenden, und es scheint ihr schüchternes Eingreifen diesen erst das höhere Recht zu verleihen. Ihrer zarten Lenkung gegenüber gibt es keinen Unmut, keine trotzige Auflehnung, nur Ergriffenheit und ahnungsvollen Schauer, nur jenen Ernst, den aus der Kammer des Todes hinauszutragen die Sänger empfehlen, und der allein das Leben zur Ewigkeit macht.

Von diesem heiligen Ernst ist Mignon überschattet, als Wilhelm zum letzten Mal zu ihr gerufen wird. Wie ein abgeschiedener Geist erscheint sie dem Freund, und der Knabe in ihren Armen dünkt ihm »wie das Leben selbst«. In der Liebe zu seinem Kinde hat Mignon sich in der Tat noch einmal dem Leben hingegeben, hat in dieser kindlichen Gestalt ihn selbst noch einmal behütet und beschützt. Aber nun scheint sie zu ahnen, daß Wilhelm in dem Augenblick, in dem er sich dem tätigen Dasein ergibt, allen übernatürlichen Beistandes entraten kann. Dieses heiter tätige Leben wird in der Gestalt der Therese verkörpert, und Therese ist es dann auch, die als Wilhelms Braut in den Saal der Vergangenheit tritt und, mit der letzten, tragischen Verwechslung dieses wechselvollen Spiels das jähe Ende herbeiführt. Als Natalie besorgt den wilden Herzschlag Mignons bemerkt, antwortet Mignon »Laß es brechen, es schlägt schon zu lange«. Und dann, als Therese mit ruhiger Sicherheit von dem Freunde Besitz ergreift, stürzt, mit einer heftigen Bewegung des Armes noch einmal an das ungestüme Kind erinnernd, Mignon tot zu Nataliens Füßen hin.

Wilhelms Trauer ist Unmut und Verdüsterung, mehr als lebendiger, menschlicher Schmerz. Er ist dem Leben zugewandt, will jünglingshaft spielerisch mit dem Sohn, dem Bruder, in die Welt hinausziehen, will auch wandernd lernen und tätig sein und genießt in dem Besitz der wirklichen Geliebten ein zukünftiges Glück. Entlassen ist der Schutzgeist des unbewußten Alters, an seine Stelle treten die Ideale einer reifen männlichen Welt. Aber in der Erinnerung des Lesers, der Wilhelm auf seinem Wege folgt, bleibt die Gestalt des trotzig wilden Dämons, des holden traurigen Engels mit der des Wandernden unauflöslich verknüpft.

Egmont und Klärchen

Deutlicher als es im Egmont selbst zum Ausdruck kommt, hat Goethe im letzten Buch seiner Lebensbeschreibung die Wesensart seines Helden bestimmt. Er spricht dort vom Dämonischen als von einer, der moralischen Weltordnung, wo nicht entgegengesetzten, doch sie durchkreuzenden Macht, die von beiden Seiten (also auch bei Egmont) im Spiele ist. Im Kampf solcher Mächte sieht er das Liebenswürdige untergehen und das Gehaßte triumphieren und endlich ein Drittes daraus hervorgehen, das den Wünschen aller Menschen entspricht. Aber die vom Dämon Heimgesuchten sind nicht immer die vorzüglichsten Menschen, es geht nur von ihnen eine ungeheure Kraft aus. Sie üben eine unglaubliche Gewalt über alle Geschöpfe, ja sogar über die Elemente aus und niemand kann sagen, wie weit sich ihre Wirkung erstreckt.

Für eine solche Auffassung des Dämonischen im Menschen sind wir heute empfänglicher denn je. Wir kennen das unheilvolle Wirken der von ihrem Dämon Besessenen. Die Gewalt, die sie ausüben, erscheint uns verhängnisvoll, und angesichts der Unzahl von Tod, den sie verschulden, dünkt uns ihr eigener Untergang nicht Sühne genug. Empfindlich geworden für den Übermut aller persönlichen Machtentfaltung, neigen wir dazu, das Heroische zu verkennen und im Dämonischen nur die teuflischen Züge zu sehen. Und gewiß würden wir, hätte Goethe seinen Helden nach dieser Vorstellung gebildet, auch ihn nur mit dem Schauder betrachtet, den der gefallene Engel erweckt. Aber Goethe hat aus seinem Egmont eben doch »einen der vorzüglichsten Menschen« gemacht. Durch viele Züge der Menschlichkeit, der Warmherzigkeit und der Furchtlosigkeit ist dieser, von seinem Dämon Beherrschte dennoch liebenswert. Er ist in Klärchens Augen *der* liebenswerte Mann schlechthin.

In den Gestalten Egmonts und Klärchens sind zwei Wunschbilder, ein männliches und ein weibliches, einander gegenübergestellt. Daß diese Seelenbilder Blut und Leben haben, gehört zu den Geheimnissen von Goethes Schaffen, zum Geheimnis des Schöpferischen überhaupt.

Was wir hier miterleben, ist nicht das Wachsen, Aufblühen und Verwelken eines Gefühls. Die Liebe steht zitternd auf ihrem Höhepunkt und wird dann durch den Tod unmittelbar in das Reich der Ideen versetzt. Wären die Liebenden am Leben geblieben, so wäre das übliche, das auch in Goethes Leben übliche, erfolgt: Bindung, Losreißen, Verlassen, Schuld. Nur der Tod bewirkt die vollkommene Vereinigung, er ist tragisches Schicksal und Gnade zugleich. Er bewirkt, daß die Liebesgeschichte im Egmont die Geschichte einer glücklichen Liebe ist.

Besäßen wir vom Egmont nichts anderes als die vier Auftritte, in denen Klärchen erscheint, so stände doch das Bild des Helden in großer Deutlichkeit vor uns. Ehe er selbst kommt, wird von ihm gesprochen, und die paar Worte aus Klärchens Munde treffen das Wesentliche. Lieb und gut ist er, keine falsche Ader ist an ihm, er verbirgt seine Tapferkeit. Die Provinzen beten ihn an, aber er ist ein großes Kind. Als er endlich selbst erscheint, zeigt er sich in allem Glanze der höfischen Tracht, ein wenig eitel, auch ein wenig stolz auf die Macht, die er über die Herzen der Menschen besitzt. In den Worten über die alleinige Gerichtsbarkeit der Meister des Goldenen Vlieses kommt sein Vertrauen in das Recht, seine Unerfahrenheit in politischen Dingen zum Ausdruck, in dem Bericht über die Regentin seine gutmütige Spottlust, in den letzten, liebevollen Worten dieses Auftritts ein tiefes Wissen von der Fragwürdigkeit des Ruhms, der Beliebtheit, des männlichen Wirkens überhaupt. Das ist der andere Egmont, der Sehnsüchtige, Einsame, dessen Liebesverlangen Klärchen aufs tiefste rührt. Er ist der Mann, der die Frau braucht, wenigstens zuweilen, der ausruhen, vergessen will, frei sein vom Ich. Dieses Bild, gewonnen in den drei häuslichen Szenen, wird erweitert durch den Auftritt, in dem Klärchen die Bürger der Stadt zur Hilfe aufzurütteln versucht. Da erfahren wir, was Egmont dem Volke war: ein Strahl der Sonne, eine Freude, eine Hoffnung, ein Glück.

So wäre denn aus der Liebesgeschichte im Egmont das Ganze schon abzulesen? Viel Wesentliches gewiß. Auch die Einsamkeit des von seinen Dämonen Beherrschten, der aus der kalten höfischen Atmosphäre in die enge Wärme des kleinen Bürgerhauses wie in den Mutterschoß flieht.

So allein Egmont ist, so sehr ist Klärchen ihrer Umwelt verbunden. Die Mutter und Brackenburg gehören zu ihr, sind alles, was im bürgerlichen Sinne Klärchens Leben ist. In Egmonts Welt weiß niemand von ihr, dort existiert sie nicht. Wir sehen sie dreimal, umgeben von vertrauten Dingen und Menschen, eingeschränkt von der Sitte, von einer bescheidenen, aber festen Tradition. Als sie auf die Straße hinauseilt, ist sie schon außer sich, schon auf dem Wege, dies alles zu verlassen. Es gehört dennoch zu ihr, und erst die Todesentschlossenheit macht sie frei.

Klärchens Mutter in ihrer Betulichkeit, ihren Hausfrauensorgen, ihrer Angst um den guten Ruf, das ist Klärchens eigene Zukunft, von ihr selbst schaudernd erkannt. Ein wenig Glanz soll auf das Haus, auf das Kind fallen, aber um des Himmels willen nicht zu viel, nicht so viel, daß die Flamme zündet und alles zerstört. Was die Mutter ausspricht, ist Erfahrung, jahrhundertelange Erfahrung von der Unmöglichkeit des großen Glücks. Dabei auch das Spiel mit dem Feuer, die kleine Sehnsucht, das graue Leben zu erhellen. Über allem die Angst vor dem Außergewöhnlichen, dem Tödlichen, das Bangen um die Fortdauer der bescheidenen Existenz. Einmal bricht etwas wie Zorn durch das weinerliche Klagen, Zorn auf die unkluge Tochter, die sich vergißt und alles verdirbt. Ein wenig Glanz, dann das Unterkriechen, das ist Weltklugheit, von den Machtlosen seit urdenklichen Zeiten geübt. Die Hühnermutter, die am Teichrand gackert, während das junge Entlein dahinschwimmt. Die ahnungslose Mutter, der das Kind viel erzählt und alles Wesentliche verschweigt.

Klärchen ist dennoch ihrer Mutter Kind. Sie liebt die Mutter und begehrt ihren Trost. Sie war ebenso streng, ebenso gesittet wie alle kleinen Bürgerinnen – ehe sie Egmont sah. Zwanzig Jahre später wird sich alles wiederholen. Sie wird betulich und ängstlich, voll von Erfahrungen und ein wenig lasterhaft sein. Sie wird Glanz begehren, ein bißchen, nicht zu viel. Glanz für ihr Kind. Die Zukunft ist es, die vor Klärchen auftaucht, aber diese Zukunft hätte nichts Erschreckendes für sie gehabt – vorher.

Das »Vorher« spukt durch das kleine Haus. Brackenburg ist unaufhörlich auf der Suche nach dem Klärchen von einst. Er kann es nicht ertragen in ihre Augen zu sehen, in denen die fremde Lebensliebe sprüht. Das alte

Soldatenlied, oftmals gemeinsam gesungen, hat jetzt einen anderen, gefährlichen Klang.

Brackenburg ist Egmonts Gegenspieler in mehr als einem Sinn. Er ist halb rührend, halb lächerlich als beharrlicher Bräutigam, langweilig als Verkörperung des Schicklichen, verächtlich in seinem Zwang, dieses elende Leben weiter zu schleppen. Aber man kann ihn auch anders, größer und eben auch als einen Besessenen sehen. Wenn man ihm glaubt, was man gern bezweifelt, daß er als Knabe frischer, kühner, entschlossener war, erkennt man die andere Möglichkeit der Liebe, ihre lähmende Wirkung, ihre zerstörerische Macht. Denn derselbe Eros, der Klärchen über sich hinaus hebt, macht aus Brackenburg das elendste der Geschöpfe, dieselbe Ausschließlichkeit des Gefühls, die dem Mädchen alle Dinge der Welt herrlich bewegt, macht den Mann blind, gleichgültig und verzagt. Egmont, der viel weniger ausschließlich, viel nebensächlicher liebt, ist ein Mann, und er ist es gerade, weil er um eine andere Mitte kreist. Brackenburg kreist um Klärchen und wird dabei unmännlich, eine traurige Gestalt. Was das Mädchen so anziehend macht, dieses Nichts-als-Liebe-Sein, mindert den Mann herab. Er fordert die Geliebte auf, ihn zu lieben und ruft ihre Grausamkeit auf den Plan.

Grausamkeit gegen den ungeliebten Liebenden, das ist eine Erscheinung, so alt wie die Welt. Verlegenheit ist im Spiele, Beschämung über die eigene Kälte, Ungeduld vor allem, weil der ewig Wartende den Gedanken, den Wünschen im Wege steht. Man will noch etwas für ihn tun, kleine Gefälligkeiten annehmen, die ihn beglücken. Aber man denkt nicht mehr darüber nach, welcher Art diese Gefälligkeiten sind. Ehe sich Klärchen dessen versieht, steht Brackenburg im Dienste ihrer Liebe zu Egmont. Er wird der Kundschafter, der Berichterstatter,

der endlich auch die Todesbotschaft bringt. Bedenkt Klärchen nicht, »wie eine Menschenseele, ein liebend Herz zerreißen kann«? Sie hat keine Zeit, darüber nachzudenken. Keinen Augenblick Zeit.
Einmal wird das Kind Klärchen erwähnt. Als ein Springinsfeld, bald toll, bald nachdenklich, von wechselnden Stimmungen bewegt. In dem »Himmelhoch jauchzend – zu Tode betrübt« ihrer Liebe wiederholt sich die kindliche Labilität. Die Neugierde war gewiß auch von Kind auf lebendig, der Trieb »zum Tor 'naus«, in die große, andere Welt. Durch diesen Drang wie durch ihre Liebes- und Leidensfähigkeit unterscheidet sich Klärchen von der Mutter, von den Bürgerinnen der Stadt. Nur sie fühlt die Fesseln, die ihrem Geschlecht auferlegt sind. »O wär' ich ein Bube«, das ist noch ganz kindliche Lust am Nurdabeisein, Nichtzuhausesitzen, Teilhaben an dem, was der Geliebte tut. In dem Augenblick, in dem Klärchen als Frau empfindet, wird sie wieder ein Kind, das Freiheit begehrt. Zum Tor 'naus ...
Der Egmont der anderen, das ist die Verkörperung des großen Besonderen, das sich fern von der muffigen Stube vollzieht. Die Verkörperung menschlicher Möglichkeiten, die dem Menschsein erst seinen Adel und seine Würde verleihen. So wirkt Egmont auf das Volk, befreiend, erhebend, als »einer von ihnen«, aber einer, der freier ist, heiterer, aufrechter, schöner in jedem Sinn. Wenn er durch die Stadt reitet, drängen sich die Bürger in den Fenstern, um das Wunder zu sehen, einen Menschen, der ohne Furcht ist, der lachen kann in der stickigen Atmosphäre von Argwohn und Spitzelei, unter dem drohenden Gewölk von Unterwerfung und Krieg. Das Vertrauen auf den eigenen Stern steht Egmont auf der Stirne geschrieben, es ist die Ursache vieler Legenden, die sich an seinen Namen knüpfen. Die Legendengestalt

hat es Klärchen angetan, zunächst liebt sie, den alle lieben, den Strahlenden, das Wunder Mensch. Dann tritt das Wunder über ihre Schwelle und ist ein Mann, der sie begehrt.

Die andere Welt, der der Geliebte angehört und in die ihm die Liebende zu folgen ersehnt, das ist ein altes Märchenmotiv, eine Wahrheit von Anfang an. Die kleine Seejungfrau verläßt um des Menschenprinzen willen ihr Element, in jeder Mädchenliebe ist etwas von dem Erlösungstrieb, der noch andres als das altvertraut Mütterliche begehrt. Egmonts andere Welt, das sind die Schlachtenbilder, die Preisgesänge der Soldaten, das funkelnde Staatskleid mit dem Goldenen Vlies. Aber die Liebe, die eigentliche, persönliche, kann doch erst so wunderbar aufblühen, als Klärchen fühlt, daß Egmont sie braucht. An ihrem Herzen enthüllt er seine Einsamkeit, seinen Zweifel und seinen Überdruß und empfindet das alles vielleicht in diesem Augenblick zum ersten Mal. Der Mann, der die Frau nötig hat, Egmont, der zu Klärchen kommt und das Bei-ihr-Sein als Glück empfindet. »Die Welt hat keine Freuden nach dieser ...« Klärchens Wunsch wird erfüllt. Es gibt nach dieser Liebesstunde keine andere mehr, diese Vereinigung ist die letzte vor dem Tod. Wenn es wahr wäre, daß Egmont Klärchen im Grunde *nicht* braucht, Klärchen erfährt es nicht mehr. Die Liebesgeschichte im Egmont ist die Geschichte einer glücklichen Liebe.

Klärchen durch die Straßen irrend und das Volk aufwiegelnd ist eine Verwandelte, ein Mensch, der herausgetreten ist aus der behütenden Sitte, aus der vertrauten Welt. Außer sich nennt Brackenburg sie, während sie doch nur den Kreis ihrer Umwelt verlassen und sich selbst gefunden hat. So sind nur Kinder und Liebende, so unvernünftig, so ohne den Selbsterhaltungstrieb, der doch das Handeln aller anderen Wesen bestimmt. Wie Klärchen den ängstlichen Bürgern vorhält, was sie einmal für Egmont empfunden haben, wird der ganze himmelweite Unterschied zwischen der Volksgunst und der persönlichen Liebe offenbar. Klärchen kann nicht begreifen, daß sie vergessen haben, was ihr selbst so gegenwärtig ist, nicht einsehen, daß der einst geliebte Name nun zu einem Losungswort des Schreckens geworden ist. Die Szene gleicht einem bösen Traum, einem Nackt-auf-dem-Markte-Stehen, einem verzweifelten Pochen und Suchen, während es doch gerade die platte Wirklichkeit des Lebens ist, die Klärchen die Tore der Hoffnung verschließt.

Zwischen diesem Auftritt und der letzten häuslichen Szene liegt Egmonts Hoffnungstraum, in dem er, zum letztenmal mit der alten Lebenszuversicht, alle liebenden Geister helfend herannahen und die Mauern seines Kerkers zerbrechen sieht. Klärchen weiß nichts von seinem düsteren Aufenthaltsort, ihr wird nur das große fürchterliche Schweigen offenbar. Als sie dann die schlimme Nachricht erhält, wird ihr nur bestätigt, was sie schon ahnte, daß keine Zeit mehr zu verlieren ist. Zum Aufbruch getrieben von Egmonts Traumstimme, willfährig als einzige der von ihm beschworenen Gestalten, geht sie von nun an mit jedem Atemzug einen Schritt auf den Geliebten zu.

Noch einmal Brackenburg. Seine schauerliche Schilderung des von wandernden Fackeln gespenstisch erhellten Blutgerüsts. Sein unbeholfener Versuch, Klärchen dies alles schonend beizubringen, sein letztes, kümmerliches Mißverstehen. Sein letzter großer Augenblick auch, als er auf den Tod verzichtet, um im Jenseits nicht wieder der Dritte, der unglückselige Zeuge zu sein. Aber es gehört zu seinem Verhängnis der Doppelsinn solchen

Verzichtes, durch den er noch einmal verächtlich erscheint.

Und nun ist Klärchen nur noch grausam, gar nicht mehr lieb. Als Brackenburg von seinen durchaus noblen Gefühlen gegen Egmont bescheiden Kunde geben will, verweist sie ihm jede private Äußerung, als er sie vor übereilter Befreiungstat warnt, zeigt sie ihm das Gift, das in seinen Händen so lange nichts als ein makabres Spielzeug war. Sie braucht einen, der weiß, daß sie geht und zu diesem Irgendeinen scheint Brackenburg nun herabgewürdigt, gewählt nur, weil er gerade da ist, weil er, wozu die Mutter nicht fähig wäre, schweigen kann. Aber dann, im Vorgefühl des Todes, findet Klärchen doch noch einmal den weicheren Ton. Sie bekundet ihr schwesterliches Gefühl und dieser, für jeden Liebenden so fade Trost gewinnt im Munde der Sterbenden ein anderes Gewicht. »Im Tode sind wir doch alle vereint« – dieser Satz widerspricht Brackenburgs über den Tod hinausgreifender Eifersucht, er widerspricht dem Bild der im Jenseits miteinander abgesonderten Geliebten, er ist ein Beweis für die Entrückung, die an Klärchen geschieht. Auch das »Tu, was Du darfst«, mit dem sie Brackenburg den Rest des Giftes überläßt, verliert im Licht dieser Entrückung seinen verächtlichen Sinn. Keine Zeit mehr, darüber nachzudenken, was das göttliche Gesetz Brackenburg verbietet oder erlaubt. Ungeduld, wieder, aber nun von einer höheren, unabwendbaren Art. Haltet mich nicht auf –

Seltsam, wie man dieses Aufgeben des Lebens dennoch als einen wirklichen Weg, den Weg einer Braut zum Bräutigam, einen Hochzeitsweg empfindet. Was vordem halb kindlicher Traum war, die Vereinigung mit dem Geliebten, das Aufgenommenwerden in seine Welt, jetzt wird es wahr. Der Weg wird begangen, ganz si-

cher, unbeirrbar und stolz. Klärchen, das arme Mädchen, das niemand kennt, hat etwas zu bringen, ihren reinen Schoß, den Schoß der Erde, in dem das männliche Feuer selig erlischt. Noch etwas anderes: die Freiheit vom Dämon, der auf die höchsten Höhen und dann in den Untergang trieb. Und etwas Drittes: die Hoffnung auf das Freiwerden der Menschen, die als das eigentliche Kind dieser Totenehe jubelnd zum Leben erwacht. Für Egmont ist die Liebe ein Gefühl neben vielen, eine Erregung neben vielen, unter denen die sinnlichen des Reitens, der Jagd und der Todesgefahr nicht an minderer Stelle stehen. Klärchen ist ihm lieb, aber die Eine Einzige ist sie ihm nicht. Für dieses Eine Einzige hat er gar kein Gefühl, sonst legte er nicht die zurückbleibende Freundin dem Ferdinand als einem edlen Mann so nachdrücklich ans Herz. Ein edler Mann, ein Mann wie er selbst – der Gedanke liegt nahe, daß ein zärtliches Mädchen, ein Mädchen wie Klärchen jederzeit ihre Stelle hätte einnehmen können. Warum so persönliche Züge, da es doch nur ums Ausruhen, ums Vergessen, ums Geliebtwerden geht?
Klärchen ist nicht Egmonts einzige Liebe, und die Liebe ist ihm nicht das einzige große Gefühl. Sie ist dennoch das letzte, das ihn bewegt. In dem Traumbild seines letzten Schlafes erscheint Klärchen als Siegesgöttin. Sie erschien, nach Goethes Absicht auch auf dem Theater, auf einer Wolke ruhend, um mit »allerlei aufmunternden Gebärden« Egmont zu helfen, seinen Tod zu überwinden. Uns ist das alles heute zu viel, eher störend als begeisternd, eher peinlich als groß. Aber bedeutsam bleibt doch, daß Klärchens Gestalt mit der Gestalt seiner reinsten Idee, der Freiheit, zusammenfließt. Das Naturkind als unsterbliche Idee – ist damit nicht der alte Märchentraum erfüllt?

Egmont ist nicht der wirkliche Graf von Geldern, der Mann mit den sechs Kindern, die historische Gestalt. Es ist Goethe, wie er sich zu einer bestimmten Zeit seines Lebens, der Zeit seines höchsten Amor fati, fühlte, wie er von nun an lieben und geliebt werden wollte. Klärchen aber ist jede Frau, die liebend über sich selber hinaus begehrt.

Werther

Werther, der tränenselige, ossianschwärmende junge Werther ist, was wir heute einen zornigen jungen Mann nennen würden, ein ewig Unzufriedener, ein Rebell. Er ist auch ein Hypochonder, der den Sturm in seinem Innern zur Ruhe bringen möchte und ängstlich beobachtet, ob ihm das auch gelingt. In der fremden Stadt ohne eigentliche Beschäftigung, streift er im frühen Sommer viel vor den Toren umher und entdeckt Orte, die ihm, obwohl gelegentlich auch schaurig und anzüglich, doch besonders erholsam erscheinen, einen schön angelegten Garten, einen Brunnen, ein paar Lindenbäume, deren Schatten er genießt. Seine Gesundheit beschäftigt ihn, er spürt, daß er nicht im Gleichgewicht ist und will ins Gleichgewicht kommen durch frische Luft und Bewegung, einfache ländliche Beschäftigungen und gesunde natürliche Kost. Obwohl er in der neuen Umgebung zusehends heiterer wird, nennt er, in einem der Briefe an seinen Freund sein Herz noch ein krankes Kind, das gewiegt werden muß und spricht ein andermal von der Freiheit des Menschen, diesen Kerker zu verlassen, wann er will. Er zeichnet nach der Natur und knüpft unterwegs Gespräche an, immer wieder wie ein Kranker, der Heilung sucht im einfachen Leben und unter einfachen Leuten, denen er dann auch gleich alle guten Eigenschaften zuschreibt, Aufrichtigkeit, Herzlichkeit, Reinheit des Gefühls. Immer aufs neue spricht er von dem Aufruhr in seinem Innern, den es zu beruhigen, dem Feuer, das es zu löschen gilt. Ein Bauernbursche erzählt ihm treuherzig von seinen Gefühlen für eine junge Witwe, und nun will Werther auch lieben, lieben, um gesund zu werden. Als es dann so weit ist, als er Lotte kennengelernt hat und in ihr einen Engel, *seinen* Engel gefunden hat, darf auf dieses beglückende Bild kein Schatten fallen. Darum überhört Werther, daß sein Engel so gut wie verlobt ist, darum will er später in Albert nicht nur einen braven, sondern den besten Menschen unter dem Himmel sehen. Aber gerade diesem besten Menschen gegenüber gerät er bald wieder in seine krankhafte Erregung, etwa bei seiner Verurteilung der übeln Laune, die er stürmisch und maßlos vorbringt, wie alles, was ihn selbst gefährdet und erschreckt. Ein paar Tage darauf muß Lotte schon seine Lustigkeit tadeln, die etwas Fürchterliches hat. Und in dem großen Gespräch über den Selbstmord zeigt sich nicht nur, wie wenig die beiden Männer einander verstehen, sondern auch wie gefährlich leidenschaftlich sich Werther in gefährliche Leidenschaften, in Eifersucht, Trunkenheit und Wahnsinn anderer Menschen einleben kann. »Alles Finsternis, kein Trost, keine Ahnung«, ruft er, den Seelenzustand einer Selbstmörderin schildernd, verzweifelt – in dem Munde eines, der sich auf dem Höhepunkt seines Glückes glaubt, nehmen diese Worte sich merkwürdig aus. Über seiner selig-unseligen Liebe ist der Sommer vergangen, und am 28. August, seinem Geburtstag, erwähnt er dem Freund gegenüber wieder seine Krankheit und glaubt noch einmal an eine Heilung, weil er bei Alberts Büchergaben Lottes Schleife gefunden hat. Er will sich nicht vorstellen, wie die beiden sich zusammengesetzt und über ein gerade noch schickliches Geschenk beraten haben, will noch nicht wissen, wie einig sie sich in der Abwehr des Außergewöhnlichen sind. Ein paar Tage nach diesem Selbstbetrug aber streift er wieder einsam draußen umher, nun nicht durch gesittete Gärten, sondern auf wilden Feldpfaden und durch Dornengebüsche, sitzt im Mondschein auf krumm gewachsenen Bäumen und sehnt die vollkommene Einsamkeit der Klosterzelle, die vollkommene Selbstzerfleischung des Stachelgürtels herbei. Und dann kommt der Abend, an dem Lotte, anzüglich genug, die Szene am Sterbebett ihrer Mutter schildert und damit die Tote zur Beschützerin ihres zukünftigen Ehefriedens macht. Da ist es zu Ende mit allem Selbstbetrug, aller Hoffnung auf Gesundheit, Ruhe und Glück. Werther gibt auf und flieht.

In der Residenz, wo er auf Rat seiner Freunde ein tätiges Leben führen soll, hat er zwar Albert und Lotte nicht mehr vor Augen, dafür aber manches andere, was seinen Schmerz, seinen Zorn und seine Unduldsamkeit erregt. Von den Menschen seines Standes haben ihm schon früher die wenigsten gefallen, vergeblich hat er sich mit dem einen oder andern anzufreunden gesucht. Er hat auch früher schon Kritik geübt an den Beziehungen der Menschen zueinander, hat gefunden, daß Kinder nicht wie Untertanen behandelt werden sollen und sich geärgert, daß die von ihm angesprochenen Landleute seine Herzlichkeit als die trügerische Laune eines feinen Herrn verstehen. Seine Briefe aus der Residenz mit ihrem höfischen Leben sind eine einzige Auflehnung und nicht gegen die ständische Gesellschaftsordnung allein. Er bemerkt, daß in der Gesellschaft jeder nur danach trachtet, den Nächsten um Gesundheit, guten Ruf, Freudigkeit und Erholung zu bringen und sieht sich selbst, der noch ein wenig Freude, ein wenig Glück suchte, bald um diese kleine Hoffnung gebracht. Seine Arbeit, die eines begabten, impulsiven Menschen, wird getadelt, sein Gedankenreichtum von Pedanterie und Kleinlichkeit erstickt. Nach der großen Kränkung und Demütigung im Salon seines Gönners nimmt er seinen Abschied, glaubt danach in einem Landedelmann einen wahren und einfachen Freund zu finden und verläßt schließlich auch diesen, weil er in ihm einen Mann von ganz durchschnittlichem Verstande entdeckt.

Ein Kranker, möchte man meinen, ein ewig Unzufriedener, ein Querulant. Aber dies gerade ist Werther nicht. Er möchte nichts lieber als seinen Frieden mit der Welt machen, möchte einmal übereinstimmen, einmal wirklich zu Hause sein. Er war es für kurze Zeit in Lottes Nähe, und alles zieht ihn zu ihr zurück.

Es ist eine alte Erfahrung, daß man Orte ehemaligen Glücks nicht wieder aufsuchen soll. Das Leben dort ist weitergegangen, was noch in der Schwebe war, hat sich verfestigt, schon der Wechsel der Jahreszeiten macht dem wiedergekehrten Werther die Unwiederbringlichkeit seiner Hoffnungen klar. Er sucht noch einmal Frieden und ist doch selbst alles andere als friedlich gestimmt, von Anfang an. Mit einem Male sieht er Albert, wie er wirklich ist, nüchtern, hausbacken und engherzig, glaubt auch, daß er Lotte nicht glücklich machen könne und selbst nicht einmal glücklich mit ihr sei.

Schon spielt er mit dem Gedanken an Alberts Tod. Lotte ist weiter lieb und freundlich, aber doch auch recht kokett, und die neue Erzählung des Bauernburschen von der gemeinen Gefallsucht seiner Liebsten rückt Lottes Verhalten in ein häßliches Licht. Werther nennt sie weiterhin unschuldig, auch als sie ihm das Theater mit dem Vögelchen vorspielt, das seine Verliebtheit doch gefährlich anstacheln muß. Er verkennt sie noch immer, schwärmt auch noch immer und glaubt sein Herz in Schlaf gewiegt, aber das hindert ihn nicht, den einen einzigen Kuß immer leidenschaftlicher zu begehren. Oft verfällt er jetzt in die üble Laune, die er einmal so heftig getadelt hat, bei dem Gedanken, wie wenig ein Mensch dem andern sein kann, möchte er sich die Brust zerreißen, und der Anblick von ein paar mutwillig gefällten Lieblingsbäumen versetzt ihn in mörderischen Zorn. Er fängt an, über den Durst zu trinken und muß sich von Lotte, die ihm doch selbst den ungesundesten Trank bereitet, zur Mäßigkeit ermahnen lassen. Die Religion ist ihm nichts oder zuviel, auf jeden Fall keine Beruhigung, der Gedanke an die Worte Christi am Kreuz regen seine Phantasie fürchterlich an. Am 30. November trifft er auf einem Regenspaziergang den grüngekleideten Irren, der in der öden Spätherbstlandschaft seufzend Sommerblumen für seinen Schatz sucht und von einem Ort schwärmt, wo ihm so wohl wie einem Fisch im Wasser war. Der Ort ist, wie sich herausstellt, das Narrenhaus, der erträumte Schatz ist Lotte, bei deren Vater der Irre einmal Schreiber war –. Nach diesem Erlebnis kann Werther Lottes sentimentales Klavierspiel nicht mehr ertragen, flieht und hat doch Lottes schwarze Augen immer unter den geschlossenen Lidern, will vergehen und wird doch immer aufs neue zu einem kalten stumpfen Bewußtsein gebracht. Einige Tage lang schreibt er keine Briefe mehr, was wir aus diesen erfuhren, wird nun vom Berichterstatter mitgeteilt, der Werther völlig zerstört, ungerecht und unglücklich nennt.

Unglücklich, von Selbstvorwürfen zerrissen und von Haß gegen Albert erfüllt, geht Werther am ersten Schneetag über Land ins Jagdhaus, eben dorthin, wo er Lotte zum ersten Mal als Hausmütterchen gesehen und gewünscht hat, dazuzugehören zu der heiter behüteten Schar. An dem Tag ist alles anders, Lotte ist da, aber es herrscht Katastrophenstimmung, weil in der Nähe ein Mord geschehen ist. In der Schenke, einem andern Lieblingsplatz der glücklichen Sommertage liegt der Tote, der Mörder wird von Bewaffneten herbeigeführt – da ist die bedeutsame Nebenhandlung, das Verhältnis des Bauernburschen zu der leichtsinnig herausfordernden Witwe mit der Tötung des Nebenbuhlers schauerlich zu Ende gegangen, und der Täter ist noch zufrieden, weil jetzt keiner seine Liebste haben wird und sie keinen bekommt. Werther verteidigt den Unglücklichen gegen den Amtmann, gegen Albert, das ist das letzte Mal, daß er sich der Erniedrigten annimmt, daß er gegen die Vernunft für die Unvernunft, für die unglückliche Leidenschaft kämpft. Aber es gibt zu dem Vorfall keinen Brief mehr an den fernen Freund. Es gibt nur ein Zettelchen, auf dem die Worte, er ist nicht zu retten, *wir* sind nicht zu retten, stehen.

Mit diesen Worten tritt Werther endgültig auf die Seite der Ausgestoßenen, für die in der gesitteten menschlichen Gesellschaft ein Ort nicht mehr ist. Er will sterben, es fehlt ihm auch nicht an Mut, sich das Leben zu nehmen, er schiebt aber den Zeitpunkt immer wieder hinaus und träumt indessen von Lotte in einem gar nicht mehr brüderlichen, gar nicht mehr sanftmütig verzichtenden Sinn. Albert wird ihm immer unangenehmer, er beantwortet Lottes Ermahnungen zur Ruhe, ihren Ratschlag zu reisen, zu heiraten, nur mit einem kalten Lachen und beginnt eines Nachts schon den Abschiedsbrief, in dem er bekennt, daß er Albert, Lotte und sich selbst hat töten wollen, daß er aber jetzt allein sterben und sich zum Opfer bringen will. Noch ehe der Brief fertig ist, reitet er hinaus zum Amtmann, trifft nur die Kinder an, die ihm vom nahen Weihnachten sprechen, kehrt heim und schreibt weiter und geht wieder aus, diesmal zu Lotte, die er allein überrascht. Er liest ihr Ossian vor, weint mir ihr und überfällt sie dann plötzlich mit wütenden Küssen. Lotte flieht, er muß ohne Abschied gehen und kann nur noch am Abend an dem Brief weiter schreiben und seinen Diener um die Pistolen schicken, die dieser von Albert und Lotte auch ohne weiteres ausgehändigt bekommt.

Bevor wir das Ende des Abschiedsbriefes zu lesen bekommen und von Werthers letzten Todesvorbereitungen erfahren, hören wir aus dem Munde des eifrig Zeugnisse sammelnden Berichterstatters noch einiges, das zur Rechtfertigung der Überlebenden dient, auch zur Rechtfertigung der Vernunft, Alberts ganzer und Lottes halber, und aller Vernunft in der Welt, die Werther verlassen will. Da wird vorgebracht, was man zur Entschuldigung von Alberts Ärger und Lottes Unbehagen sagen kann, all das Einleuchtende, daß es nicht angenehm für einen Mann ist, einen alten Verehrer seiner jungen Frau täglich im Hause zu haben, daß eine Frau auf Liebe und Verehrung nun einmal nicht verzichten mag. Von Lotte zwar heißt es, daß sie Werther *leider* sich selbst überlassen muß und schon ahnt, daß, wenn er sie verloren hat, ihm nichts mehr übrig bleibt. Albert ist kaltherziger, er macht sich sogar lustig über den ewigen Nichtstuer, der in seinen Briefen immer wieder mit dem Gedanken an den Selbstmord spielt. Wer so oft davon spricht, sich umzubringen, tut es gewiß nicht – da kommt unser Selbstmörder, so hat man sich wohl diese Redensarten und Scherze vorzustellen, in denen ein wenig Angst zum Ausdruck kommt, aber vor allem doch ein schreckliches Verkennen von Werthers gewaltiger und unversöhnlicher Natur. Sie konnten es nicht wissen, meint der Berichterstatter, meint Goethe, der ja nicht Jerusalem und auch nicht Werther war, der das alles längst hinter sich gelassen hatte und sich in alles hineindenken konnte, in Werthers äußerste Verzweiflung, aber auch in Alberts neidischen Ärger und in Lottes Dummheit, die fast etwas Verbrecherisches hat.

In der Pistolenszene, als Albert die Waffen mit den Worten »Ich lasse ihm glückliche Reise wünschen« dem Boten übergibt, und Lotte, die nicht gewagt hat, ihrem Mann Werthers gewaltsame Küsse zu gestehen, dazu schweigt, da ist alles atemberaubend auf die Spitze getrieben und doch ist da kein Wort, das nicht möglich, kein Gedanke, der nicht menschlich wäre. Jeder übernimmt seinen Teil Schuld, Albert das spöttische Verkennen, Lotte das ängstliche Verschweigen, keiner von den beiden wird in späterer Zeit dem andern Vorwürfe machen können. Werther aber, der junge aufsässige Werther wird fallen gelassen, nicht bewußt, aber doch halb bewußt: damit ist der Familienfriede gesichert und das bürgerliche Glück.

Um Bürgerlichkeit und Rebellentum geht es aber in Werthers Leiden letzten Endes doch nicht. Es geht um Alter und Jugend, um die Krankheit Jugend, von der einer mit den wachsenden Jahren genesen oder von der er sich auf Kosten seines Lebens befreien kann. Ihre Erscheinungen sind Egozentrik, Hypochondrie, Maßlosigkeit, Unbedingtheit, Unduldsamkeit und Zorn. Die Heimatlosigkeit gehört zu ihrem Bild, die Heimat Elternhaus ist verlassen, eine neue findet sich nicht so schnell, zu empfindlich, um nicht stolz zu sein, sein Urteil ist unerbittlich und so leicht genügt ihm nichts. Immer wieder trifft er auf gefestigte Verhältnisse und sieht sich immer wieder ausgestoßen als ein unbequemer, die Zufriedenen überfordernder Gast. Seinem einfallsreichen, aber undisziplinierten Geist wird die rechte Möglichkeit nicht gegeben, die Vernünftigen regieren, die frühzeitig Altgewordenen lassen dem Außenseiter keinen Platz in ihrer durch ein dichtes Netz fragwürdiger Beziehungen zusammengehaltenen Welt. Er will am Ende vergewaltigen, was sich seiner arglosen Zuneigung nicht ergeben hat, und bleibt danach vollends einsam, vollends gebrandmarkt zurück.

Das alles kann sich lösen und löst sich auch in den meisten der Fälle, ein Freund findet sich schließlich, auch eine Frau und manch einer rettet den feurigen Zorn seiner Jugend ohne Kompromisse in ein fruchtbares Zusammenleben hinein. Es kann aber auch zu der vorübergehenden Krankheit ein Selbstvernichtungswille treten, der die letzte Folge strenger unabdingbarer Forderungen an das Leben ist. Kein Sichbescheiden, kein Sichzufriedengeben mit der Gerade-noch-Heimat der nun einmal bestehenden Verhältnisse – das ist der Fall des jungen Werther, für den der treffliche Albert die Pistolen von der Wand holte, die Lotte ihm dann noch abstaubte »mit zitternder Hand«.

Wozzek

Aus der Büchnerschen Szenenfolge Wozzek kann man sehr verschiedenes heraushören: eine Anklage gegen die Gesellschaftsordnung, eine sehr allgemeine Verzweiflung und Lebensangst, endlich ein großes Erbarmen mit aller gequälten Kreatur. Die Gesellschaftskritik steht im Vordergrund und ist gleich greifbar, schon in den ersten Szenen, wenn Wozzek dem Hauptmann erklärt, daß die Tugend etwas für die vornehmen Herren sei, und daß die Armen eben unselig blieben, in dieser, wie in der anderen Welt. Der Gedanke wird in den späteren Auftritten weitergeführt, weniger durch Worte, als durch die Handlung selbst, in deren Verlauf wir ebendiesen armen Teufel Wozzek von der menschlichen Gesellschaft zur Strecke gebracht sehen. Neben der sozialen Anklage aber steht die Verzweiflung am Leben überhaupt. Eine Heillosigkeit, gegen die auch eine andere Gesellschaftsordnung nichts ausrichten könnte, wächst immer bedrohlicher auf und gipfelt schließlich in dem Märchen, das die alte Frau den Kindern erzählt. Wozzek, der Mörder, verteidigt sich nicht, sondern geht ins Wasser – damit ist am Ende alles dem Bereich irdischer Gerichtsbarkeit und Gerechtigkeit entrückt. Was übrigbleibt, ist das Erbarmen, aber ein herzbeklemmendes, das keine Erlösung kennt.

Denn erbarmungswürdig sind im Grunde alle, die da auf die Bühne kommen. Der aufpeitschende Rhythmus der Tanzmusik überdeckt nur ihre Ratlosigkeit – niemand erkennt das besser als Wozzek, der das Opfer all ihrer Verfehlungen ist. Das schauerliche »Immerzu«

menschlicher Brunst und Betäubungslust verfolgt ihn, schon beim Tanze sieht er die Welt als einen Tummelplatz der Unzucht, auf dem freien Felde und nachts in der Kaserne hetzt ihn der ewige Gleichklang der lebenserhaltenden sinnlichen Lust. Er ahnt, daß es noch etwas anderes gibt als die blinde Vereinigung der Geschlechter, etwas Höheres und Reineres, das sich auf viele Arten ausdrücken mag, aber für ihn doch nur auf eine einzige, sehr einfache Art. Mit Mariens Treue oder Untreue steht und fällt seine Welt und wir begreifen warum: daß nämlich durch die höhere, die wirkliche Liebe die Natur besiegt, der furchtbare Kreislauf zum Stillstand gebracht werden kann. Ihn aufzuhalten gibt es noch eine andere Möglichkeit. Aber die ist tödlich, und nicht nur für das Opfer allein.

Wozzeks »Moral« ist nicht die der anderen Menschen, und nicht nur, weil seine Empfindlichkeit eine gesteigerte ist. Er wirkt beunruhigend auf seine Umgebung durch seinen gehetzten Gang, seinen stechenden Blick, durch die offenkundige Tatsache, daß er dem Leben an sich, seinem eigenen Aufderweltsein keinen Geschmack abgewinnen kann. Ein guter Mensch macht gute Miene zum bösen Spiel, er läßt sich tragen und treiben und verscheucht die Gedanken, die der Gesundheit so abträglich sind. Das ist die Meinung des apoplektisch-rührseligen Hauptmannes, es ist auch die des guten Kameraden, auch die der hitzigen Marie, die sich von dem Zerquälten, Zappeligen wegsehnt zu einem Mann, der wie ein Baum dasteht in seinen weißen Handschuhen, seiner prächtigen Uniform. Daß auch Wozzek und unter allen eigentlich *nur* er ein guter Mensch ist, ahnen alle, Marie, der er den aufgesparten Sold bringt, der Hauptmann, dem er den eigentlichen Sinn der Worte Christi erklärt, selbst der Arzt, der ihn mit seinen wissenschaftlichen

Experimenten zu Tode quält. Aber gerade diese hilflose Güte macht Wozzek zum Gegenstand gedankenloser Grausamkeit. Nicht trotzdem, sondern *weil* er das wahre Christentum besitzt, wird er gequält – das ist vielleicht in der dunklen Zeichnung der schwärzeste Zug.
Büchner hat einmal, als er sich in einem Beruf mit der idealistischen Literatur auseinandersetzte, erklärt, er wolle es nicht besser machen als der liebe Gott. In dem dramatischen Versuch Wozzek beschönigt er nichts und übersieht auch nichts, nicht das Quentchen Bosheit in der menschlichen Bonhomie, nicht der Frauen selbstsüchtige Geschlechtsgier, am wenigsten die Grausamkeit und Unmenschlichkeit, mit der die Wissenschaft ihre Ziele verfolgt. Da weiß der Arztsohn und Naturforscher Bescheid, da zeichnet er die skurrilste und grausamste Gestalt: den Arzt, der Wozzek durch eine wahnwitzige Diät zum Tier herabzumindern versucht. Um Natur und Willensfreiheit geht es ihm, und Wozzek, der atavistisch noch mit den Ohren wackeln kann, ist ein gutes Objekt für solches Studium, ein um so besseres, je verhungerter und hilfloser er ist. Da wird alles registriert, Gedankenflucht, harter hüpfender Puls, Gliederzittern und Schweißausbrüche, und wie der Patient auf eine böse Nachricht reagiert. Daß es für solche Vivisektion eine kleine Zulage gibt, macht die Ausbeutung der Armen und damit wieder die soziale Frage offenbar.
Ein wie armer Teufel dieser Wozzek ist, zeigt sich erst in der Szene in der Kasernenstube, wo er mit dem tumben Kameraden Andres spricht. Da verschenkt der zum Äußersten Entschlossene sein Hab und Gut, Ring und Kreuzlein der Schwester, dem Kameraden das Kamisölchen und ein Heiligenbildchen, an dem die uralte blinde Mutter doch keine Freude mehr haben kann. Friedrich

Johann Franz Wozzek, Wehrmann und Füsilier, dreißig Jahre, sieben Monate, zwölf Tage alt, hat um sich eine wahrhaft winzige Welt, was die Dinge anbetrifft, eine kleine, auch der menschlichen Beziehungen: der Kamerad, Marie und das Kind, mehr ist da nicht. Nur daß diese Welt sich überall hin öffnet und das Grenzenlose eindringen läßt.

Denn für Wozzek sind weder die Erde noch der Himmel tot und stumm. Er hört Stimmen, draußen auf dem freien Felde und hinter den Wänden seiner Kammer – er hört den stampfenden Rhythmus des ewigen Begehrens und Posaunengetöse wie vom Jüngsten Gericht. Er hat Erscheinungen von rollenden Köpfen und von Feuer, das vom Himmel herabfährt – da mischt sich ländlicher Aberglaube mit biblischer Untergangsprophezeiung und wird etwas Anderes und Neues, etwas, das nur für ihn bestimmt ist, nur von ihm wahrgenommen werden kann. Dreh dich nicht um, sieh nicht hinter dich – da sind Geister, die Wozzek verfolgen, unheimlich, unpersönlich zuerst, später mit einer ganz bestimmten Weisung, einem Befehl beinahe, den er nicht außer Acht lassen kann. Stich tot, stich tot, tönt es nun aus der Tiefe der Erde, die das Ihre begehrt, aus der Höhe des Himmels, der der Schauplatz einer furchtbar strafenden Gerechtigkeit ist. Zwischen den Augen zieht's wie ein Messer, solange bis der Entschluß gefaßt ist. »Stich die Zickwölfin tot« – aber als die Tat, wenigstens im Geiste, ausgeführt ist, schweigen die Stimmen, kommt der ganze Hexensabbat zur Ruhe. »Sie war doch ein herziges Mädchen«, sagt Wozzek, nachdem er mit furchtbarer Kälte den letzten Bericht entgegengenommen hat, einen, der nun wirklich keinen Zweifel mehr an Mariens Untreue läßt. Sie *war* – und für einen Augenblick ist nichts als Liebe in seiner Brust.

Ein herziges Mädchen und ein Weibsteufel auch, ein guter Kamerad und eine Freundin der Kinder, eine hitzige begehrliche Frau, das ist die Marie, die Wozzek einmal besessen hat, und nun nicht mehr besitzt, der er seinen Sold bringt und die die goldenen Ohrringe des Nebenbuhlers mit den Händen verdeckt. Sie ist stark, stolz und schön, etwas für vornehme Herren – da wird wieder die soziale Ungerechtigkeit angeklagt. Daß ein armer Teufel wie Wozzek eine solche Frau einmal hat lieben dürfen, ist schon ein Wunder; halten, für immer haben, kann er sie nicht. Also kann er auch nicht lieben, ohne zu verlieren, also bedeutet die Liebe für ihn eine kurze Seligkeit und eine lange Qual.

Der Nebenbuhler ist auch kein vornehmer Herr, aber er ist doch das rechte Gegenstück zu dem dürren Unheimlichen, schon rein äußerlich gesehen. Ein Kerl, der den rechten Lebens- und Fortpflanzungswillen, den rechten Stolz auf Uniform und Tressen besitzt. Er und Wozzek geraten einmal aneinander, da nötigt er den Mageren, Blassen zum Trinken und pufft und stößt ihn auch, aber Wozzek nimmt es gelassen, sagt »eines nach dem anderen« und meint damit, daß Marie ihm wichtig ist, aber das Mannsbild, der Löwe, noch nicht. Er hat ihn trotzdem immer vor Augen, verachtet und beneidet ihn und kann es nicht lassen ihm nachzulaufen, oder der Marie, wie sie mit ihm im Wirtshaus vor dem Tore tanzt. Er stellt sich vor, was für heiße Hände die Marie haben und wie sie sich an ihn pressen wird – dagegen kann seine eigene verzweifelte Treue nichts anderes mehr bedeuten als den Tod.

Die Liebe ist der eigentliche Sinn des Lebens trotzdem. Die Hitze, die tierische Brunst wirkt ihr entgegen, sie macht aus dem Menschen einen Abgrund von Schlechtigkeit, erst die Kälte, die Grabeskälte, kann ihn dem furchtbaren Kreislauf seiner Begierden entziehen. Die Frage nach dem Sinn des Lebens ist in dem ganzen Stück immer gegenwärtig. Sie wird von dem betrunkenen Handwerksburschen in einer grotesken Predigt beantwortet: da ist das Leben ein sehr irdischer Kreislauf, bei dem ein Stand dem anderen die Existenz garantiert. Wozzek selber fragt und weiß keine Antwort. Erst kurz vor seiner Bluttat hört er eine, aus dem Mund einer alten Frau, und die ist dann völlig verneinend und läßt im Herzen des Zuhörers eine große Traurigkeit zurück.

Daß die alte Frau zu Kindern spricht, daß sie ihre traurige Altersweisheit in Form eines Märchens von sich gibt, macht die Szene noch trostloser, ja zu einem wahren Tiefpunkt der Trostlosigkeit des ganzen Stücks. Ein Waisenkind sucht den Himmel und wird enttäuscht und im Stich gelassen auf Schritt und Tritt, Sonne, Mond und Sterne, diese lieblichen und strahlenden Erscheinungen, enthüllen nur die Vergänglichkeit des Irdischen, die Erde ist ein seelenloses, tönernes Ding. Das Kind setzt sich hin, und weil es so allein ist, weint es, und dann kommt eben *kein* Prinz und *keine* Fee, und nichts verwandelt sich in das Gute und Heilsame zurück. Toter Stoff, Alleinsein und Tränen sind das Los des Menschen, das mögen die Kinder vielleicht noch unbeschadet hinnehmen, aber dem dazutretenden Wozzek muß es durch Mark und Bein wie ein kaltes Eisen gehen. Da hört er seine eigene Meinung, das ist die Gesinnung, aus der heraus er dann Marie mit sich zieht, zu einem Spaziergang vor die Stadt, auf einen Weg, den er allein kennt.

Die Marie, die, wie Wozzek, das Märchen erzählen hört, ist schon nicht mehr die aus den ersten Szenen, die mit den glänzenden Augen, die den Tambourmajor mit ihren Blicken auffordert zum hitzigen Spiel. Sie ist auch nicht mehr die zärtliche Mutter, die Schlaflieder singt – sie kann überhaupt nicht mehr singen, überhaupt nicht mehr fröhlich sein. Sie hat dem Tambourmajor Augen gemacht und sich von ihm küssen lassen, ihn auch einmal weggebissen, weil ihr aufging, daß da nichts anderes als das nackte Begehren war. Später hat sie dann doch nachgegeben, hat beim Tanzen in seinen Armen gehangen und dieses »Immerzu« geflüstert, das dann in den Ohren Wozzeks wie eine Riesenglocke dröhnte. Die Gewissensbisse waren gleich da – »bin doch ein schlechtes Ding«. Aber das wurde doch nur festgestellt und beklagt und auch nachher, als die große Reue über Marie kommt, schlägt sie sich nur verzweifelt an die kalte liebes- und glaubensleere Brust. Ach, wir Armen, dieser Ausruf Gretchens, könnte, sehr viel wilder, auch aus Mariens Munde kommen, auch aus dem Munde Wozzeks, der die unselige Verstrickung der Menschen schaudernd erfährt. Da gibt es kein Umverzeihungbitten und kein Verzeihendürfen, nur das Auslöschen des Lebens, das die Todsünde in sich trägt.

Weil das Leben an sich schon Sünde ist, ist Wozzeks Bluttat kein Akt der Rache, auch keine Strafe für den begangenen Verrat. Sie ist ein Auftrag der Unsichtbaren und wird dort ausgeführt, wo diese am nächsten, ihre Stimmen am hörbarsten sind. »Waldweg am Teich« heißt es in der Bühnenanweisung, vorher war es das »freie Feld«, unter dem alles hohl war und wo geheimnisvolle Schritte gingen. Auf dem Waldweg am Teich hört Wozzek keine Stimmen mehr, da fragt er Marie nur, wie lange es zwischen ihnen gedauert hat und wie lange es noch dauern wird, und sieht den Mond wie ein blutiges Eisen aufgehen. Das ist beängstigend genug, und nun wäre es Zeit für Marie, zu bitten und zu betteln und mit neuen Liebesversprechungen den

Verstörten ruhiger zu stimmen. Aber es gibt keine Verzeihung, nur den bitteren Stolz, nur das »ach wir Armen«, das wie eine schauerliche Klage über dem Ganzen steht.

Der Mörder Wozzek stellt sich dem Richter nicht. Er hat auch nicht die Absicht, seinem Leben ein Ende zu machen, noch nicht, und eigentlich bis zum letzten Augenblick nicht. Er läuft ins Leben zurück und gerade dorthin, wo er am meisten gelitten hat und wo er im lautesten Jubel am einsamsten war. Vorher geht er noch zu Mariens Haus oder doch in die Nähe und versucht seinen kleinen Sohn zu liebkosen. Aber das Kind versteckt das Gesicht, und der Idiot, der das Kindermädchen macht, sieht ihn starr und entsetzt und seltsamerweise schon jetzt als einen Ertrunkenen an. Im Wirtshaus wird getanzt, noch immer oder wieder. Wozzek tanzt auch, nun mit einem fremden Mädchen, er scheint kaum zu wissen, was er getan hat, nur daß jemand vom Teufel geholt worden ist, eine für alle anderen, die es nicht besser verdienen als sie. Als man das Blut an seinem Ärmel entdeckt, versucht er sich herauszureden, recht ungeschickt, aber doch fast entrüstet über die Zumutung einer solchen Tat. Er macht sich los und stürzt davon – aber nun geht er nicht zu seinem Kinde, und nicht in die Kaserne zurück. Er steht mit einem Mal wieder dort, von wo er herkam – auf dem Waldweg am Teich.

Da ist es jetzt dunkel und nichts zu sehen und zu fühlen als etwas Kaltes, Nasses, Stilles – Marie mit den schwarzen Haaren und der roten Schnur um den Hals gehört schon dem Reich der Einbildungskraft an. Das Messer ist da und soll ganz vernünftigerweise versteckt werden, weil es den Täter verraten kann. Wozzek wirft es ins Wasser, und es zieht ihn nach, oder etwas anderes zieht und lockt, ein paar Schritte, um das Messer noch weiter hinauszuwerfen, noch ein paar, um die Blutflecken abzuwaschen, endlich dorthin, wo die Füße keinen Grund mehr finden.

Kein Wort der Reue oder Bußfertigkeit, aber auch kein letztes Aufbegehren gegen die Mächtigen am Schluß. In der nachtschwarzen Tiefe, mit dem unheimlichen Schluchzen des Elements – so endet die Geschichte des Wozzek, die der Student Büchner mit ein paar genialen Strichen aufzeichnete, im 22. Jahre seines Lebens, fast gleichzeitig mit dem heiter-tiefsinnigen Spiel »Leonce und Lena« und hundert Jahre bevor der Nihilismus seine düsteren Gegenbilder von Glauben, Liebe und Geborgenheit schuf.

Undine

Nur zwei Jahre trennten den alten Friedrich de la Motte-Fouqué noch von seinem Tode, als er im Jahre 1841, anläßlich der von einem Braunschweiger Verlag veranstalteten letzten Ausgabe seiner Werke, mit einer Zueignung an die Undine noch einmal vor das Publikum tritt. Schon in seinen Lebenserinnerungen hat der Hochbetagte die Märchengestalt seiner Jugend als die »Lieblingsblüte seiner gottbeschiedenen Muse« zärtlich angesprochen. Jetzt ist sie ihm vollends das Kind, das »Undinchen« geworden, das er gleichsam an der Hand in den Saal führt, das sich nicht schämen, sondern »sittig« die edeln Herren und die schönen deutschen Frauen grüßen und endlich auch von ihm selbst als von einem treuen Ritter und Frauendiener Kunde geben soll.
Das liebste seiner Kinder als Fürsprecherin an seiner Seite – das mag dem alten zeitlebens tränenseligen Dichter eine rührende Vorstellung gewesen sein. Und doch ist die Undine nicht von jeher sein Lieblingskind gewesen, und namentlich zur Zeit ihrer Entstehung hat Fouqué der Novelle nur wenig Beachtung geschenkt.
Die Jahre um 1811 waren eine der fruchtbarsten Perioden seines allzu fruchtbaren Schaffens, vielleicht der Höhepunkt seines Weges überhaupt. Längst hatte der »Barde Pellegrin« das Pseudonym seiner von Wilhelm Schlegel überwachten Lehrjahre abgelegt. Zusammen mit Chamisso und Kleist, den Waffengefährten aus dem Rheinlandfeldzug, war er in den Dienst der deutschen Wiedergeburt getreten. 1810 erschien der »Held des Nordens«, die Nibelungentrilogie, die den Deutschen

Shakespeare ersetzen sollte, 1811 tauschte er gegen seine vaterländischen Schauspiele Kleists »Prinzen von Homburg« ein. Fichtes Reden an die deutsche Nation mit ihrer neuen Auffassung weltumspannenden germanischen Wesens hatten in ihm den Plan zu seinem Roman »Der Zauberring« wachgerufen, in dem der Same seines normannischen Ahnherrn und christlichen Ritters, in allen vier Himmelsgegenden Europas aufwachsend, gegeneinander aufsteht und, endlich befriedet, das neue Europa zukunftbildend durchdringt. Fouqué kannte Fichte und Varnhagen, Arnim und Tieck, er stand der Zelterschen Liedertafel und der Christlich-deutschen Tischgesellschaft nahe, er führte den jungen Eichendorff in die Bildungswelt der Romantik ein. Neben der Mitarbeit am »Pantheon« und Kleists »Abendblättern« beschäftigte ihn die Gründung einer eigenen Zeitschrift. Im Schatten der Zukunft noch, aber doch schon im Bannkreis geheimer Wünsche, stand die Waffentat der nationalen Befreiung, die dem in ritterlich-militärischer Tradition Aufgewachsenen als eine Krönung seines Lebens erschien.

In dieser Zeit fiel Fouqué ein Band der Schriften von Paracelsus in die Hände. Es war eine Beschreibung der Nymphen, Sylphiden, Pygmäen und Salamander, jener Mischwesen, die »Fleisch nit aus Adam« sind, die Wände und Türen durchdringen und die keine Seele haben. Fouqué, von der geheimnisvollen Belebung der Naturwelt beeindruckt, begann dem Magischen nachzuspüren, das ihn mächtig anzog. Die Früchte solcher Studien, wie auch die Beschäftigung mit deutschem Sagengut sind in dem Märchen Undine leicht aufzufinden. Wie die Undinen des alten Buches kann auch Undine nur durch die Verbindung mit einem Sterblichen eine Seele gewinnen, wie jene darf sie in der Nähe eines Wassers nicht gekränkt werden. Wie die geheime Geliebte des Ritters von Stauffenberg kehrt sie in das Naturreich zurück, und wie in Mythos und Sage wird der Verrat an der Geschiedenen, geheimnisvoll Gegenwärtigen mit dem Tode bestraft. Aber gerade der Vergleich mit den Vorbildern zeigt, wie Fouqué die Undine herausgehoben hat aus dem Kreise gespenstischer Naturwesen, wie ihm, der sich doch nur anschickte, einen Stoff zu formen, eine unsterbliche Gestalt gelang.

Denn lebendige Gestalt, das ist die Undine seines Märchens vom ersten Augenblick ihres Erscheinens an. Vor ihrer Verwandlung ins Menschlich-Seelenhafte ist sie mutwillig, zu allerhand Streichen aufgelegt, voll von einem heidnisch-naturhaften Egoismus, der ihre christliche Umgebung erschreckt. Aber schon bei der ersten Begegnung mit dem irrenden Ritter tritt einer der ergreifendsten Züge ihres Wesens, das Vertrauen, hervor. Sie vertraut dem Fremden, vertraut der Liebesmacht, der »Seele«, deren Herannahen sie doch mit einem furchbaren Schauer erfüllt. Für den christlichen Dichter konnte ihre Verwandlung nur ausgelöst werden durch den Empfang des Sakraments. Aber in dem Augenblick, in dem Undine zu einem Menschen wird, wird sie auch sogleich mehr als ein Mensch. Und indem sie den Sinn der Liebe erfaßt, erfaßt sie auch sogleich ihren allertiefsten Sinn.

Dieser tiefste Sinn ist die Einheit von Lieben und Leiden, von Schmerz und Glück. Die gewandelte Undine ist durch ihre Liebeserkenntnis dem Geliebten sogleich weit überlegen, denn weil das Menschsein eine Gewohnheit, das Mensch-werden aber ein Wunder ist, gleitet sie im unmittelbaren Übergang aus dem Reiche der Natur in das der Liebe über alle Stufen menschlicher Unzulänglichkeit wie im Traume hinweg. Während Huld-

brand von seiner Ritterpflicht verführt, Berthalda von ihrer Lebenssehnsucht getrieben wird, bleibt Undine von dem Augenblick ihrer Verwandlung bis zu ihrer Auflösung ins Element immer die selbstlos Liebende, die in den Tränen der Verlassenheit dasselbe Genügen findet wie im Übermaß des Glücks.
In solcher Liebe aber, die fast wie die einer Heiligen anmutet, verleugnet sie doch ihre Herkunft nicht. Sie bleibt dem Element verbunden, und der tiefe Zauber des Elementaren verläßt sie nie. Wie alle Erfahrungen der Menschenwelt nicht bis zum Grunde ihres Herzens dringen, wie sie nicht aus christlicher Überwindung, sondern aus der Fülle ihrer Empfindung ihre Nebenbuhlerin liebt, wird sie sich auch der Gefahr ihrer doppelten Verhaftung niemals völlig bewußt. Als das menschliche Paar, verbunden eben durch das gemeinsame Menschsein, sie auszuschließen, ja zu fürchten beginnt, treibt sie noch immer weiter das rührende Werk der Versöhnung von Mensch und Naturmacht, und noch im Augenblick ihrer Verstoßung zieht sie, eine unschuldig lächelnde Zauberin, das goldene Geschmeide aus der Flut. Ewig unbelehrbar, ewig unvertraut mit den Mächten der Gewohnheit, der Weltklugheit und der Furcht glaubt sie bis zuletzt, den Geliebten noch retten zu können durch ihre Gewalt über die Natur, als deren Werkzeug sie doch endlich selbst die schmerzliche Vergeltung vollzieht.
Erfahrungslosigkeit, Ewig-Kindliches mit höchster Liebesfähigkeit und Liebesweisheit gepaart, das ist Fouqués Undine, seine Schöpfung, seine Gestalt. Es ist die Schöpfung seiner Mannesjahre, in denen er das Wunder des Kindlichen noch ohne greisenhafte Rührung sah, in denen sein mystischer Weltglaube noch nicht erstickt war von Moral und Frömmelei. Ein »ätherisches Feuer über

dem Moor hinwallend« hat ihn der Freund Chamisso in seiner Jugend genannt. Dann gingen die Jahrzehnte dahin, und in dem Maße, in dem der sentimentale Offizier sich einspann in die ständischen Ideale einer längst versunkenen Zeit, wurde er einsamer, wurde schließlich zum »Don Quichotte der Romantik«, zu einer lächerlichen, mit Spott und Hohn übergossenen Figur. Von den zahllosen Gestalten seiner Werke ist nur die Undine lebendig geblieben. Sie aber zeugt immer wieder von dem ätherischen Feuer über dem Sumpf, jenen Urkräften der romantischen Dichtung, die auch in Fouqué wirksam waren. Und nicht zu Unrecht führt sie den vergessenen Dichter immer neuen Generationen ins Gedächtnis zurück.

Brigitta

Die Erzählung »Brigitta« enthält einen der Leitsätze, mit denen Stifter sich das Wesen der rechten Kunst immer wieder selber bestimmte. Die Künstler und Gelehrten, so heißt es in einem Gespräch des Erzählers mit dem Gastfreund, müssen ein tiefes ernstes Wort zu der Menschheit sagen, das sie begeistert und größer macht, und ein paar Zeilen weiter wird ein einfaches und großes Herz zur Voraussetzung allen schöpferischen Wirkens gemacht. In der Erzählung selbst tritt die Bemühung um das Einfache, Ernste und Wesentliche des Lebens unaufhörlich zutage. Die Einheit der Schöpfung, die Heimat des Menschen in der Liebe, werden immer wieder beschworen und auf eine leidenschaftliche Art. Wenn der Dichter seinen Helden darüber klagen läßt, daß er jenes einfache und große Herz nicht besitzt, so ahnen wir auch, was Stifter selber abging an Ruhe und innerer Sicherheit, Harmonie des Ehelebens und heiterem Glück. Nur die Sehnsucht eines ewig ungewiß im Worte Schaffenden konnte diese ganze lichte Welt ländlichen Wirkens erstehen lassen, nur die Unbefriedigung über das alltägliche Zusammenleben ein solches Idealbild edelster Übereinstimmung gebären. Zum Paradiestraum des Ruhelosen gehört das Ruhen im eigenen festen Bereich und die unbezähmbare Sehnsucht nach Schönheit gibt dem Häßlichen die Gesichte jener anderen, tieferen Schönheit, die nur der Liebende wahrzunehmen vermag. Dennoch hat dieser arme Zerrissene noch vieles besessen, was wir nicht mehr unser eigen nennen. Er konnte sich das Getrennte noch zusammen-

sehen, er verstand noch, eine geheimnisvolle Beziehung herzustellen zwischen den Menschen und der Natur. Er wußte noch ein Hilfsmittel, eines von archaischer Einfalt, und das irdische Paradies zu malen fehlten ihm die Farben nicht. Von diesem Haben und Können des Dichters wie von seinem Entbehren und Leiden ist die Erzählung Brigitta gleichermaßen bestimmt.
Geheimnisvoll verflochten sind das innere und das äußere Leben von Anfang an. Der Steinwüsten- und Steppenlandschaft ringsum, die nur durch eine unendliche Vorsorge des Menschen fruchtbar gemacht werden kann, entspricht die Wüste des Herzens, die nur in der steten und gläubigen Berührung der Liebe erblüht. So unheimlich wie diese Ebenen mit ihren blutroten Sonnenuntergängen, die Heiden mit ihren schwarzen Bäumen und ihren mondbeschienenen geraden Wegen, so unübersehbar wie die nächtliche Landschaft unter den Fenstern des eben erst angekommenen Reisenden ist auch die Natur des Menschen, auch sie erschließt sich nur dem, der seine gewohnten Kleider ablegt und mit neuen Blicken um sich schaut, zum Bleiben und Lieben gewillt. Wie der Wanderer sich immer wieder aufgehalten, von allerlei Gesichtstäuschungen genarrt und mit immer denselben Worten vertröstet findet, so hat auch der Gang der ganzen Handlung etwas Schleppendes, absichtlich Verzögertes, der dem nur langsam zur rechten Schau gelangenden Wesen des Menschen entspricht. Das weiße Haus ist nicht das erhoffte, die Gestalt auf dem Hügel nicht die des Gastfreundes, und doch haben gerade diese beiden Erscheinungen ihren besonderen Sinn. Als der Wanderer endlich anlangt, ist der Gastfreund gar nicht zu Hause, und noch einmal, wie schon auf der heißen Steppe, erscheint er nur in der Erinnerung, nur als die ferne, von fatalen Geheimnissen umleuchtete Ge-

stalt. Im Licht des Morgens ist dann alles anders, da beginnen die Rundgänge durch das Gesittete, da steht man schon auf der Schwelle des irdischen Paradieses. Nur zweimal noch macht die lichte, schön geordnete Welt einer anderen gefährlicheren Platz: bei der zurückgreifenden Erzählung von Brigittas Kindheit und bei dem Erlebnis mit den Wölfen, wo die elementare Regung des Blutes jede besonnene Mäßigung durchbricht.

Die Forderung, die man wohl an eine gute Erzählung stellt, daß nämlich der Dichter in jeder Gestalt sei, ist in der Geschichte von der häßlichen Brigitta erfüllt. Der ahnungsvolle Wanderer, der am Leben der andern teilnimmt und doch nicht völlig dazugehört, doch eines Tages weiterziehen muß, das ist gewiß eine Erfahrung Stifters und eine Erfahrung jedes Schreibenden, der seine Gestalten in dem selig ruhigen Leben, das er ihnen verschafft hat, mit ein wenig Neid und Trauer im Herzen verläßt. Der Gastfreund, das ist auch der Dichter, wie er wohl manchmal wünschte gewesen zu sein und gelebt zu haben, adlig und unabhängig, schweifend und forschend und am Ende heimkehrend zu einer sicheren, sinnvollen Pflicht. Er kommt »aus dem Walde«, dieser allen rätselhafte Major, seine einsame, der Natur nahe Kindheit läßt ihn die dämonische Brigitta lieben und auch wieder fliehen, seine menschliche Einsicht führt ihn zu jenem Tun und Wirken, das ihm dann den Ernst und die Würde des Mannes verleiht. Der Bodensatz von Trauer bleibt, jedenfalls solange er noch nicht völlig heimgefunden hat – auch die erfolgreichste Wirksamkeit bedeutet noch nicht das Glück, nicht die vollkommene Harmonie. Das Glück ist die Nachbarin Brigitta, nah und doch fern, ihm anscheinend durch ein fatales Verhängnis, in Wahrheit durch die eigene Liebesangst

entrückt. Diese Schranke wird am Ende durchbrochen – da sind wir wieder bei den Wölfen, unter die der Major wie ein Meteor, wie ein reißendes Tier fährt, um den Sohn zu befreien. Ein Wunschtraum des überängstlichen kleinen Studienrats: die kühne männliche Tat; ein Wunschtraum des Kinderlosen: der Sohn, der dann auch entsprechend geschildert ist, bescheiden und tapfer, ernst und freudig, schön wie ein Gott. Zu diesen Wunschtraumgestalten gehört auch die arme Gabriele, das Irrlicht Schönheit, das sich für einen flüchtigen Augenblick besiegen und besitzen läßt und das dann früh sterben muß, zum Blühen, aber nicht zum Reifen bestimmt. Brigitta aber ist nicht weniger als der Wanderer, und der Gastfreund ein Teil des Dichters selbst.
Sie war immer da und war immer dieselbe, aber wir erkennen sie nicht. Wie der junge Reisende sehen wir nur die tatkräftige Nachbarin, von der es heißt, daß der Major ihr das Leben gerettet habe und die zu ihm in der geheimnisvoll tiefen und scheuen Liebesbeziehung älterer Menschen steht. Später hören wir einiges von dem, was sich hier in den letzten Jahren abgespielt hat an gegenseitiger Hilfe und gemeinsamem Trachten und Tun. Endlich wird der Schleier gelüftet, der über dem Schicksal der Nachbarin liegt. Wir erfahren die Tragödie einer Kindheit, erfahren sie von einem, der viel zu sagen weiß von Schönheitssehnsucht und Unliebe, von dämonischer Wildheit, Einsamkeit und Stolz. Was an dem Kind befremdete war weniger die Unregelmäßigkeit seiner Züge als seine unangenehme Verdüsterung, seine Unfähigkeit sich anzupassen an die nach außen hin so liebenswürdig lächelnde, freundlich spielende Welt. Wie es, immer unbeachtet, die großen wilden Augen verdrehte, regte sich ein späterer Schöpfer- oder Tatendrang, in der Wüste des Alleinseins entstanden

seltsam wilde und ausdrucksvolle Zeichnungen und in männlicher Leibesübung und Arbeit erprobte der heranwachsende Körper seine Kraft. Die Büsche des Gartens hörten das inbrünstige Stammeln und Singen, die Erde empfing die zuckende Umarmung der vereinsamten Brust. Das alles sind märchenhafte Züge, Zeugnisse einer Dämonenvergangenheit und doch auch nichts anderes als Züge einer künstlerischen Wesensart, die in ihrem Unmaß an Liebessehnsucht notwendigerweise abseitig wird. Am Ende wird die Schönheit der Häßlichen erkannt und ihre Liebe geweckt, aber nun hat diese zurückgedrängte Liebe ein Schwergewicht, das niemand ertragen kann.

Alle Liebessehnsucht des Einsamen, allen Stolz des Häßlichen, alle Abseitigkeit des schöpferischen Menschen hat Stifter in die Geschichte dieser Kinder- und Jugendtragödie gelegt. Wie er sie einleitet mit einem Hymnus auf die Schönheit, klingt schon alles Schmerzliche mit auf, die traurige Möglichkeit des Übersehenwerdens, die grausame Tatsache, daß es Liebe ohne die geheimnisvolle Anziehungskraft der Schönheit nicht gibt. Zugleich aber wird – und nicht nur zum eigenen Trost – diese Schönheit dem Reich der Natur entrückt. Es handelt sich bei ihr nicht um einen flüchtigen Reiz, sondern um das innere Licht, das von der Liebe erweckt werden kann und das dann nie mehr zum Erlöschen kommt. Aber auch solcher Liebe haftet etwas Wildes und Gefährliches an. Die häßlich-schöne Brigitta verlangt ein Unmögliches an Kraft und Dauer der Neigung, sie macht zur Bedingung ihres Kommens und Bleibens eine völlige Ausschließlichkeit der Beziehung und bekundet mit dieser Bedingung noch einmal alles Wilde und Unmenschliche ihrer dämonischen Natur. Als es dann wirklich so kommt, daß der Geliebte und Ehegatte in einer süßen und flüchtigen Neigung ihr Gebot verletzt, kann sie in ihrem Stolz nicht mehr zurück, sie muß die Scheidung verlangen, muß sich, wie in der Kindheit weinend und stammelnd zu Boden werfen, um ihrem wilden Schmerz Genüge zu tun. Danach könnte es mit ihrer neuen Liebesschönheit wieder zu Ende sein, sie könnte wieder zurücksinken in Verdüsterung und starren Sinn. Aber es ist nicht zu Ende und sie sinkt nicht zurück. Die gekappte Liebesblume treibt an einer anderen Stelle wieder hervor – nun kommt wirklich so etwas wie eine schöpferische Leistung zustande, etwas, das den ungebärdigen Andeutungen ihrer Kindheit entspricht.

Mit solcher Entfaltungsmöglichkeit in der Liebeserfüllung, aber auch im Alleinsein und Leiden ist die sinnlichgeistige Natur der Stifterschen Ideallibe zum reinsten Ausdruck gebracht. Die Welt, nicht wie sie ist, sondern wie sie sein könnte, geht ihn an, auch die Menschen, wie sie sein könnten, wie sie werden könnten in der rechten Auffassung ihres Geschicks. Brigitta hat im Erschließen der heimatlichen Erde die eigentliche schöpferische Tat getan, daß der Major ihr darin nur folgt und nicht vorangeht gehört zum Wesen dieser Geschichte, deren Verfasser sich in der Gestalt einer Frau am kräftigsten zum Ausdruck bringt. Beide sind schon, als sie sich wiedersehen, gereift, jeder auf seine Weise, und dieser Prozeß setzt sich unter den Augen der Leser fort. Was ihm verborgen bleibt ist, daß die beiden wissen, *wen* sie da achten und lieben, und doch nicht zueinander finden, aus Angst, daß das schmerzliche Vergangene sich wiederholen könnte, aus einem tiefen Mißtrauen gegen die eigene Natur. Die Not solchen Getrenntseins deutet sich kaum an – was zutage tritt ist gerade das andere, die ruhige Beherrschung, die Freude am segensreichen Tun.

Da wird Land urbar gemacht, werden schöne Tiere herangezogen, werden Felder bebaut und Fruchtgärten gepflegt. Es gibt keine Mißerfolge, kein Viehsterben, keinen Streit unter den Leuten, keinen Augenblick der Verzagtheit oder des Zorns. Um sich an solcher Schönfärberei nicht zu ärgern, muß man erkennen, was sie zum Ausdruck bringen soll: nämlich einen Grad der menschlichen Reife, in dem etwas Böses gar nicht mehr geschehen kann. In der Tat haben die lange Getrennten den Boden des Persönlichen verlassen und damit jene Sphäre, in der man sich noch wirklich zu kränken und zu verwunden vermag. Daß sie sich schließlich ganz wiederfinden und, woran man nicht zweifeln kann, in einer vollkommenen Harmonie weiterleben, ist nicht nur die notwendige Krönung des Traumes vom irdischen Paradies. Es ist eine, über den Rahmen der Geschichte hinausreichende Erfahrung, zum mindesten eine Möglichkeit des menschlichen Daseins überhaupt. Der Weg dorthin ist schwer und die Angst vor neuem Leiden ist groß. Dennoch werden Stolz und Trotz und erotische Wanderlust oft überwunden, auch verziehen, zum mindesten von den Herzen, die Stifter die edlen nennt. Die lange räumliche Trennung ist hier nur ein Gleichnis für die innere Entfernung, die sich in vielen Ehen vollzieht und die den unbändigen Stolz des einen, die ungewiß schweifende Sehnsucht des anderen Partners zur Ursache hat. Solche Trennung ist halber Tod und neues Leben zugleich, da nun jeder im eigenen Bereich sich zu erfüllen trachten und neuem Zueinanderbegehren Raum geben kann. Der Stein des Anstoßes, der Gegenstand der männlichen Schönheitssehnsucht wird bei Stifter, wie wir schon sahen, ziemlich kaltblütig aus dem Wege geräumt – wir haben zu verstehen, daß diese junge, rosig-fremdländische Gabriele ein Mensch im eigentli-

chen Sinne gar nicht war. Die wahren Menschen leben weiter, und es wiederholt sich, nun gleichsam auf einer höheren Ebene, die Anziehungskraft des Eros, die einer besseren Zukunft gilt.
Die Zukunft, das ist der schöne Sohn, das Wunschbild zu dem sich am Ende auch der leidenschaftlich liebende Vater bekennen kann. Sie ist nicht minder das Land der Heimat, der neue Garten Eden, über den noch sehr vernünftige und moderne Aussagen gemacht werden. »Die ganze Welt kommt in ein Ringen, sich nutzbar zu machen« heißt es einmal, und ein andermal ist es dem Reisenden, als höre er den Hammer schallen, mit dem die Zukunft eines Volkes geschmiedet wird. Das ist ein kräftiger Ton in der patriarchalischen Gemütlichkeit, die bei näherem Hinsehen überhaupt nicht das Wesentliche ist. Was hier und dort als stille Pfleglichkeit erscheint, ist doch in Wahrheit Urbarmachung eines Landes, zu der jugendliche Kraft und jugendliches Feuer gehört. Auch die neue Liebe hat nichts von Resignation und stiller Greisenachtung, auch sie ist ein Wagnis von leidenschaftlicher Art. Um jede Oase des Menschenwirkens breiten sich Wüsten aus, da gibt es kein Stillestehen, kein Fertigsein mit dem eigenen Geschick. Daß wir uns die Gestalten der Brigitta und des Majors am Ende doch nicht eigentlich forthandelnd vorstellen können, daß sie vielmehr wie große Sternbilder des Himmels in unserer Erinnerung stehen bleiben, widerspricht gewiß der Absicht des Dichters nicht. Denn auch mit dieser Erzählung wollte er doch das »Ungeheure im Herzen« bannen und es durch die Kraft der Sittlichkeit hinüberführen in eine unendliche Harmonie.

Anna Karenina

Die unbarmherzige Macht der bürgerlichen Gesellschaft ist es, die in der Geschichte der Anna Karenina erschütternd zum Ausdruck kommt. – Diese Gesellschaft aber ist nur eine der großen unerbittlichen Ordnungsmächte, an denen immer wieder im Laufe der Jahrhunderte der einzelne zerbricht. Ihr Gesicht von damals trägt die Maske der Heuchelei – auch nicht zum ersten und nicht zum letzten Mal. An ihrem Wesen wird Kritik geübt, nicht nur die ausgesprochene, die dem radikalen Lewin in den Mund gelegt ist, sondern eine andere, mittelbare durch die Zeichnung mancher gutmütiger Gestalten, die sich in ihr tummeln wie Fische in dem gewohnten trüben Teich. Die Notwendigkeit der Ordnungsmacht an sich wird nicht angetastet, sie wird im Gegenteil durch das tragische Schicksal der Heldin nur bestätigt und erhöht. Denn ein Sittengemälde und ein großartiges, wäre der Roman auch, wenn es darin niemanden anderen gäbe als Lewin und Kitty und Dolly, als ihren Mann und Karenin und die zahlreichen Nebenfiguren. Aber da ist Anna mit ihrer einmaligen, schicksalhaften Liebe, und erst durch ihre berückende und tragische Erscheinung wird alles andere recht zur Bedeutung gebracht.

Wir sind kaum vorbereitet auf Annas Auftreten in dem gestaltenreichen Spiel. Die Geschichte beginnt mit dem ehelichen Zerwürfnis im Hause ihres Bruders, einem unbehaglichen, aber durchaus alltäglichen Geschehen. Anna kommt aus Petersburg, um zum Guten zu reden, sie hat eine Aufgabe, die sie denn auch vortrefflich erfüllt. Aber schon bei ihrem Eintreffen setzt, atemberaubend und bedrohlich, ihre eigene Geschichte ein. Ihr besonderer Zauber, der Zauber einer Liebenden, wird enthüllt. Das unbegreiflich Faszinierende ihres einfachen Wesens, der rätselhafte Glanz ihrer Augen wirken auf jedermann, nicht nur die Männer ihrer Umgebung, sondern auch Wronskys Mutter und die junge Kitty sind in sie verliebt. Schon bei der ersten Begegnung erkennt Wronsky bei Anna einen Überschuß an Lebenskraft, den sie kaum zu bändigen vermag. Von ihrer Natürlichkeit ist immer wieder die Rede, auch von dem Zauber ihres zärtlichen Wesens, nur daß diese Zärtlichkeit bald mißgünstig beurteilt wird und daß für die aus dem Felde der Liebe geschlagene Kitty in dem schönen Gesicht bald etwas Schreckliches und Grausames steht. Das Grausame und Schreckliche taucht später wieder auf, zu der Zeit nämlich als Anna um Wronskys Liebe zu zittern beginnt. Der Zauber der Liebesbereitschaft, der blinden Hingabe an das Leben erlischt dennoch nie. Selbst Karenin gewahrt noch einmal Annas entzückende Zärtlichkeit, und Wronskys Freunde zeigen sich hingerissen von ihrem Wesen, das auch in der Zweideutigkeit und der Unsicherheit ihrer Lage voll Anmut und Heiterkeit ist. Als ein Kind, ein im höchsten Maße unkluges und naives Kind erscheint Anna den Damen der Gesellschaft, deren Neigungen so flüchtig sind und die ihre Fehltritte so klug zu verbergen verstehen. Im Verlauf des tragischen Geschehens treten zu Annas Bild neue Züge – eine Angewohnheit, die Augen halb zu schließen, die nach Dollys Ansicht einem Sichverschließen vor der Realität entspricht. Rachsüchtig und zornig erscheint sie Wronsky in den letzten Wochen ihres Lebens, und noch nach ihrem Tode überschattet dieses Bild das glückliche der früheren Zeit. Was der Leser im Gedächtnis behält, ist jedoch gerade dieses Bild. Es sind

Annas leichte, rasche Schritte, es ist die Anmut ihrer Gebärden, es ist Anna als die geheimnisvoll Liebende, die Glück sucht und Glück gewährt.

Tolstois Heldin wird uns nicht nur im Spiegel ihrer Umwelt gezeigt. Ihre Empfindungen werden geschildert, und ihre Handlungsweise wird, wenigstens bis zu einem gewissen Grade, erklärt. Wo das Erklärbare aufhört, beginnt das Fatale, ja es beginnt eigentlich noch ehe der Dichter uns einen Einblick in Annas Inneres gewährt. Da sind Anna und Wronsky schon auf dem Schauplatz, gerade haben sie sich zum erstenmal gesehen und, wie der Leser ahnt, Gefallen aneinander gefunden. Das Dunkle, Schreckliche ereignet sich in ihrer Gegenwart, es ist ein Verkehrsunfall, dessen Opfer sie nichts angeht, dessen bedrückende Stimmung aber doch sogleich dazugehört, zu den ersten bewundernden Blicken, dem ersten Hinhorchen auf die fremde Stimme, die so berückend klingt. Der Tod des Unbekannten, der vom Zug überfahren wird, gibt Wronsky Gelegenheit, sich vor Anna großmütig zu zeigen, und diese Geste wird von Anna als ein erstes Liebeszeichen erkannt... das ist am Ende der Bahnhofsszene überwältigender als die Teilnahme an dem fremden Geschick. Von dem bösen Omen der ersten Begegnung wird dann nicht mehr gesprochen, auch nicht in den glücklichen Zeiten, nicht einmal später als sich alles zum Bösen, Gefährlichen kehrt. Die Traumgestalt, die sowohl Anna wie Wronsky, und in derselben Nacht, vor Augen haben, hängt mit dem Ereignis zusammen, da auch der kleine Bauer mit Eisen zu tun hat und vom Härten des Eisens spricht. Das Geräusch, das entsteht, wenn Bahnarbeiter sich unter die Räder eines Zuges bücken und mit dem Hammer gegen das Metall der Achsen schlagen, muß, wenigstens für Annas Erinnerung bestimmend gewesen sein – vor ihr taucht ja auch der kleine Bauer leibhaftig noch einmal auf, und zwar an dem Abend, an dem sie ihrem Geliebten nachfährt, schon ahnend, daß sie ihn nie mehr wirklich erreichen kann. Da geht er an ihr vorüber, struppig und häßlich und bückt sich nach den Rädern des Wagens, und wie im Wochenbett ist seine Erscheinung mit Todesschauern verknüpft. Für Wronsky, den Gesunden, Gleichmütigen ist dergleichen weniger bedeutungsvoll und kann rascher vergessen werden. Eine Vorahnung, eine halb unbewußte, hat auch er, beim Rennen, als er durch unbedachtsames Reiten den unglücklichen Sturz seines Pferdes Frou-Frou verschuldet. Der schöne Vollblüter muß erschossen werden, er wendet noch einmal das klare Auge zurück, und was Wronsky da empfindet, geht über die sportliche Beschämung eines Kavallerie-Offiziers weit hinaus. Es ist, unausgesprochen, das Schuldgefühl des Mannes, der eine Leidenschaft erweckt hat, der er nicht Genüge tun kann. Zuletzt schließt sich der Ring – auch Anna, dieses schöne und edle Geschöpf, muß sterben, und wie die Räder des Zuges an ihr vorüberrollen, erinnert sie sich an das erste fatale Erlebnis.

Gegen Ende ihres kurzen Daseins äußert Anna einmal, daß sie nichts anderes sein könne als eine Geliebte, welche leidenschaftlich nach Liebe verlangt. »Ich bin von Kopf bis Fuß auf Liebe eingestellt, ja, das ist meine Welt und sonst gar nichts . . .« – so hörte man vor zwanzig Jahren eine berühmte Filmschauspielerin im »Blauen Engel« singen. Das klingt ähnlich und heißt doch etwas ganz anderes, da die reizvolle Frauengestalt aus dem »Professor Unrat« den Liebesgegenstand wechselt, während es für Anna Karenina nur diesen einzigen Wronsky gibt. Sie ist gefallsüchtig, ist gewohnt, Bewunderung zu erregen, aber selbst als sie um Wronskys

Liebe zu fürchten beginnt, kommt ihr nicht der Gedanke, seine Eifersucht zu erregen. Immer wieder wird das Reine und Kindliche ihrer Leidenschaft hervorgehoben und zu dem frevelhaften Liebesspiel der mondänen Damen, aber auch zu der bräutlichen Liebe Kittys und zu den ehelichen Ansprüchen Dollys in Gegensatz gestellt. Ein Zuviel ist da und bedeutet Schuld im Sinne der bürgerlichen Gesellschaftsordnung – aber zugleich noch etwas anderes, eine Bedrohung der Liebe selbst. Es schickt sich nicht, ein so offenkundiges Verhältnis zu haben; aber dahinter steht doch etwas anderes und Tieferes, nämlich daß der Mensch, der so liebt, in diese Welt nicht paßt. Dabei bemüht sich Anna beständig, dieser Welt auf ihre Weise Rechnung zu tragen, sie ist eine aufmerksame und liebenswürdige Gastgeberin, sie versucht »mit sagenhafter Geduld« eine Erzählung für Kinder zu schreiben. Sie liest auch viel und nimmt Anteil an Wronskys sozialen Bestrebungen, aber gerade diese und seine zahlreichen Ämter sind ihr doch auch wieder ein Ärgernis, da sie ihr den Geliebten entziehen. Sie will alles und will es für immer – das ist das Frevelhafte – die Quelle glühender Freude, aber auch der Unruhe und der geheimen Ängste, welche der Leser herausspürt auf Schritt und Tritt.

Der gefährliche Zustand einer »Liebe an sich« kommt in dem Roman nirgends so klar zum Ausdruck wie in den Kapiteln, die im Ausland spielen. Da sind die fremden Orte, da ist der zu längerem Aufenthalt gewählte Palazzo in dem alten italienischen Städtchen nur ein Gleichnis für das Ausgesetztsein, das Fürsichleben, Wunschtraum und Verhängnis zugleich. Es ist die Blütezeit der Liebe zwischen Anna und Wronsky, noch fällt kein böses Wort, noch regt sich kein Zweifel an der Beständigkeit des Gefühls. Wronsky, der vielseitig Begabte, malt, und Anna bewundert seine Kunstfertigkeit, ein paar Freunde finden sich, die mit Takt und Verständnis der besonderen Lage Rechnung tragen. Die Langeweile, die zwar nicht für Anna, aber für Wronsky das Leben draußen schließlich doch unerträglich macht, hat ihre Ursache in der Loslösung von der Heimat und den Aufgaben und Pflichten, die ein Mann dort haben oder sich verschaffen kann. Wronsky ist Russe, er verhält sich nach den Worten Tolstois wie ein vernünftiger Mensch, wenn er das Studium fremder Kunstschätze nicht zu seinem Lebensinhalt macht. Er sieht die Grenzen seiner Begabung, wir bleiben im Zweifel, ob der Moralist Tolstoi einem wirklichen Künstler ein Leben, frei von allen nationalen Bindungen, zubilligen würde. Wronsky jedenfalls muß zurückkehren; er tut es, nebenbei gesagt, ohne Pathos, weniger um des sinnvolleren Lebens willen, als weil die vertraute Umgebung ruft und lockt. Anna verlangt nicht zu bleiben, was sie zurückzieht ist der Sohn – wir werden noch sehen, wie merkwürdig ihre Neigung zwischen den beiden Kindern, dem ehelichen und dem unehelichen spielt. Mit der Rückkehr fängt das Martyrium noch keineswegs an, nur das Gefühl der Einsamkeit wächst, dieses Gefühl, das Anna sich selbst mit einer Gefangenen vergleichen läßt und das sie mit Wronsky nicht teilen kann.

Warum Anna, die vor ihrem Mann einen physischen Abscheu empfindet, die Scheidung nicht verlangt – so lange nicht, bis es zu spät ist, das ist das Befremdendste des ganzen Vorganges, so wie wir ihn mit unseren heutigen Augen sehen. Die Frage ist nicht zu beantworten ohne eine sehr genaue Kenntnis der Sittengeschichte, aber noch weniger ohne eine aufmerksame Betrachtung des Gegenspielers Karenin, den der Leser als einen schlechthin widerlichen Burschen abzutun gesonnen ist.

Wer mit der russischen Wesensart vertraut ist, mag in ihm einen ganz bestimmten und für die Gesamtheit der Nation seinerzeit wichtigen Typus erkennen. Für uns scheint es nur wesentlich, zu bedenken, was er für Anna bedeutet und warum sie ihn, schon ehe er ihrer Liebe im Wege steht, hassen muß. Er ist der Vortreffliche, der immer Pflichtbewußte – dieses Pflichtbewußtsein schließt auch die Bekundung christlicher Nächstenliebe, und nicht nur am vermeintlichen Sterbelager, mit ein. »Auch ich habe ein Gespenst zuhause« sagt Anna, gleich im Anfang, zu der trostbedürftigen Schwägerin, mit einem Lächeln, das der Verfasser merkwürdig nennt. In der Tat, als ein wahres Gespenst ängstlicher Gewissenhaftigkeit und pedantischer Pflichterfüllung erscheint Karenin, dessen innere Verknöcherung mit dem häßlichen Knacken seiner Gelenke so sinnfällig zum Ausdruck gebracht wird. Ein Tugendbold ist er und ein blutloses Zerrbild aller Eigenschaften, die zu Annas unbefangen heiterem Lebensentzücken im Gegensatz stehen. Seltsamerweise aber verkörpert er zugleich, und nicht nur für die Gesellschaft, sondern auch für Anna und selbst für den Leser auch die Rechtlichkeit, die Pflichttreue und das Gewissen an sich.

Daß Anna etwa aus diesem Grunde nicht von ihm loskommen könnte, leuchtet zunächst wenig ein. Schon in Italien erinnert sie sich an Karenin wie an einen Schwimmer, der sich an sie geklammert und den sie zurückgestoßen hat, um ihr Leben zu retten, und selbst in der Zeit ihrer größten Erniedrigung denkt sie an ihre ehelichen Beziehungen nur mit Scham und Ekel zurück. Sie vermag von Karenin nichts zu erbitten, Haß und Abscheu scheinen die Ursache dieses Schweigenmüssens zu sein. Der tiefere Grund ist dennoch ein anderer: Karenin hat recht, und die Gesellschaft, deren unsympathischster Vertreter er ist, hat auch recht – das kann Anna übersehen, halb geschlossenen Auges, aber durch eine willensmäßige Handlung verneinen kann sie es nicht. Erst die Scheidung macht die Schuld zu einer wirklichen, erst sie nimmt Anna das Kind und bekundet, daß sie es verlassen hat. Erst sie beendet den Zustand, in dem Anna ewig verharren möchte, jenen unwirklichen Zustand, den man die Liebe nennt.

Annas Verhältnis zu ihren Kindern, dem Sohn des Verachteten und Gehaßten und der Tochter des Geliebten, ist einer der merkwürdigsten Züge in dem geheimnisvollen Bild. Vor ihrer Begegnung mit Wronsky, auf der Fahrt nach Moskau, spricht Anna mit ihrer Reisegefährtin unaufhörlich von Serjoscha, aber nach ihrer Rückkehr findet sie den Sohn, der mit seinen abstehenden Ohren dem Vater gleicht, häßlich, und geht nur ins Kinderzimmer, weil die Schneiderin ihre Abendtoilette nicht rechtzeitig geliefert hat. In der Zeit der erfüllten Leidenschaft ist der Knabe ein stummer Vorwurf, und als es gilt, nicht nur Karenin, sondern auch ihn zu verlassen, zögert Anna nicht. Erst aus der Ferne wächst er ihr wieder ans Herz, als der einzig liebenswerte Teil ihres früheren Lebens, als das Gesicht der Heimat, das für Wronsky so andere Züge trägt. Der heimliche, entwürdigende Besuch am Bett des halb noch schlafenden Kindes entspringt einem echten und leidenschaftlichen Gefühl mütterlicher Sehnsucht und ist doch zugleich ein Versuch, noch einmal einzudringen in die verlorene Welt. Sein Scheitern ist die eigentliche Katastrophe, und an ihm gemessen bedeutet Annas Erscheinen in der Oper nur eine verzweifelte Herausforderung, deren beschämender Ausgang schon abzusehen ist.

Die kleine Anna in ihrer rotbäckigen Lebenslust hat so gut wie keine Rolle in dem tragischen Spiel. Als gäbe es auch für den Verfasser nur den ehelich Geborenen, den rechtmäßigen Erben des Namens und der Güter, ist von ihr kaum anders die Rede als von einem gesunden kleinen Tier. Sie ist noch kein Mensch, keiner, der Antwort geben, ein Urteil fällen und Liebe bestätigen kann. Für das alles gibt es dann das Ersatzkind, die junge Engländerin, die Anna heranzubilden versucht und um derentwillen sie nicht nur von der Gesellschaft, sondern auch von Wronsky getadelt wird. Zu dieser Zeit aber ist sich die Vereinsamte über ihre Empfindungen bereits völlig klar. Sie weiß, daß sie Serjoscha mehr und anders als die kleine Anna liebt, und sie weiß auch warum. Aus dem Bewußtsein ihres Leidens um den preisgegebenen Sohn erwachsen ihr die glühenden und ungerechten Ansprüche, die sie an Wronsky stellt. Schon einmal, vor langer Zeit, war, im Garten des Kareninschen Landgutes, der mißtrauische und eifersüchtige Knabe der Störenfried. Am Ende ist er weit weg und unerreichbar und wird doch zur eigentlichen Ursache von Annas Liebesentfernung und ihrer Sehnsucht nach dem Tod.

Wer sich an die Verzweiflung und die tiefe Schwermut erinnert, die Anna an den Tag legt, nachdem sie sich Wronsky zum erstenmal hingegeben hat, wird freilich geneigt sein, den Augenblick der ersten Liebesentfernung schon viel früher, ja eben in dieser seltsam dunklen Stunde zu sehen. Da ist das Schuldgefühl übermächtig, aber es spielt doch noch etwas anderes erschütternd und bedrohlich herein. »Jetzt habe ich nur noch Dich«, sagt Anna, während sie ihre Frisur wieder in Ordnung bringt, und in diesem Ausruf liegt schon der erste Zweifel, ob Wronsky solchem leidenschaftlichen Anspruch Genüge tun kann. Das Gefühl wird überdeckt in den Monaten der Erfüllung, es wacht wieder auf, als das Paar nach Rußland zurückkehrt und Wronsky seinen Platz im öffentlichen Leben findet, aber Anna nicht. Da mißdeutet sie die ganz natürliche Hinwendung des Mannes zum Allgemeinen, sein Bedürfnis zu wirken und zur Geltung zu kommen, und erst ihre leidenschaftliche Ungerechtigkeit bewirkt dann das andere: Wronskys wirkliche innere Entfernung, seinen Wunsch, sich wenigstens ab und zu der vorwurfsvollen Gegenwart seiner Geliebten zu entziehen. Dabei fällt von der Seite des Dichters kein Schatten auf ihn. Er will die Scheidung, will Anna heiraten und noch andere und rechtmäßige Kinder haben, und was ihm da entgegensteht, ist doch nicht die Gesellschaft allein. Es ist viel früher schon Anna selbst, ihr düsterer Schicksalsglaube, ihre fast zornige Überzeugung, daß der Mann, der soviel Leiden verursacht hat, ihr nun für alle Zeiten, mit jeder Faser seines Wesens und an jedem Augenblick seines Tages gehören muß. Die Eifersucht, auf die männliche Wirksamkeit zuerst, dann auf Frauen, ist nur ein Ausdruck der Verzweiflung darüber, daß mit aller Liebesbereitschaft die Schuld nicht ins reine gebracht, das Leiden nicht ausgelöscht werden kann. Anna, mit der Kerze in der Hand über den schlafenden Wronsky gebeugt – da ist der alte Zauber noch einmal wirksam, da erwacht noch einmal die Hoffnung auf das große, ungetrübte Glück. Von dieser Nacht an gibt es nur noch Gekränktheit, Mißtrauen und Zorn.

Auf dem Bahnhof hat es begonnen und auf einem Bahnhof endet es auch wieder, nicht der Roman, aber Annas Geschichte. Damals sahen wir Anna mit Wronskys Augen, jetzt ist Wronsky nicht dabei, und von Anna trennt ihn mehr als die paar Meilen bis zu seinem mütterlichen Haus. Er hat eine Botschaft geschickt, anstatt selbst zu kommen, das ist noch kein Grund zur Verzweiflung für ein vertrauensvolles Herz. Aber das alte

Lebens- und Liebesvertrauen ist von Anna gewichen wie ein Schutzengel von der Seite des Verdammten sich löst. Auf ihrem letzten Weg, der zwei Aufenthalte auf Bahnhöfen und eine kurze Fahrt umfaßt, ist sie eine Ausgesetzte, eine Verlorene in jedem Sinn. Einer Schar von fremden jungen Leuten dient sie zur Zielscheibe ihres Witzes, der Schaffner ist frech, der Diener einfältig, sie betrachtet ihre Mitreisenden und Mitwartenden mit der finsteren Absicht, sie herabzusetzen und sich selbst damit wehe zu tun. Schon auf der Heimfahrt von dem Besuch bei Kitty bemerkt Anna, daß die Kirchenglocken nur läuten, um den Haß zu überdecken, den alle gegen alle hegen, auf dem Wege zur Bahn kommt sie auf diesen Gedanken zurück. Sie erkennt den Haß als das einzige, was die Menschheit zusammenhält und sieht ihr Verhältnis zu Wronsky in einem neuen erbarmungslosen Licht. Weil sie nichts anderes sein kann und will, als eine Geliebte, welche leidenschaftlich nach Liebe verlangt, muß ihr die Liebe und Zärtlichkeit aus Pflichtgefühl wie eine Hölle erscheinen, vor der keine günstige Veränderung der äußeren Lage sie zu schützen vermag. Warum nicht die Kerze auslöschen, wenn es nichts mehr zu sehen gibt, denkt sie, im Zuge sitzend, und in der Tat gibt es für sie nun nichts mehr zu sehen als die Zerrbilder menschlicher Gestalten, die Verkörperungen alles Häßlichen und Trostlosen auf der Welt. Die Traumfigur des kleinen struppigen Bauern ist schon leibhaftig vorübergegangen und hat ihr Herz mit Schrecken erfüllt. Die Nachricht, die Wronsky durch einen Diener auf den Bahnsteig schickt, und die nur seine Ahnungslosigkeit und seinen leisen Überdruß ausdrückt, muß für die Anna dieses Tages, dieser abendlichen Stunde etwas ganz anderes und wahrhaft Entsetzliches bedeuten, nämlich die Bestätigung der Unliebe, die sie selbst empfunden hat und die ihr von überallher so erschreckend entgegengetreten ist. Nein, du sollst mich nicht quälen – das ist einstweilen nur der Entschluß, sich von Wronsky zu trennen. Aber die Frage »Wohin?« erhebt sich sogleich. Weil es auf sie keine Antwort gibt und weil gerade in diesem Augenblick, fauchend und klirrend, ein Zug vorüberfährt, bietet die Erinnerung den tödlichen Ausweg an.

Ihn bestrafen und sich befreien – mit diesem ihrem letzten klaren Gedanken bekundet Anna noch einmal ihre Enttäuschung und ihren Zorn. Was dann folgt gehört zu ihren leichten raschen Schritten, zu der unbewußten Anmut ihres kindlichen Wesens, das wenige Sekunden vor der brutalen Vernichtung noch einmal in Erscheinung tritt. Da zerreißt der Dichter selbst am Ende die Finsternis und gönnt seiner berückendsten Gestalt Bilder vergangener Freuden, da schenkt er ihr nach einem Augenblick des Entsetzens im letzten Aufflackern der Lebensflamme das Licht der Erkenntnis, das jede irdische Dunkelheit erhellt.

Die Frau ohne Schatten

Hofmannsthals Märchen, begonnen im Jahre 1913 und vollendet erst im Jahre 1919, erscheint gleichwohl im Gewand der Jahrhundertwende, einem reichen und prächtigen Kleid. Der Jugendstil ist ihm abzusehen, die Erlesenheit der Dinge, die Verfeinerung des Lebensgenusses deuten auf eine Epoche, in der Dichtung das Vorrecht des wohlhabenden Bürgertums war. Zumal die Welt des Kaisers zeigt sich in opalenem Mondglanz, schimmernd von Juwelen und Perlen, die Landschaften muten wie Ausschnitte aus alten Bildern oder Bildteppichen an. Dem Kaiser zu Ehren werden edelsteingeschmückte Gefäße mit funkelndem Wein gefüllt, Blumen wie kostbare Steine ausgeschüttet, und ein Teppich mit Tieren und Pflanzen, Monden und Sternen kunstvoll gewebt. Der solchem Glanz entgegengesetze Bereich des Volkes ist nicht ohne Absicht durch Haus und Familie eines Färbers in Erscheinung gebracht. Statt des zarten Perlmutterglanzes sind hier kräftige Farben, wie auf einer ländlichen Weberei zu sehen: Scharlach, Kobalt und Purpur, grell weißer Tonschlamm und verkrustetes Blut. Auch das ist Romantik, Romantik des weit gereisten Dichters, dem, im Gegensatz zum grauen Einerlei des heimischen Elends die farbige Armut fremder Völker noch ein poetischer Gegenstand war. Dennoch würden wir dem Dichter unrecht tun, wenn wir über solch kunstgewerblicher Pracht übersähen, was die eigentliche Absicht seines bilderreichen und verschlungenen Märchens ist: die Menschwerdung einer Elbin zu vergegenwärtigen, und mit eben diesen glühenden Farben die

Welt der Menschen zu kennzeichnen und festlich zu erhöhen.

Der Schatten, als Zeichen der Fruchtbarkeit, von einer Sterblichen mißachtet, von einer Elbin begehrt, steht im Mittelpunkt des Geschehens. Der von einem Fluch bedrohte Kaiser soll gerettet werden, die Kaiserin und die Amme, der Färber, die Färberin und die Brüder, auch der Fischer und seine Frau nehmen an diesem Rettungswerk teil. Der Kaiserin war dabei vom Dichter die entscheidende Rolle zugedacht, um ihre Vermenschlichung ging es ihm, und ihr Schicksal sah er als den Hebel des Ganzen an. Der Kaiser bleibt blaß in seiner mondenen Welt, und von Anfang an umweht ihn die Kühle des Steins. Dabei ist er nicht böse und nur unschuldig-schuldig, als einer, der nicht lieben, nicht am wirklichen Leben teilhaben kann. Er weiß, daß ihm etwas fehlt, auch daß er gefehlt hat, aber dieses Wissen deutet sich ihm nur in der Sehnsucht nach seinem schönen, von ihm selbst verjagten Falken und in einer dunklen Unruhe und Schwermut an. Er mißversteht die Zeichen und weiß den Brief nicht zu lesen, in dem ihm die Kaiserin von ihrer notwendigen Entfernung Mitteilung macht. In der zauberhaften Höhle von den Ungeborenen umringt, stellt er viele, aber niemals die richtigen Fragen, seinen Wunsch, die schönen Kinder zu besitzen, äußert er herrisch, ungestüm, und die Mahnungen, Demut und Großmut zu üben, erreichen nicht sein inneres Herz. Von einer eigentlichen Schuld kann trotzdem nicht die Rede sein, er ist zum Versteinen bestimmt, auch zum Erlöstwerden, aber ohne sein Zutun und gewissermaßen über seinen Kopf hinweg. Alles eigentlich Verwandelnde vollzieht sich anderswo als in dem seltsam wurzellosen Zwischenreich des Hochgezüchteten, dessen Verkörperung der Kaiser ist. Es begibt sich in der Welt des Volkes, der Menschen schlechthin.

Der Färber, in dem diese Menschenwelt sich vor allem darstellt, ist ein rechtes Gegenbild des Kaisers, er ist häßlich, plump und fast tierhaft in seiner Gier. Von seinem großen Mund ist oft die Rede, auch von seiner erdhaft schweren, ungeschlachten Gestalt. Ungeschlachtheit, Furcht und Gier sind Merkmale der Menschen, in deren Dienst sich auf der Suche nach einem Schatten die elbische Kaiserin begibt. Mißgestaltet, verstümmelt und gezeichnet vom feindlichen Leben zeigen sich die drei Brüder des Färbers, die ihre Leibesschäden dem Kampf ums Dasein zuschreiben. Der Färber selbst ist heil und imstande, die einzig mögliche menschliche Schönheit, die Güte, zum Ausdruck zu bringen. Er ist auch der Freund derer, die kommen sollen, sein Wunsch nach Kindern ist die Ursache seiner unstillbaren Begierde. Aber wie der Kaiser ermangelt auch er der Erkenntnis, und so wenig wie jener ist er imstande, seiner Frau den »Knoten des Herzens« zu lösen. Auch bei ihm muß alles bis zum Ende getrieben werden und in die äußerste Gefahr. Die ahnt er, trotz seiner Dumpfheit schon früh, er führt seltsame Zwiesprache mit den Ungeborenen und gerät, da er sie bedroht glaubt, in den furchtbarsten Zorn. Dem Verrat seiner Frau kann er nicht anders als mit der Absicht zu töten begegnen und hat, als er die Färberin im Dunkeln verfolgt, auch schon Schwemmkorb und Mahlstein in der Hand. Im letzten Augenblick aber, bezwungen von der demütigen Todesbereitschaft der Geliebten, bringt er eben jene Großmut auf, die man von dem Kaiser vergeblich verlangt. Er beugt sich ohne Begehren vor der Schattenlosen und gewinnt sie zum ersten Mal. Was aus ihm, was aus den Menschen überhaupt werden kann, deutet sich damit an – auch in der Traumerscheinung seiner Kinder, deren Ernst tiefer und deren Wuchs makelloser als der des Färbers und seiner Brüder ist.

Der Weg der Kaiserin, deren Entwicklung Hofmannsthal so sehr am Herzen lag, ist der jeder Elbin, die aus einem dunklen Verlangen nach Menschenschicksal und Menschenseele ihr heimatliches Reich verläßt. In der fast gleichzeitig entstandenen Oper sollte ihre Stimme erst im dritten Akt die volle menschliche Wärme gewinnen. In seinen Briefen an den Komponisten Richard Strauss betont Hofmannsthal immer wieder, daß sie und nicht die Färbersfrau die Frau ohne Schatten und daß ihrem Schicksal das aller andern Figuren untergeordnet sei. Dabei bleibt auch die Kaiserin lange Zeit untätig, ist nur überall dabei, sieht, hört und läßt sich berühren von dem sehr Irdischen, von Menschenatem und Menschennot. In dem Maße, in dem sie die elbischen Eigenschaften, Reinheit und Unsterblichkeit, verliert, nimmt ihr Wesen menschliche Züge an: sie lernt zu schlafen, sich zu erinnern und Erbarmen zu empfinden. Die Färbersfrau in ihrer angstvollen Verstörtheit allerdings erregt nur ihr Mitleid, nicht mehr. Das eigentlich verwandelnde Erbarmen erweckt der Färber, der mit den starken Händen und dem kindlichen Blick. Ihm schleicht die Kaiserin dienstwillig nach, ihm wirft sie sich sühnebegehrend zu Füßen und um seinetwillen gibt sie am Ende die Rettung des Kaisers und damit ihre eigene Zukunft preis.

Dem einfachen Menschen als dem Lebensträger kann sich so spontan nur die Kaiserin unterwerfen, die Elbin, die das ganze Leben, die ganze irdische Sterblichkeit und Vergänglichkeit sucht. Die Färbersfrau hat es schwerer, da ihr Sinn gerade auf das gerichtet ist, was der Färber nicht besitzt, auf Glanz und Schönheit und feine Lebenskunst, auf das Unalltägliche, das Höhere schlechthin. Für sie ist ihr Mann nicht viel anders als ein Tier in der Brunst, und die Amme hat es leicht, sie mit dem dämonisch schönen Liebhaber in Versuchung zu führen. Sie will ihre Freiheit und kommt dennoch von ihrem Mann nicht los, nicht einmal, als ihr der Schatten von den Füßen gelöst ist und die Dämonen ihr zur Seite stehen. Der Weg ihrer Flucht führt sie genau dorthin zurück, von wo sie ausgegangen ist und wo sie jetzt nichts anderes erwartet als Zorn und Tod. Nun aber, als Todbringer, wird der biedere Färber selbst zu dem Fremden, nach dem sie allezeit begehrt hat, und dem allein sie sich hingeben kann.

Daß schließlich jeder über sich selbst hinauswächst, ist das Bedeutsame in dem verwickelten Geschehen. Die Färberin gewinnt den Häßlichen lieb, der Kindersüchtige verzeiht der Kinderlosen und nimmt sie an sein Herz. Die Kaiserin opfert ihr Rettungswerk und der Kaiser wird, wenngleich ohne eigenes Zutun, zu höherem Leben erweckt. Die einzige, die ewig unbelehrbar, ohne Einsicht und Erinnerung ihren Weg verfolgt, ist die Amme, deren blinde Treue zu dem ihr anvertrauten Kind ihr in Hofmannsthals Märchen nur als eine Art von dämonischem Starrsinn angekreidet wird. Auf dem Pfade der Einsicht kann sie der Herrin nicht folgen und die Menschenschönheit des Färbers zu gewahren, fehlt ihr der Sinn. Sie zaubert herbei und hinweg, was immer ihr nötig oder schädlich erscheint, ohne Erbarmen, ohne jede Kenntnis der tieferen Notwendigkeit. So wird sie im Verlauf der Geschichte erst eigentlich zur Hexe und zu einer ohnmächtigen, die gegen den Zauber höherer Art, gegen das Wunder, nichts ausrichten kann. Ihr Weg führt sie in die Irre und Einsamkeit, und so befindet sie sich am Ende allein, fern von den Geretteten und umgeben von einer finsteren und gnadenlosen Natur.

Der Anteil der Ungeborenen an dem sittlichen Erlösungswerk ist ein bedeutender von Anfang an. Zwar, daß der verschwundene Falke und der älteste Sohn des Kaisers eines sind, daß sie *beide* von der übergroßen Jagd- und Sinnenlust des Kaisers gekränkt und vertrieben worden sind, enthüllt sich erst am Schluß, wie überhaupt die Kinder erst nach und nach Gestalt annehmen. Zunächst klagen sie nur mit den Stimmen der singenden Fische, noch in der Hütte des Färbers und von diesem in halbem Wahnsinn gelieblost, haben sie kein Gesicht. Den Kaiser erwarten die seinen in der märchenhaften Höhle, kaiserliche Kinder, die voll Anmut kichern und voll Würde tiefsinnige Dinge sagen. Ein wenig von der Blässe des Kaisers ist auch ihnen eigen, und es ist in ihrem Tun und Reden wohl am deutlichsten das große Vorbild des Goetheschen Märchens zu erkennen. Wichtiger und ursprünglicher als ihr geheimnisvolles Kommen und Gehen und ihre einzelnen Ermahnungen zu Großmut und Dienst scheint mir der Gedanke, daß Kinder von vornherein das Notwendige wissen, daß sie, weiser als ihre Eltern, eine neue Stufe des menschlichen Seins verkörpern. Freiheit von Hochmut und Eroberungslust, größere Liebesfähigkeit bedeutet diese höhere Stufe für die Kinder des Kaisers, während die des Färbers zu tieferem Ernst und anmutigerer Gebärde sich erheben. Schon um dieser Aufstiegsmöglichkeit willen darf auf das Weitertragen der Lebenskraft nicht verzichtet werden – das ist wohl, eher als der Wunsch nach einer bloßen Fortdauer im Leiblichen, des Schattenwerfens tieferer Sinn.

In diesem Gedanken ist Fortschrittsglaube mit antiker und christlicher Anschauung unlösbar verknüpft. Ein Gefühl für Sittlichkeit kann in der Kaiserin erst in der engen und fast qualvollen Berührung mit der unreinen

Menschenwelt entstehen, und während der Färber in einer neuen höheren Liebe auf Nachkommenschaft verzichtet, ist es eben diese, von Begierde ungetrübte und verzeihende Liebe, welche die Färberin bezwingt. Erweist sich solche Verwandlung durch die Sitte, solche Hervorkehrung edleren Menschentums als ein Goethesches und letzten Endes als ein antikes Erbe, so wird doch erst durch die übermenschliche Kraft des Wunders alles Verwirrte wieder in Ordnung gebracht. Man darf nicht vergessen, daß, weil die Färbersfrau ja ihren Schatten wiederbekommt, noch immer einer zuwenig da ist und daß ohne die Gnade des Wunders die Kaiserin, geschmiegt an das steinerne Bild ihres Gatten, selbst zu Stein werden müßte. Es ist aber, schon ganz im Anfang wird davon berichtet, das Wasser des Lebens gerade auf der Wanderschaft, und das kann doch nichts anderes bedeuten, als daß die verwirrenden Geschehnisse in eine besondere Heilzeit fallen, eine eben, in der, durch ein göttliches Wunder, die großen Lebensopfer zugleich angenommen und wieder aufgehoben werden. Das Wasser des Lebens umspült die Statue und gibt ihr den Atem zurück. Die Kaiserin, die, von zuhause fortgehend, sich nach Menschenart und fast notwendigerweise vergehen mußte, erhält den Schatten auf ganz andere Weise als durch den vorgesehenen Dienst, und die Färbersfrau, verklärt durch ihre Angst, wird zum ersten Mal in ihrem innersten Wesen erkannt. Das alles ist Gnade, mehr als Verdienst. Es beweist die Wirksamkeit göttlicher Mächte und läßt die Ehe als ein Mysterium erkennen.

Das Mysterium, in dem Getrenntes verschmolzen und ursprüngliche Einheit wieder hergestellt wird, tritt nicht nur in des Dichters Auffassung von der Ehe, sondern auch in vielen anderen Zügen des Märchens in Erscheinung. Die alten Kräfte des Naturmythos, Verwandlungsfähigkeit und Dämonenliebe sind noch lebendig und werden doch schon vom christlichen Lebenswasser überflutet und gebannt. Wer unglücklich ist, wird böse, aber doch am Grunde seiner Verzweiflung willfährig zu einer Liebe höherer Art. In der prächtigen Höhle weht der Eishauch der Vereinsamung, aber auch der Atem der Erneuerung; in der ärmlichen Färberhütte leuchtet durch Schwaden der Unliebe die Schönheit eines gütigen Gesichts. Die Sehnsucht nach dem *Ganzen* des Menschenlebens bewirkt den Aufbruch der Kaiserin aus dem Feenreich, und aus der Sehnsucht, das *ganze* Menschenleben, mit Arbeit der Hände, Zeugung und Tod, mit seinem beständigen Stirb und Werde, zu umfassen, mag dem einsamen Erben Hofmannsthal dieses seltsame Märchen, die, wie er sagt »schwerste Arbeit, die er je geleistet hat«, so bildkräftig gelungen sein.

La bête humaine

In seinem 1890 erschienenen Roman »La bête humaine« hat Zola als Inbegriff der modernen Technik in den Mittelpunkt aller Geschehnisse die Eisenbahn gerückt. Alle Personen des Romans stehen in Beziehung zu ihr und alle sind mehr oder weniger Besessene, besessen von Mordlust und Eifersucht, Trunksucht und Geldgier, eben von dem Tier im Menschen, das sie nicht zu bändigen vermögen. Ihre verbrecherischen Leidenschaften und krankhaften Triebe aber scheinen in der Welt der Eisenbahn, dieser modernen Schmiede des Aufrührers Hephaistos, erst den rechten Nährboden zu finden. Der einzige, der nicht unmittelbar mit ihr zu tun hat, ist auch der einzige Schuldlose – ein entlassener Sträfling auch er, aber eine anima candida, ein reiner Tor.
Dieser für alle so verhängnisvollen neuen Welt nun hat Zola wahrhaft höllische Züge verliehen. Weißer Dampf, schwarze Rauchschwaden und Gewölk von Ruß ziehen gespenstisch über das Lichtermeer von Paris. Das Schuppengelände von Le Havre ist eine wahre Unterweltslandschaft, der mehrfach geschilderte Tunnel nahe dem Bahnwärterhäuschen der Misards ist voll von den Schrecken der Finsternis, in der die glühenden Augen der Lokomotiven erscheinen und die das Donnern und der eisige Luftstrom der dahinrasenden Züge erfüllt. Die Landschaften zur Seite der Strecke sind überaus einsam, von Straßen noch nicht erschlossen, kreidige Anhöhen mit schwarzem Gestrüpp und weidenbestandene Täler, und immer heißt es, daß das Schweigen und die Bangigkeit des Todes sie erfüllt. Das einsame Haus an

der Strecke, das Schicksalshaus, hat mit seinen geschlossenen Läden etwas Gespenstiges, und gespenstisch ist auch der Schneesturm, der eines Tages den Zug aufhält und einen Trupp von Reisenden wie Schiffbrüchige aus dem Land der Träume bei der kranken Bahnwärtersfrau erscheinen läßt. In solche Dämonie mit einbezogen sind die Maschinen, diese braven kleinen Dampflokomotiven aus den sechziger Jahren des vergangenen Jahrhunderts, aus denen Zola riesige, unberechenbare Ungetüme macht, und die für uns beim Lesen genau das werden, was Zola in ihnen gesehen hat – die Repräsentanten einer unberechenbar gefährlichen neuen Zeit.

Auf dem Schutzumschlag einer deutschen Ausgabe wird das Buch, und nicht zu Unrecht, als Kriminalroman bezeichnet. Tatsächlich gibt es in dem Roman drei ungesühnte Kapitalverbrechen und glaubhaft genug wird dargestellt, wie der Täter sich jedesmal dem Arm des Gesetzes entzieht. Roubaud, der Unterinspektor des Bahnhofs Le Havre, ermordet, zusammen mit seiner Frau Severine, deren Paten und Wohltäter, den Präsidenten Grandmorin; der Bahnwärter Misard läßt seine Frau durch kleine Dosen von Rattengift langsam zugrunde gehen, der Lokomotivführer Jacques Lanvier ersticht am Ende Severine, die seine Geliebte geworden ist, mit demselben Messer, das schon den Hals des Präsidenten durchbohrt hat. Zweimal kommt es zu gerichtlichen Untersuchungen, und jedesmal gehen bald darauf, in ihre blanken Uniformen gekleidet, die Täter wieder ihrem Dienst nach – auch das gehört zu Zolas Bild der modernen Zeit, daß man sich in ihrem Labyrinth der Gerechtigkeit so gut entziehen kann. Für den ersten, im fahrenden Zug begangenen Mord gibt es den erfundenen, angeblich im letzten Augenblick zugestiegenen Strohmann. Der zweite bleibt in der vollkommenen Einsamkeit des Bahnwärterhauses ohne Ankläger, für den dritten findet man Verdächtigere als den pflichttreuen Jacques, von dem niemand sich vorstellen kann, daß er seine Freundin ersticht. Bei dem ersten und dem letzten Mord gibt es die Politik außerdem.

Die Rolle, welche die Politik, in diesem Fall die Verteidigung der bürgerlichen Gesellschaft im Zweiten französischen Kaiserreich, in dem Roman spielt, entspricht Zolas Kampf gegen Justizirrtum und Korruption. Die Kaiserlichen, so heißt es schon vor der ersten Gerichtsverhandlung, wollen den Prozeß niederschlagen, weil der ermordete Präsident nicht als gewissenloser Wüstling entlarvt werden darf, weil der Mordfall in den Händen der gegnerischen Presse zur Waffe im Wahlkampf werden kann. Der Generalsekretär des Justizministeriums besitzt in dem Brief Severines den Schlüssel zu allem, aber er unterschlägt das Billett und sorgt durch ein in Aussicht gestelltes Kreuz der Ehrenlegion dafür, daß der Untersuchungsrichter die richtige Spur verläßt. Bei der zweiten Mordanklage verhält er sich ebenso, obwohl der Kaiser, wie es heißt, in einem Anfall von Rechtschaffenheit auf die Enthüllung der Wahrheit dringt. Der Beamte will die immer mehr zerfallende bürgerliche Gesellschaft stützen, darum läßt er es geschehen, daß der Untersuchungsrichter den in diesem Fall unschuldigen Roubaud und den auf alle Fälle unschuldigen Halbidioten Cabuche ins Zuchthaus bringt. »Gerechtigkeit, welch ein Traum« – seufzt er am Ende und vernichtet den ominösen Brief – während draußen schon das Kriegsgeschrei von 1870 die Stadt erfüllt.

Zeigt sich der Autor in solcher Bloßstellung der korrupten bürgerlichen Gesellschaft politisch revolutionär – die Personen seines Romans sind es nicht. Zwar hat Roubaud sich einmal in den Verdacht republikanischer Gesinnung gebracht, aber er tötet in dem Präsidenten doch den Verführer seiner Frau und nicht den Vertreter einer Gesellschaftsschicht, die verschwinden soll. Weder für ihn noch für den jungen Jacques, für Misard und Pequeux, gibt es ein Sittengesetz, das ihre Handlungen bestimmen könnte, nichts außer der dienstlichen Pflichttreue, die bei fast allen am Ende auch ins Wanken gerät. Die Religion ist tot, die Worte Gott und Kirche kommen in dem ganzen Buch nicht vor. Auch die Furien sind tot – die Mörder zeigen nicht die leiseste Spur eines schlechten Gewissens, und kein Verlangen nach Sühne wird je in ihnen wach. Selbst die stolze und noble Flore, die aus Eifersucht einen ganzen Zug bedenkenlos hat in Trümmer gehen lassen, sucht, nicht um sich selbst zu bestrafen, den Tod. Das Unglück hat Jacques und Severine verschont und noch fester verbunden, und Flore will nicht mehr leben – verantwortlich für den Tod so vieler Menschen fühlt sie sich nicht.

Unverantwortlich sind im Grunde alle Personen dieses blutigen Spiels. Vor allem der Lokomotivführer Jacques Lanvier ist ein Opfer seiner Umwelt und ein Opfer seiner krankhaften Veranlagung, die er sich selbst mit der Trunksucht seiner Vorväter erklärt. Die naturwissenschaftlichen und soziologischen Erkenntnisse der Zeit hindern Zola nicht, das Schicksal seiner Helden romantisch darzustellen und der medizinisch feststellbaren Geisteskrankheit die Züge eines dunklen Verhängnisses zu geben. Schon von Jugend an hat Jacques ein Mordverlangen »aus Vergnügen« gefühlt. Später werden jedesmal, wenn er sich einer Frau nähert, seine Augen stumpf, als blende sie ein rötlicher Nebel, der auch vor seinem Blick erscheint, sobald er von Mordtaten reden hört. Er muß sich gewaltig zusammennehmen und fliehen, um Flore, die ihn liebt, nicht mit der Gartenschere zu erstechen; der Gedanke an den elenden Misard, der es immerhin fertigbringt, seine Frau langsam zu töten, mehr noch die Ermordung des Präsidenten, die er vom Bahndamm aus beobachtet, erfüllen ihn mit glühendem Neid. Vor Gericht nach dem Vorfall ausgefragt, wagt er kaum etwas zu sagen, aus Angst, man könne ihm seine eigene Mordlust von den Augen ablesen. Als Severine ihn, den gefährlichsten Zeugen, umschmeichelt und sich dabei in ihn verliebt, ist seine Dankbarkeit unermeßlich, vor allem, weil er sie lieben kann, ohne daß der rote Nebel aufsteigt und es ihm in den Fingern zuckt. Eine ganze Weile lang geht das auch gut, so lange, bis ihm Severine in einer Liebesnacht in Paris den Mord im Eisenbahncoupé nicht nur eingesteht, sondern auch schildert, da kennt seine Neugierde keine Grenzen, da muß er alles ganz genau wissen, wie sie sich, um ihrem Mann zu helfen, auf die zuckenden Beine des Opfers geworfen und dabei die drei Messerstiche gespürt hat und den dreimaligen Schauder, da kann er sich nicht genug tun mit fragen – sag mir, was man fühlt. Er erfährt es nicht oder doch nicht deutlich genug, und nun ist mit einemmal auch bei Severine keine Unschuld, kein Frieden mehr. Er muß, als es im Zimmer hell wird und er ihr weißes Fleisch sieht, wieder fliehen, läuft draußen mit deutlichen Mordabsichten zwei Frauen nach, wird, im Begriff, eine dritte zu töten, gestört und kehrt zu Severine zurück. Auf einen nicht unberechneten Seufzer Severines (ach, wenn ich frei wäre) hin taucht dann der Gedanke, ihren Ehemann Roubaud zu töten, zum erstenmal auf.

Die Zeit bis zu dem von Flore herbeigeführten Eisenbahnunglück ist für Jacques eine einzige Auseinandersetzung mit diesem Vorhaben, das zwar Severine mehr als ihm am Herzen liegt, von dem er sich aber auch einiges verspricht, Heilung von seiner gefährlichen Krankheit vor allem. Dem »warum eigentlich nicht?«, dem Recht des Stärkeren und der Überlegung, daß der zu Tötende selbst getötet hat, steht in Jacques etwas Unerklärliches entgegen, ein innerer Protest gegen den Meuchelmord, der kalten Bluts an einem Wehrlosen verübt werden soll – das ist doch etwas sehr anderes als die Blut- und Zorneswelle, die aus den Tiefen einer rätselhaften Vergangenheit in ihm aufsteigt und ein Opfer verlangt. Er versucht es immer wieder und kann es nicht, kann es nicht einmal, als Severine auf dem nächtlichen Schuppengelände neben ihm steht. Vor Severines Verachtung, aber auch vor seinem wieder auftauchenden »alten Übel« flieht er dann in den Dienst, den täglichen und einen freiwilligen zusätzlichen, zwölf Stunden auf der Lokomotive, und findet sich nach dem Eisenbahnunglück plötzlich in dem Gespensterhaus, im selben Bett, in dem einmal der Präsident das Kind Severine zur Unzucht verführt hat. Aber auch dort wieder ist Severine, der sanfte furchtbar bedenkenlose Engel mit den Nixenaugen, geht ab und zu, wirft verführerische Blicke auf ihren andern jungen Patienten und auf den armen Cabuche, und hat dabei nichts anderes im Sinn, als wie sie Jacques noch einmal zur Tötung ihres lästigen Ehemannes überreden kann.

Die letzten Nächte im roten Zimmer sind Liebesnächte, freilich von schauerlicher Art. Severine hat einen neuen Mordplan entworfen, Jacques' Alibi gleich mitbedacht und ihren Mann unter einem Vorwand ins Haus bestellt. Diesmal ist Jacques fest entschlossen, ihn schaudert nicht mehr vor der Tat, nur vor Serverines Ansinnen, sich nackt auszuziehen, um die Blutflecken leichter abwaschen zu können – nur vor ihren sanften Kinderaugen und ihrer entblößten Brust. Er geht im Zimmer hin und her, das ist die atemberaubendste Szene, wie seine ruhelosen Schritte zugleich die auf den nächtlichen Wegen von der Bahnstation her sich nähernden Schritte des Opfers werden, und wie die ahnungslose Severine dieses Wandern unterbrechen und ihrem nicht ganz zuverlässigen Liebhaber durch neue Zärtlichkeiten Mut machen will. Jacques sieht ihre weiße Kehle und warnt sie noch, stell die Lampe weg, leg dich hin, aber sie gehorcht nicht und kann nur noch entsetzt fragen: warum ich, ehe ihr Gesicht zu der Maske fürchterlicher Angst erstarrt, die dann auch ihre Totenmaske bleibt. Jacques, der redliche Beamte und zärtliche Liebhaber, hat zugestochen, nicht etwa, um die gewissenlose Anstifterin zu bestrafen, sondern weil das Tier über ihn Gewalt gewonnen hat, sein persönliches, keiner Vernunft, aber auch keiner Berechnung zugängliches Tier. Der Wahnsinn beherrscht ihn auch noch nach der Tat. Er sieht das Blut strömen und fühlt eine wilde zügellose Freude, und erst das Phantom der triumphierenden Flore treibt ihn endlich in die Flucht.

Gewissenskonflikte, das sagte ich schon, kennen Zolas Mörder nicht. Die blinde Macht, der sie unterliegen und die sie für die Sünden der Väter und die Sünden der Gesellschaft büßen läßt, kann nur durch eine andere blinde Macht unschädlich gemacht werden. Den an diesem Mord unschuldigen Roubaud bringt am Ende die blinde Justitia zu Fall. Jacques, der bei der Gerichtsverhandlung die falsch Beschuldigten mit entsetzlicher Gelassenheit freundlich begrüßt, wird ein paar Tage darauf, während der Mobilmachung des Jahres 1870, von seinem eifersüchtigen und betrunkenen Heizer von der fahrenden Lokomotive gestoßen und reißt den Besessenen im Fallen mit. Er kommt unter die Räder, und die Räder zerreißen ihn – aber vom Los des Schönen auf der Erde wird dazu nichts gesagt.

Die romantische Ausdruckskraft des Romans übertönt die erzieherische Absicht – seine infernalische Atmosphäre von Rauch und Blut verdeckt die positivistisch-naturwissenschaftlichen Erfahrungen, die Zola zu Gehör bringen will. Bilder und Szenen von unerhörter Eindringlichkeit und Kraft bleiben im Gedächtnis, Jacques, wie er, zum erstenmal seinem Mordzwang entronnen, bei der Hecke auf dem Bauch liegt und das Gesicht ohnmächtig ins Gras preßt, Flore mit den fünf schweren Pferden auf den Geleisen, und Flore, die im Tunnel aufrecht dem glühenden Auge der Lokomotive entgegengeht, die Schritte im roten Zimmer. Endlich, wie die beiden Männer auf den Kohlen miteinander ringen und eng umschlungen hinabstürzen, und wie dann der führerlose Zug weiterrast, ein langer Zug voll von betrunkenen, singenden Soldaten, durch das nächtliche Land und die erleuchteten Bahnhöfe, einer unausdenkbaren Katastrophe zu.

Aber gerade diese letzte Szene ist doch mehr als ein gelungenes Schreckensbild oder eine geschickte Methode, den unschuldig-schuldigen Jacques am Ende doch nicht überleben zu lassen. Die neue, wie ein junges Roß ungebärdige und widerspenstige Lokomotive spielt ihre Rolle und erinnert an die Dämonie der Technik, die an der Wesensveränderung des Menschen in Zolas Roman einen so bedeutenden Anteil hat. Die in Viehwagen zusammengepferchten, mit Branntwein dumm gemachten Soldaten, die singend in ihren Tod fahren, sind die Opfer – die paar Hundert des damaligen Augenblicks oder die unzählbaren einer späteren, immer noch von einer korrupten Gesellschaft und vom Tier im Menschen beherrschten Zeit.

Zu Peer Gynt

Die Frage nach dem wahren Ich eines Menschen ist in Ibsens Drama Peer Gynt die Rätselfrage von Anfang an. Peer Gynt, »wie ihn Gott gemeint und verstanden hat«, kommt in dem Stück kaum je zum Vorschein, er lebt nur im Herzen der Mutter und im Herzen der unschuldigen Solvejg, deren Liebe sich in der lebenslangen Wartezeit in eine fast überirdische Mutterliebe verwandelt und um deretwillen Gott ihm vergibt. In den Augen der Welt ist Peer lügenhaft und eitel, ruhmsüchtig und hart. Seine Lebensgeschichte ist eine Kette von Irrtümern und Mißverständnissen, von Wünschen, deren Erfüllung nicht befriedigt, und Abenteuern, die nichts zurücklassen als Reue und Scham. Trotzdem hängt Peer Gynt an seinem so unvollkommenen Ich mehr als mancher, dem ein bescheidenes Streben beizeiten die Richtung wies. Er hängt an seiner Phantasie, die ihm immer wieder die berauschendsten Bilder vorspiegelt, an seiner Liebeskraft, die ihm die Welt verschönt, an seinen klaren Menschenaugen, die er sich auch um den Preis seines Lebens von den Trollen nicht scheel machen lassen will. Von dem ›Krummen‹, der unsichtbaren Macht der Finsternis, ein Leben lang irregeführt, sieht er schließlich in dem weißen namenlosen Nichts der Gletscherspalte den einzig ihm gemäßen Tod. Trotzdem will er auch im Jenseits seine Individualität nicht verlieren. Er glaubt noch immer an sein besseres Ich und geht am Ende, zum ersten Mal im Leben, den richtigen Weg – auf Solvejg, die einzige Zeugin seiner unsterblichen Seele, zu.

Peer Gynt weiß, daß er mehr ist als das, was er aus seinem Leben gemacht hat – es ist Ibsens Kunst, daß er den Zuschauer genau dasselbe empfinden läßt. Peer liebt sich selbst, und der Zuschauer liebt Peer, den zugleich schwärmerischen und kalten, zugleich sehnsüchtigen und harten, der aus seinem Leben eine Farce macht: die in Afrika spielenden Szenen kleiden sich nicht zufällig in das Gewand der Parodie. Im Anfang ist alles noch einfacher, Liebe und wütender Liebestrotz, alte Kindermärchen, in die Wirklichkeit übertragen, Prahlsucht und Ruhmsucht, die sich am Alltäglichsten entzündet und sich das Feinste an die Brust reißen will. Verlockungen der Sinne führen Peer schrittweise bergab, von der einstmals geliebten Braut eines andern zu den liebestollen Sennerinnen und von diesen zu den halb tierhaften Trollen, die bei Ibsen etwas wie eine Vorstufe oder Urstufe des Menschlichen darstellen. Peer, durch eine spukhafte Hochzeit in des Trollkönigs Palast beinahe für immer in das Reich der Unterirdischen aufgenommen, wird danach ein Gefühl der Beschmutzung nicht mehr los und weiß, daß gegen seine eigenen lüsternen Gedanken kein Riegel seine Hütte schützt. Er will Solvejgs Reinheit nicht beflecken – das ist noch eine letzte Achtung vor dem Unschuldigen und Heiligen, so wie in Peers Dank an die sterbende Mutter und in der vorgetäuschten Schlittenfahrt zum feenhaften Soria-Moria-Palast noch etwas von ursprünglicher Güte und brennender Reue zum Ausdruck kommt. In Afrika dann ist von Güte keine Rede mehr, da wird recht gewissenlos-praktisch mit Sklaven gehandelt und manch anderes dunkles Geschäft zynisch ins Auge gefaßt. Der alte Peer, der Schwärmer und Träumer, ist auch zu dieser Zeit noch nicht tot. Von seiner Einbildungskraft wie von einem Rausch überwältigt, will er einmal die Wüste in fruchtbares Land verwandeln, ein andermal das Mysterium der Vergangenheit ergründen. Auch eine Frau spielt in seinem Leben noch einmal eine Rolle: von der goldgierigen Schönen genarrt, balzt und springt der Alternde wie einst in des Trollkönigs Palast. Aber dann ist es doch bald vorbei mit allen glücklichen Träumen, und Peer erfährt im Kreise der Irren sein altes Leitwort in einem neuen schauerlichen Sinn. Wohl als ein Kaiser, aber als einer der Selbstsucht, kehrt er heim, rettet, nun vollends hart und böse, beim Schiffbruch auf Kosten eines anderen Menschen sein Leben und hat in der Heimat nichts anderes mehr vor, als ein großer Herr zu sein, der seine Tür vor jeder Bitte und Klage verschließt.

Wir halten es mit ihm trotz allem. Seine Geschichte ist, trotz aller romantischen und ironischen Einkleidung, unsere Geschichte, seine Lieblosigkeit ist unsere Lieblosigkeit, seine im Nihilismus des Alters fast wahnwitzige Hoffnung auf die Unsterblichkeit seiner Seele ist auch in uns noch nicht völlig zum Schweigen gekommen. Wie er, sein Leben bedenkend, die Zwiebel schält und statt eines Kerns nur Häute findet, ist er uns nicht weniger nah als in seiner unernsten Buhlschaft mit der Sünde, die ihn weder des Himmels noch der Hölle wert erscheinen läßt. Ihn wie uns klagen die nicht gedachten Gedanken, die nicht gesprochenen Worte, die nicht getanen Taten an, für uns wie für ihn ist eine Hoffnung auf Erlösung nur in der Liebe, in der wunderbaren Möglichkeit, daß das Bild, das ein anderer Mensch von uns im Herzen trägt, mehr Liebeszeugungskraft als die Wirklichkeit besitzt. Der Knopfgießer als Todesbote spricht am Ende aus, was Peer hätte tun sollen, nämlich sich selbst ertöten, statt sich zu bewahren, und beklagt, daß Peers Seele ihrer Bestimmung Trotz geboten habe bis zum Schluß. Da aber hat sich der Kreis schon geschlossen, da sind die streitbare und glühend verteidigende Liebe der Mutter Aase und Solvejgs unschuldige Beharrlichkeit vereint schon zu einer anderen Liebe geworden, die Peer in den Schoß zurücknimmt und ihn gelten läßt in dem Besten, das er hatte: In seiner trotzigen Liebeskraft, in seiner herrlich mitreißenden Phantasie.

Die Wildente

Der amerikanische Dramatiker Tennessee Williams, der von Ibsen so viel gelernt hat, läßt in seinem Schauspiel »Plötzlich, im letzten Sommer« die Mutter des unter mysteriösen Umständen gestorbenen Sebastian von einem furchtbaren Naturschauspiel erzählen, das mit anzusehen ihr Sohn sie gezwungen hat: viele Tausende junger Schildkröten kriechen da, auf dem heißen Strand einer exotischen Insel, aus dem Ei und werden, noch ehe sie das rettende Wasser erreicht haben, nahezu alle von den Himmel verdunkelnden, gierig schreienden Raubmöwen verschlungen: die Szene ist keine zufällige, nicht irgendein Reiseerlebnis, sie ist charakteristisch für den furchtbaren Pessimismus des jungen Sebastian, der, ein Dandy des 20. Jahrhunderts, mit seiner Mutter von einem Badeort in den andern reist, jeden Sommer nur ein Gedicht macht und die Knaben liebt. Ibsens Leitbild der Wildente, die, von nur ein paar Schrotkugeln getroffen, sich schon auf den Meeresboden sinken läßt, sich dort in Gras und Schlamm festbeißt und auf diese Weise im wahrsten Sinne des Worts zugrunde geht, ist nicht so allgemein nihilistisch, meint noch nicht die brutale Sinnlosigkeit der ganzen Schöpfung, sondern nur die freilich gefährliche Eigentümlichkeit eines Menschentyps, den er uns in seinem Schauspiel in dem Photographen Hjalmar Ekdal und seinem Vater, dem heruntergekommenen alten Leutnant, vor Augen stellt. Zwei Helfer ringen um die untergehende, im Schlamm erstickende Persönlichkeit Hjalmars: der Arzt Relling und der Weltverbesserer Gregers Werle. In dem so viel später entstandenen Stück von Williams sind dieselben helfenden Mächte, die Überredung zur Lebenslüge und die leidenschaftliche Wahrheitssuche, wieder am Werk – nur daß sich jetzt die Akzente verschoben haben und die Wahrheitssucher einen eindeutigen Sieg erringen.

In Ibsens Wildente ist das keineswegs der Fall. Der junge Gregers, der überall seine ideale Forderung erhebt, ist, und nicht nur in Rellings alles durchschauenden Augen, grausam und unbedacht, engstirnig und im Grunde lieblos, ein fanatischer Theoretiker, der überall nur Unheil stiften kann. Er kommt zu Beginn der Handlung »vom Berge«, weiß nichts mehr von seinem Vater, nichts mehr von seinem Jugendfreund Hjalmar, bekommt aber mit inquisitorischen Fragen bald alles heraus, alle Verfehlungen seines Vaters, alle Unaufrichtigkeiten der kapitalistischen Gesellschaft, in der es verwirrenderweise doch auch, wie sich später herausstellt, Opferwilligkeit und herzliche Zuneigung gibt. Der alte Industrielle Werle hat, um seinen Ruf und sein Vermögen zu retten, seinen alten Mitarbeiter und Mitschuldigen, den Leutnant Ekdal, fallenlassen, er hat seine ehemalige Geliebte mit dem jungen Ekdal verheiratet und diesem ein Photoatelier eingerichtet, er unterstützt die Familie heimlich und setzt am Ende der Tochter Hedwig eine Rente aus, das alles war schlecht und doch auch wieder menschlich, aber in den Augen des jungen Gregers ist es ein einziger Sumpf. Er wittert Gestank überall – ironischerweise läßt ihn der Autor im Haus des Photographen mit dem qualmenden Ofen erst selbst einen rechten Gestank erzeugen. Er klärt den arglosen Hjalmar auf und glaubt, die Familie damit zu einem neuen, auf Wahrhaftigkeit und Stolz gegründeten Glück zu führen, und muß sich von Relling sagen lassen, daß seine Ideale die eigentlichen Lügen sind. Von Relling erfährt er auch am Ende, daß Hedwig, die er überreden wollte, die symbolbeladene Wildente zu erschießen, sich selbst zum Opfer gebracht hat und daß auch dieses Opfer vergeblich gewesen ist. Trotzdem bleibt Gregers zuletzt noch unbelehrbar – ein Unglücklicher, der wie so viele Ibsensche Gestalten nicht in diese Welt paßt und der seinen Selbstmord vorausahnen läßt.

Ließ Ibsen bei dem jungen Gregers offen, ob er ein Wohltäter der Menschen ist oder es doch zum mindesten sein könnte, so stellt er auch den Verfechter der Lebenslüge, den Arzt Relling, in ein zweideutiges Licht. Der Freimut, mit dem Relling seine Methoden aufdeckt, wirkt wie Zynismus, und den verkommenen Magister Molnik hat die Dämonie, die Relling ihm zu seinem Besten einredet, kaum weiter als bis ins Wirtshaus gebracht. Der Traum von der großen Erfindung, das Märchen vom guten Sohn, der sein Leben der Rehabilitierung des gebrochenen alten Vaters widmet, alle diese Medizinen, die Relling Hjalmar eingibt, sind doch nur Rauschgifte, die Hjalmar nicht davor schützen, bei dem grausamen Erwachen völlig den Halt zu verlieren. Relling, der die gefährliche Lebenslüge verordnet, hat selber das klarste Auge, den unbestechlichsten Blick. Er weiß vorher, daß die von den Übergangsjahren verstörte Hedwig zu jedem überschwenglichen Entschluß fähig ist, er sieht voraus, wie sich Hjalmar nach Hedwigs Tode verhalten wird, wie er, im Innersten ungewandelt, in seine pathetisch-selbstgefälligen Klagen nun auch das Kind einbeziehen wird. Er sieht die Menschen wie sie sind, er kämpft gegen das Vergötterungsfieber, die summenden Wunderfliegen vor Gregers Augen, und ist damit ein Überwinder des falschen Idealismus und in dem Drama der einzige moderne Mensch. Trotzdem ist auch seine Hilfe fragwürdig, und auch er ist ein Helfer und ein Verderber zugleich.

Handelt es sich bei dem vorhin erwähnten Stück von Tennessee Williams um das mit verbrecherischen Mitteln erhaltene Idealbild eines anormalen Toten, so steht im Mittelpunkt von Ibsens Drama ein lebender Mensch mit sehr menschlichen Schwächen – eben der junge Photograph Hjalmar Ekdal, der von Gregers Werle mit jener schon erwähnten Wildente verglichen wird, die, leicht angeschossen, sich im Schlamm festbeißt und die der flinke Hund Gregers aufjagen möchte, ins klare Wasser der Rechtschaffenheit, ins helle Licht der Vernunft. Auch Hjalmars Vater, der ehemalige Leutnant, wird vom alten Werle einmal mit einer Wildente verglichen, und in vielen Beziehungen sind Vater und Sohn sich auch ähnlich, sind beinahe nur eine Gestalt. Sie haben gemeinsame Beschäftigungen, die Einrichtungen und Verbesserungen auf dem dunkeln muffigen Speicher, den sie mit Hilfe von ein paar alten Christbäumen in einen Wald und mit Hilfe von einigen dort gehaltenen Tieren, Hühnern und Kaninchen, in ein gespenstisches Jagdrevier verwandelt haben, und eine gemeinsame Liebe, eben die Wildente, die es ja wirklich gibt, die dort, wo die Zeit stillsteht, haust und deren Geschnatter man hört. Was die Senilität des Alten schon offen zutage treten läßt, seine Trunksucht, seine Uniformsucht, sein kindisches Gehaben in diesen vorgespiegelten Jagdgründen, ist bei Hjalmar noch getarnt durch Ansätze von Arbeitswillen und durch ein schlechtes Gewissen, das sich ab und zu und besonders dem Aufstörer Gregers gegenüber rührt. Dieser Hjalmar war ein schönes, von seelenvollen Tanten verzogenes und wegen seiner vielseitigen Begabung hochgepriesenes Kind. Er war auch ein hübscher Student, ein mit allerlei Nachahmungs-

und Vorspiegelungstalenten ausgestatteter Blender, den seine Kommilitonen nicht weniger als die Tanten verwöhnten. Aus einer sorglosen Jugend plötzlich in die bedrückendsten Umstände versetzt, hat er zwar die Absicht gehabt, sich aus eigener Kraft emporzuarbeiten, aber mehr als die gute Absicht doch eben nicht. Das Selbstmitleid war bequemer, auch die Selbsterhöhung in geträumten Zukunftsbildern, von denen das von seiner Frau als der wohlhabenden Witwe des heimgegangenen Erfinders nur eines, aber ein sehr charakteristisches ist. Er will immer gut sein und will es auch gut haben, besser nicht fragen, woher das Geld zum Leben kommt, besser nicht nachdenken über das, was früher war. Aber das bescheidene Glück, das ihm genügt, will er sich selbst verdanken, und die Familie soll es ihm verdanken – als Gregers später diesen Nimbus zerstört, zeigt sich, wie wenig Hjalmar der Wahrheit gewachsen ist. Er braucht die beständige Erhöhung seiner Person, schon zu Beginn des Stücks gibt er die weltmännischen Äußerungen der Kammerherren bei Werles Abendgesellschaft als die seinen wieder und prahlt mit seinem kecken Benehmen gegenüber diesen reichen und vornehmen Herren. Was er später von seiner Erfindung erzählt, stammt von Relling, der lebensuntüchtige Hjalmar selbst weiß nicht nur, wie er sagt, keine Einzelheiten, er weiß überhaupt nichts als diese vage Möglichkeit eines höheren Daseins in Kunst und Wissenschaft, die ihn schon befriedigt und entzückt. Nicht nur seine Eitelkeit, die ihn Wert darauf legen läßt, nicht krause Haare, sondern Locken zu haben, ist kindisch, wie ein Kind sucht er sich auch von der Arbeit zu drücken und fühlt sich von seinen freundlichen Helferinnen, der Frau und der Tochter, auf die ärgerlichste Weise kontrolliert. In all diesem kindischen Verhalten ist er doch liebenswert, und seine

Selbstvorwürfe wegen der vergessenen Süßigkeiten für Hedwig sind ebenso echt wie die strengen Binsenweisheiten, mit denen er, der Faulenzer, seine Frau mahnend bedenkt. Aber sein Selbstbewußtsein ist eben fürchterlich verletzbar, es muß von allen Seiten und beständig gestützt werden, damit es überhaupt lebensfähig bleibt. Die Überzeugung, daß er der Ernährer, der Beschützer seiner Familie ist, darf man ihm nicht nehmen, die ist ihm wichtiger als seine leibliche Vaterschaft, die er, nachdem der erste Schrecken über Gregers Enthüllung der Vergangenheit überwunden ist, ernstlich wohl gar nicht mehr in Zweifel zieht. Wichtiger ist auch Hedwigs moralische Unterstützung, Hedwigs Glaube an ihn, wie er sein möchte, wie er sich selber sieht. Über dem vermeintlichen Verlust von Hedwigs Liebe kommt es zur Katastrophe, die Hjalmar unschuldig-schuldig herbeiführt, weil er ausspricht, was nie hätte ausgesprochen werden dürfen, den Zweifel, ob die Tochter fähig wäre, ihm ihr Leben zu opfern – und Hedwig, die ihm doch nur die Wildente opfern wollte, hört das auf dem Dachboden und erschießt, statt des Vogels, sich selbst.

Die tragische Folge seiner pathetisch-leichtfertigen Worte läßt Hjalmar einen Augenblick lang als einen beinahe krankhaften Egoisten, einen interessanten Sonderfall also, erscheinen. Daß die Worte nicht an Hedwig gerichtet waren und von dem Kind, das, schon vielfach gekränkt und aufs äußerste erregt, auf dem Dachboden sitzt, nur erlauscht wurden, macht alles, das eben doch Mögliche, bei jedem nicht besonders starken, in sich selbst verliebten und plötzlich um sein Selbstgefühl gebrachten Menschen Mögliche aus. Damit zeigt sich Hjalmar erst wirklich als der schwache Held, der Versager, der nicht durch Stolz und Übermut, auch nicht durch eine frevelhafte Verbindung mit dunklen Mächten, sondern nur durch seine Schwäche ein Unheil herbeiführt, damit enthüllt er sich vollends als der Durchschnittsmensch, den Relling immer in ihm sah.

Kindisches Beleidigtsein, pathetisches Jammern – das ist ein sehr anderer Ton, als ihn Ibsen seine großen Ketzer und unerbittlichen Idealisten, seine Übermenschen, gelegentlich anstimmen läßt. Die Wildente, von der Ibsen an Georg Brandes schrieb, daß sie einige der jüngeren Dramatiker auf neue Wege leiten würde, ist in der Tat etwas ganz Neues, ein Stück der Jedermannsgeschichte, die hier, vielleicht nicht zum ersten Mal, aber doch mit besonderem Nachdruck erzählt wird – von nun an wird sie in der europäischen Literatur nicht mehr zum Schweigen kommen. Der Held Hjalmar wird durch die Geschehnisse nicht verwandelt, in dieser Beziehung glauben wir dem Skeptiker Relling aufs Wort. Mit Hedwigs Opfer ist im Grunde nichts erreicht, als daß Hjalmars Selbstgefälligkeit noch die Note des leidvollen Vaters hinzugefügt werden kann, und das ist wenig genug. Trotzdem ist das Stück Hjalmars Geschichte, nicht etwa die Hedwigs, keine Kindertragödie, der die übrigen Gestalten nur zur Entwicklung dienen. Es geht um den uomo qualunque, den liebenswerten Durchschnittsmenschen, und was hier gezeigt wird, ist kein Wachstums- und Reifeprozeß, auch nichts von Schuld und Sühne, sondern nur ein Stück Leben, wie es einmal ist, mit seinen vergeblichen, nicht einmal ans Licht getretenen und verstandenen Opfern und seinem Weiterwurschteln, ins Ungewisse hinein. Und wenn auch das Leitbild der Wildente weniger nihilistisch erscheint als das von mir anfangs erwähnte Schildkrötenbild Tennessee Williams, so geht Ibsen in der Unerbittlichkeit seiner Menschendarstellung über seinen Schüler doch weit hinaus. Denn dieser führt am Ende die Lebenslüge ins Irrenhaus und die

Wissenschaft zum Sieg – Hjalmar Ekdal aber lebt weiter, verlockt von der Lüge, bedrängt von der Wahrheit, viel redend und viel träumend, ins Ungewisse hinein.

Fuhrmann Henschel

Dem Fuhrmann Henschel von Gerhart Hauptmann sind zwei Frauen, eine zuerst todgeweihte und dann verstorbene und eine sehr lebendige, zur Seite gestellt. Zwei Männer, ein intellektueller Bürger und ein ewiger Bohemien, greifen in die Handlung ein; Fuhrleute, Händler und Hotelangestellte treten auf und verkörpern ihren Stand oder ihre persönliche Wesensart. Wilhelm Henschel, der Inhaber eines Fuhrunternehmens in einem oberschlesischen Luftkurort, überragt sie alle und nicht nur im leiblichen Sinn. Er ist der starke Mann, auch der wilde Mann aus den Wäldern, Patriarch und Rübezahl zugleich. In einer schon kränkelnden Umwelt ist er einer der letzten, die noch Pferde bändigen und in Wind und Wetter schwere Lasten über das Gebirge schaffen können. Noch ein Kerl, und doch von allen der einzige, der untergehen muß und den niemand retten kann.

Seine Umwelt ist farbig genug. Unter *einem* Dach liegen die Fuhrmannswohnung, das Hotel und die Schankstube, aus dem Stall und vom Hof hört man Stampfen der Pferdehufe und Peitschenknallen, aus dem großen Saal des Hotels dringen die Klänge der Tanzmusik herab. Wer in den Keller will, kommt an Henschels offener Wohnungstür vorbei, wer auf dem Hofe zu tun hat, schaut von draußen herein. Die Roßknechte bringen die lauten Späße und den Pferdegeruch, der Hotelwirt Siebenhaar die gedämpfte Freundlichkeit des feinen Mannes, das Mädchen Franziska ein wenig Zigeunerflitter und wirbelnden Tanz. Im Anfang ist das alles ein Herz und eine Seele, eine große Familie, die sich

gegenseitig hilft und in der man es gewohnt ist, von Wilhelm Henschel Rat und gelegentlich auch Geld zu verlangen. Im Laufe des Geschehens verändert sich jedoch nicht nur Henschels Stellung in der kleinen Gemeinschaft, sondern auch diese Gemeinschaft selbst.
Die Zeitenwende, in der das Stück angesiedelt ist, spielt bei solcher Veränderung eine wichtige Rolle. Die Tragödie begibt sich in den sechziger Jahren des vergangenen Jahrhunderts, die ersten Eisenbahnen sind in Betrieb, und es ist vorauszusehen, daß der Schienenweg bald auch die abgelegenen Gebirgstäler erreicht. Die Kundschaft der ländlichen Gastwirte verwandelt sich zusehends, statt der Wenigen, Begüterten beginnen die Vielen, Mittellosen die Heilbäder und Luftkurorte zu besuchen. Ihren Forderungen kann nur der Zahlungskräftige Genüge tun – das Kapital tritt seinen Siegeszug an. Am Ende des Spieles gibt es keinen Siebenhaar mehr, der sich durch kleine Anleihen über Wasser hält, sondern einen großen Unternehmer, der viel Geld hat und viel Geld verdient. Auch der Schankwirt Wermelskirch wird sein Bündel schnüren müssen, und die Tage des Fuhrgeschäftes sind gezählt. Dennoch hat der Untergang des Fuhrmanns Henschel mit dieser Entwicklung nur mittelbar zu tun. Seine Arbeit ist schwer und wird immer schlechter bezahlt, aber er sieht das alles doch selbst voraus und bemüht sich, dem Gang der Ereignisse Rechnung zu tragen. Er steht nicht grollend beiseite, und keineswegs räumt er sich selbst als einen Überflüssigen aus dem Wege am Schluß. Er will nicht zurückbleiben, sondern mithalten, nicht sterben, sondern leben – daß man das nicht kann, ohne schuldig zu werden, ist in den Augen des Dichters eine Besonderheit der neuen Zeit.
Man muß die Urgestalt Henschel einmal richtig ins

Auge fassen, um zu erkennen, woran er zugrunde geht. Man muß hören, was von ihm ausgesagt wird, von den Hausgenossen und Verwandten und Bekannten, und womit er selbst von seiner Eigenart Kunde gibt. Da erscheint in der Erzählung des Schwagers das eindrucksvollste Bild: Henschel, auf dem schweren Brabanter sitzend, wie er sich das fremde Kind heraufreichen läßt und mit ihm forttreitet – was er einmal in Händen hat, wird ihm so leicht nicht entrissen werden. Manches andere wird von ihm berichtet, daß er kein Schürzenjäger ist, daß sein Wort wie ein Gesetz in der ganzen Gegend steht. Man muß ihn sehen, wie er aus dem Stall und vom Hof hereinstampft und schon wieder hinaus, ein Herr der Tiere und der Bergstraßen, hilfsbereit, jedem das Seine zubilligend, unfähig, böse Absichten zu wittern und heimtückische Anklagen zu verstehen. Einer, der sich von Frauen nichts vorschreiben läßt und dem doch gerade die Frauen das böse Schicksal bereiten. Ein Freund der Kinder, dem alle Wehrlosigkeit tief zu Herzen geht. Ein wahrhaft Gerechter, der von Gott geschlagen wird und dessen letzter leidenschaftlicher Ausbruch eine wahre Hiobsklage ist.
In den Augen der Frauen freilich ist Henschel weniger groß. Schon die erste, die sterbende, hat ihm beständig am Zeug zu flicken wegen seiner tolpatschigen Gutmütigkeit, schon sie ärgert sich unaufhörlich darüber, wie sehr die andern seine Schwäche auszunützen verstehen. Schon sie verdächtigt alle und jeden und wird deswegen von ihrem Mann zur Rede gestellt. Daß sie bald unter der Erde liegt, macht sie am Ende zur guten Frau, im Gegensatz zu der Lebenden, deren Härte und Selbstsucht unaufhörlich ins Auge springt. Aber man muß sich nur erinnern, wie sie das freundliche Kind Karlchen am Handgelenk packt und es zwingt, auf den Totenwurm

zu horchen, und wie häßlich sie mit dem Irrwisch Franziska umgeht. Das ist im Grunde dieselbe Ungüte, wie sie die zweite Frau Hanne später zu Schau tragen wird. So sind sie nun einmal, die Frauen dieses Stücks, selbstsüchtig, mißgünstig und hart – man zweifelt nicht daran, daß das Früchtchen Franziska sich einmal ebenso stachelig auswachsen wird. Aber während Franziska dem guten Riesen nur eben über den Weg tanzt, bewirken die beiden Ehefrauen seinen Untergang, jede auf ihre Art.

Daß die erste Frau ihre Macht vor allem aus dem Grabe heraus ausübt, ist ein echt volkstümlicher Zug, der beweist, wie stark der Hüne Henschel noch mit den Unteren, den geheimnisvoll Wirkenden, verbunden ist. Er hat sein Versprechen gebrochen und die Hanne geheiratet, aber sein Schuldbewußtsein darüber ist doch kaum ein moralisches zu nennen. Er spürt, wie die Tote umgeht, wie sie hier und dort leibhaftig erscheint und sich über ihn beklagt, ihn sogar des Mordes an ihr selbst und an ihrem kleinen Kinde zeiht. Sie kommt in sein Haus und plätschert am Trog, sie verstellt die Dinge, alles nur, um von ihrer ewigen Gegenwart Kunde zu tun. Sie erscheint sogar in den Wolken, unangreifbar, rachsüchtig und still...

Gemessen an solcher finsteren Nachstellung mutet das Wesen der jungen Hanne zunächst fast kindlich harmlos an. Sie ist kokett und lachlustig, wer seinen Spaß mit ihr treibt, hat schon gewonnen bei ihr. Sie besitzt die Unabhängigkeit eines Menschen, der arbeiten gelernt hat und ein paar starke Arme sein eigen nennt, aber das hindert nicht, daß sie aus der Armut und der Schande ihrer Kinder- und Mädchenjahre herausstrebt und daß ihr zu solchem Hinaufgelangen jedes Mittel willkommen ist. Ihr Triumph über dem Waschfaß, nach

Henschels halbem Heiratsantrag, ist noch fast kindliche Freude darüber, daß sie es nun geschafft hat und selber die Herrin spielen darf. Wie sie sich später, als junge Frau, verhält, daß sie Henschel betrügt und mißhandelt, die Angestellten und Hausgenossen verdächtigt und mit übler Nachrede verfolgt, das alles könnte mit ihrem Unbehagen über die Vernunftheirat noch entschuldigt werden. Erst die Tatsache, daß Hanne ihr eigenes, von dem gutmütigen Henschel herbeigeholtes Kind als Last und Ärgernis empfindet und mit ihm umspringt wie mit einem kleinen widerwärtigen Tier, läßt sie dem Zuschauer mehr als unsympathisch, ja geradezu unmenschlich erscheinen. Da überschlägt sich der Lebenswille, weil er nichts Zukünftiges mehr umgreift.
Zwischen diesen beiden Frauen, der lebendigen und der toten, geht Wilhelm Henschels Weg unaufhaltsam bergab. Mag die Tote bewirken, daß ein schon seit ihrer Krankheit in Hof und Stall waltendes Mißgeschick sich fortsetzt – die Lebende hat doch schuld an den Veränderungen, die sich im Hause vollziehen. Denn dort ist es nun bald vorbei mit dem gemütlichen Kommen und Gehen und Beieinandersitzen und mit der nachbarlichen Hilfe erst recht. Henschel darf nicht mehr sein, wie er möchte, hilfreich und vertrauensvoll und stark. Der ersten Frau gegenüber hat er diese seine Wesensart noch durchgesetzt, die zweite, jüngere und kräftigere bekommt sofort die Zügel in die Hand. Er hat sie genommen, weil er allein nicht fertig wurde, weil er leben wollte – das sahen wir schon. Sie hat »einen Kopf«, kann rechnen und haushalten, alles, was so nötig ist in der neuen Zeit. Aber einem Pakt mit dem Teufel gleicht dieser Ehebund doch gerade deswegen, weil so hart und so unerbittlich gerechnet wird, und die Waffen, die der jungen Hanne zum Lebenskampf zu

von Wilhelm Henschels moralischem Abstieg vielfaches Zeugnis gegeben. Da ist die Fama am Werke und bekundet, wie es war und nicht mehr ist, mit lauter Verleumdung und Übertreibung und mit dem Körnchen Wahrheit, das überall steckt. Der auf Hannes Betreiben entlassene Kutscher Hauffe ist der eigentliche Ankläger, er hat recht und auch wieder unrecht, weil er das Ganze nur aus seinem eigenen Blickwinkel sieht. Henschel versucht ihm noch einmal Gutes zu tun in der ruhig selbstverständlichen Weise von früher, nur daß sich nun nichts mehr von selber versteht. Schon sieht man in ihm ganz allgemein den Raffer und Halsabschneider, Hannes männlichen Widerpart, der die Leute um Brot und Ansehen bringt. Der betrunkene Kutscher spricht von Unflat in seinem Haus und wird von Henschel vor die Tür gesetzt. Als der besonnenere Schwager dann alles klar macht, Hannes Ehebruch und Henschels veränderten Sinn, schweigt der Gewalttätige zunächst betroffen still. Erst als der Schwager mit einem »Nichts für ungut« gehen will, wacht Henschel auf, hält den andern mit eisernem Griff am Handgelenk und verlangt, daß seine Frau gerufen wird – der ängstliche Einspruch des Wirts ruft dann den eigentlichen furchtbaren Zorn in ihm hervor. Da wird er blaurot im Gesicht und brüllt »eher schlag ich Euch alle tot« – eher, das bedeutet, eh er den Schwager freiläßt, eh er verzichtet auf das große Gericht. Dann ist die Hanne plötzlich da und schon wieder weggerannt, die Schürze über dem Kopf, keine gekränkte Unschuld, sondern ein keifendes schlechtes Gewissen, das sich der Auseinandersetzung entzieht. Henschel läuft ihr nicht nach und ruft sie nicht zurück. Während er noch die eben vernommenen Anklagen wiederholt, hat er schon genug gehört und gesehen. Er läßt des Schwagers Hand

fahren und bricht zusammen. Er wird nicht wieder aufstehen, so wenig wie ein gefällter Baum sich noch einmal aufhebt und steht.
Der Henschel des 5. Aktes ist der Gefällte, Lebensunfähige, und jedermann sieht ihm die Veränderung an. Wermelskirch und Siebenhaar haben Sorge um ihn, sie kommen und gehen und wagen nicht, sich schlafen zu legen. Wie die verschreckte Hanne sprechen sie mit Henschel, der mit seinem Nachtaufsitzen und In-den-Mond-Schauen den Eindruck eines Wahnsinnigen macht.
Er antwortet allen und gibt besonders dem Siebenhaar über seine Schlaflosigkeit ganz vernünftig Bescheid. Trotzdem vollzieht sich sein eigentliches Gespräch ganz woanders und hat einen andern Partner, einen, dessen Stimme nur für ihn vernehmbar ist. Unser Herrgott und ich, wir beide wissen, sagt Henschel zu Hanne und meint, wer schuld ist an dem Ganzen, wer sich anklagen muß. Dabei ist Henschel jedoch nicht als bußfertiger Sünder zu verstehen. Er ist schuld, aber der Herrgott nicht minder, weil der ihm die Fallstricke gelegt hat, in denen er zugrunde gehen muß. Im Gespräch mit Siebenhaar kommt das zum Ausdruck, die Pechsträhne, die zuletzt eine Kette von tödlichen Geschehnissen ist. Der Teufel oder ein anderer – man spricht das nicht aus, aber man weiß, daß auch der große Andere zuweilen ein rachsüchtiger Verfolger ist. In Siebenhaars Augen sind das alles »gewisse Schicksale«, die einen Menschen treffen und über die er mit der nötigen Vernunft Herr werden kann. Aber Henschel ist nicht vernünftig, und sein Gott steht jenseits aller Möglichkeiten psychiatrischer Therapie. »Eine Schlinge ward mir gelegt« – unwillkürlich verfällt er in die Tonart der Bibel, gewiß des einzigen Buches, das er je gelesen hat.
Es geht um ihn allein. Die Hanne ist nicht schuld, und

mit ihrem Weggehen wäre nichts getan. Sie hat in der letzten Nacht noch einmal einen stolzen Augenblick, als sie Henschel nicht zumutet, aus der »Väterei« wegzuziehen, und lieber selbst fortgehen und noch einmal von vorn anfangen will, arm und allein. Gleich danach könnte sie noch einmal mehr sein als das saubere Weibsbild und die fleißige Schafferin – sie könnte Henschel retten vor seinem selbstzerstörerischen Trieb. »Kommst du nicht«, fragt er an der Tür der Schlafkammer, und wenn es da nur ein Geringstes von Liebe gäbe, wäre Wermelskirchs täppischer Rat »schafft Euch etwas Kleines an« die Lösung und Erlösung und nicht nur für diese eine Nacht. Aber dieses Geringste an Liebe ist eben nicht da. Nur Ratlosigkeit, Todesangst und Haß.

Daß die Hanne sich in dieser letzten Stunde doch noch verteidigt und auf der Stelle tot sein will, wenn sie an Gustls Sterben schuld hat, scheint mir für Henschels Entscheidung ganz unwesentlich zu sein. Frauen haben für ihn überhaupt keine Schuld, weil sie nicht ernst zu nehmen sind und keine Verantwortung tragen können. Sie haben keine wirkliche Verbindung zu Gott und werden von ihm übersehen und laufen gelassen, wie man die kleinen Schwindler und Betrüger laufen läßt. Bei Hannes Anerbieten, Haus und Hof zu verlassen, schwankt die Waage, und einen Augenblick lang sieht es so aus, als fasse Henschel seinen letzten Entschluß nur als der gutmütige Kinderfreund, der den Gedanken an eine neue Aussetzung der kleinen Male nicht verträgt. Aber im Grunde wartet er doch nur auf den letzten Schlag seines großen Widersachers, der ihn hetzt und der ihm keine Ruhe läßt. Er wartet und wiegt die Aufpasser in Sicherheit, er wartet und ruft die Hanne in die Schlafkammer, so als ob es wirklich noch einen Ausweg, eine Rettung gäbe. Dann aber geschieht, was er schon in der Schankstube hat kommen sehen. Er bleibt allein mit »ihm« und wird, ein Riese von einem Riesen, überwältigt – dafür gibt es keine Zeugen, nur ein paar Minuten später den Anblick des Toten in seinem Blut.

Es ist gewiß oft gezeigt worden, wie in den großen Dramen des Naturalismus aus alltäglichen Worten und mundartlichen Redewendungen wirklich große Schauspiele und Tragödien aufgebaut wurden. Dennoch scheint es mir nicht müßig, sich, angesichts der Geschichte des Fuhrmanns Henschel, noch einmal zu vergegenwärtigen, welche Wirkung mit dieser Form der Aussage erreicht werden konnte, bei der alle großen Worte, alle bedeutenden, des Zitierens würdigen Aussprüche fehlen. Hier ist die große Gestalt ein Mensch, dessen intellektuelle Fähigkeiten weit unter denen seiner Mit- und Gegenspieler stehen. Er verkörpert ein altes Gesetz der Menschlichkeit und geht zugrunde, weil er ihm nicht treu bleiben kann. Aber noch im Untergang ist er größer als die Lebensgescheiten, die sich einzurichten verstehen. Er liefert sich Gottes Zorn aus, damit setzt er diesen noch einmal in seine Rechte ein und beschwört noch einmal die überwältigende Macht, die für alle andern längst zu einem Schemen geworden ist.

Mutter Courage

Die Landstörtzerin Courage, auf dem Titelkupfer des Grimmelshausenschen Traktats bildlich dargestellt, reitet, zur Seite sitzend, auf einem Esel, der den Kopf zur Erde streckt und von einer fetten Pflanze frißt. Sie trägt Frauenkleider und offenes, nur von einem Stirnband gehaltenes Haar. Mit der linken Hand faßt sie in einen geöffneten Mantelsack, der ihrem Reittier aufgeschnallt ist und aus dem Gürtel, Kämme und Perlenketten hervorquellen. Scheren, Puderquasten, Pinsel und Döschen, auch ein Bügeleisen fallen zu Boden oder liegen schon im Grase verstreut. Zur Rechten wandern mit Gepäck beladene Leute, weiter hinten sind, in einer weiten, von Gebüschen überwachsenen Hügellandschaft, Soldaten zu sehen. Ein Soldat mit Federhut, Gewehr und krummem Schwert und totem Federvieh am Gürtel steht neben der Courage und fordert sie durch eine Handbewegung zum Mitkommen auf. Diese aber bekümmert sich nicht um ihn. Sie ist damit beschäftigt, ihren Kram auszustreuen, wie man aus einer Erklärung erfährt, dem Simplizissimus zum Trotz.
Mit dieser Landstörtzerin und Zigeunerin, dieser Diebin und großen Hure Courage aus der Grimmelshausenschen Erzählung hat die dramatische Figur Bertolt Brechts auf den ersten Blick kaum mehr als den Namen und ein paar äußere Züge gemein. Die Landstörtzerin betrügt, stiehlt, hurt, sie treibt zum Schaden ihrer Mitmenschen allerlei Narrenspossen, und es kommt ihr nicht darauf an, einem Widersacher mit eigener Hand den Kopf abzuschlagen. Sie ist schön und begehrenswert in

der Jugend, aber über solchem Leben wird sie schließlich alt und häßlich, gallig und krank. Sie hat eine Unzahl von Liebhabern und Ehemännern, aber keine Kinder, und das Knäblein, das sie dem Simplizius zum Tort vor seine Tür legen läßt, stammt keineswegs von ihr. Nicht etwa aus Beichtlust und Umkehrwillen, sondern nur, um sich an Simplizius zu rächen, stellt sie der ganzen Welt ihr gottloses Leben vor Augen. Der Autor aber hat seine moralische Absicht dabei. Er will warnen, will die leichtsinnige Jugend darauf aufmerksam machen, was ihr im Umgang mit »so schröcklichen Medusen«, bei der Hurenliebe überhaupt, widerfahren kann. Er läßt seine Heldin zum Teufel fahren, unerschrocken und gewissenlos, als eine alte Hexe, die niemand mehr zu ändern oder zu erlösen vermag. Aber gerade auf diese Weise verfolgt er seinen erzieherischen Zweck.

Auch das Brechtsche Stück ist eine Warnung, wenn auch eine von sehr anderer Art. Auch hier lebt die Heldin ihr Leben, ohne Bedenken und Einsicht, ohne Rücksicht auf ihre Nebenmenschen und ohne religiöses Gefühl. Ihr Verhalten ist weniger liederlich als das der Landstörtzerin, weniger planlos von Laune und Leidenschaft bewegt. Die Marketenderei, die die Landstörtzerin nur kurze Zeit betreibt, ist der Mutter Courage festes Gewerbe, und in vieler Hinsicht, wenn auch durchaus nicht in jeder, ist ihr Leben von dem Dasein ihrer Kinder bestimmt. Wie jener aber erscheint ihr der Unstern des Krieges als ein rechter Heilsstern, den sie mit Vergnügen immer wieder aufleuchten sieht. Wie jene zieht sie ihren Vorteil aus den chaotischen Zuständen und aus den Übeln, die die schlimme Zeit gebiert. Hier wie dort steht der Autor außerhalb solcher Empfindungen, hier wie dort will er nicht im Herzen der Heldin, sondern in dem des Lesers Einsicht erwecken. Von der Landstörtzerin mag man annehmen, daß sie eines Tages, auf einem Besen reitend, die Luft durcheilt, wie die seltsamen magischen Tiere, die auf dem Titelkupfer ihren Kopf umschwirren. Die Marketenderin Courage wird noch in der Hölle oder im Himmel mit ihrem Wagen herumziehen, wird Pech an die Verdammten oder Wegzehrung an die irrenden Seelen verkaufen und dabei ihren Vorteil finden. Der Autor weiß es besser, in jedem Fall. Aber während Grimmelshausen vor der Hurenliebe warnt, die Krankheit und ein böses Gewissen zur Folge hat, warnt Brecht vor der Ursache allen Übels, vor dem Krieg.

In der Verschiedenheit der lehrhaften Absicht wird der Wandel der Zeiten offenbar. Ein paar Jahrhunderte liegen zwischen der Grimmelshausenschen Prosa und Brechts dramatischem Versuch. Für Grimmelshausen ist der Krieg noch ein Schicksal, dem keiner entrinnen kann – während man seinen üblen Begleiterscheinungen mit einiger Vorsicht und Weisheit aus dem Wege zu gehen vermag. Brecht sieht im Kriege den Ausdruck von Unvernunft und Gewissenlosigkeit, ein Menschenwerk also, das niemand ohne Widerspruch und Auflehnung hinnehmen darf. Als ein solches Menschenwerk soll der Leser oder Hörer das finstere Geschehen erkennen – darum wird ihm der Spiegel des dreißigjährigen, des endlosen Krieges vorgehalten, der mit seiner völligen Vernichtung menschlicher und geistiger Werte besser als die kurzen Kriege der vergangenen Jahrhunderte unseren eigenen Erfahrungen entspricht. Darum steht der Planwagen der Courage bald hier bald dort, darum weht vom Fahnenstock bald dieses bald jenes Hoheitszeichen, darum ist unaufhörlich die Rede von Plünderung und Vergewaltigung, Brandschatzung

und Mord. Darum erfahren wir auf Schritt und Tritt: so wird der Mensch, für den es keine Ordnung, keine segensreiche Arbeit, kein unbehelligtes Wohnen und Verbleiben in der Heimat mehr gibt. So wird die Mutter Courage, daß sie an nichts anderes mehr denkt, als wie sie verdienen kann, und daß sie aus Gewinnsucht ihren eigenen Sohn preisgibt. So wird jeder im Kriege, weil die Not kein Acker für Tugenden ist und weil die Moral im Elend und in der Heimatlosigkeit nur selten gedeiht.
Die Mutter Courage, diese zähe Ausgeburt des Krieges, ist in ihrem Nichtwissen und Nicht-besser-haben-Wollen das Gegenbild dessen, wie es sein sollte und wie der Dichter es will. In ihrem triebhaften Egoismus ist sie durchaus ein Wesen von Fleisch und Blut, und wenn Brecht sie späterhin aus Furcht vor ihrer Leibhaftigkeit ein wenig zurechtstutzen, ihr etwas mehr allgemeine Menschenliebe und etwas weniger instinkthaften Muttertrieb zuschreiben wollte, so beweisen solche Änderungen nur, daß man eine Gestalt von dieser Kraft und Eindringlichkeit post festum nicht mehr umbiegen kann, daß man sie ihrer Wege gehen lassen muß. Diesen ihren Weg aber geht die Mutter Courage ohnehin als ein Mensch, der leben will und der unter dem Druck einer unberechenbaren Übermacht anders nicht leben kann. Sie geht ihn als eine der Armen, die sich auf ihre Weise dagegen wehren müssen, ein Spielball unbegreiflicher Mächte zu sein. Als eine Frau endlich, für die der Krieg das männliche Wesen verkörpert, dieses Ewig-Männliche, das man liebt und haßt, und aus dem man seine Lust und seinen Vorteil zu ziehen vermag. Damit aber, daß Brecht gerade diese Gestalt, diese macht- und rechtlose, diese arme und lebenstüchtige Frau dem Kriege entgegenstellt, erreicht er, und besser als durch Senten-

zen und richterliche Sprüche, was seine Absicht ist: er ruft das Entsetzen und die Auflehnung des Hörers hervor.

Der Krieg als der große Gegenspieler der Mutter Courage ist so irdisch und handfest wie diese selbst. Er hat nichts Dämonisches, so wenig wie Heldentum und Opfertod für ihn kennzeichnend sind. Das Wesentliche an ihm ist, daß er nie aufhört, jedenfalls nicht, ehe »alle Länder drinnen sind«, ehe nicht alles, was lebt, in seinen Abgrund gerissen wird. Für die Marketenderin Courage ist er der große Brotgeber, an den man sich halten muß, obwohl man bei ihm so leicht unter die Räder kommen kann. Manchmal allerdings bricht auch aus ihr etwas hervor vom alten Nichtverstehen der Frau, von Empörung gegen das sinnlose Leben und Sterben ringsum. Aber was da zum Ausdruck kommt, in den Liedern etwa und vor allem in dem bitteren Gesang vom Weib und dem Soldaten, ist doch althergebracht, mythisch fast schon und mehr eine Wesensäußerung der ewigen Frau als eine der Courage selbst. Denn singen kann sie, rauh und gewaltig, aber doch besser noch rechnen, mit Waren und Zahlen und aufs geschwindeste mit den Menschen, wie sie hier und heute nun eben einmal sind. Ihre Rechenkunst läßt sie jeden bewundern, der es zu etwas bringt, weil er Geld machen kann, und jeden aufs tiefste verachten, der diese Schliche nicht versteht. Dank dieser Rechenkunst ist sie eigentlich immer auf der Seite der Starken, der im Augenblick Siegreichen, aber auch der Mächtigen an sich. Mit wie grimmigem Hohn sie auch über ihre fragwürdigen Eigenschaften herziehen kann. Erst als das große Elend kommt, will sie sich vom Kriege zurückziehen. Daß sie es dann doch nicht tut, hat einen anderen tieferen Grund. Kattrin und der Wagen, das sind die beiden Angelpunkte, um die sich das finstere, derbe Spiel bewegt. Ein Krüppel und ein Ding auf Rädern, das unsteteste und unbeständigste auf der Welt. Das Fahrzeug, Wohnung und Warenspeicher in einem, ist immerhin noch dauerhafter als das Menschenkind – es ist am Ende noch da, rumpelt weiter, während das Mädchen schon unter der Erde liegt, begraben von fremder Hand. Besitzt das Mädchen keine Stimme, so hat der Wagen kein Herz, er ist gleichgültig, unpersönlich und dauerhaft wie das Leben selbst. Kattrin verkörpert – wir werden es noch sehen – ein Stück der Mutter Courage, ein mißhandeltes stummes Teil ihres Wesens, das am Ende triumphierend zugrunde geht. Der Wagen ist auch ein Teil von ihr. Weil sie von ihm nicht lassen will, muß der Sohn daran glauben, und in der Entscheidung zwischen dem ruhigen Leben in Holland und dem Weiterwandern spielt er eine beträchtliche Rolle. Seine Zugtiere sind die Söhne, die wechselnden Reisekameraden, die Tochter, endlich die Courage selbst. Während die Kinder, eines nach dem andern, zugrunde gehen und die Fahrtgenossen, einer nach dem andern, ihres Weges ziehen, bleibt der Wagen immer zur Stelle. Er ist zuweilen leer und armselig und blüht dann wieder auf im Schmuck neuer Waren, bunt wie ein Maibaum, lustig und hell. Eine Heimat, die einzige, ist er immer, und eine Zuflucht für Kattrin, die unter seinem Plandach ihre heimlichen Tränen vergießt.

Wer etwas hat, was er durchaus behalten will, ist nicht revolutionär. Die Courage, die an ihrem Wagen hängt wie die Seele am Leib, ist es auf keinen Fall. Sie richtet sich ein im Leben, versteckt sich, duckt sich, verschwindet, ist wieder da. Auszuweichen versteht sie und aus allen Schwierigkeiten mit heiler Haut herauszukommen, weil sie gleich übersieht, was da gespielt wird und was dieser oder jener von ihr hören will. Weltanschauung, Religion, Gefühle sind etwas für feste Häuser und Friedenszeiten – der Arme, vom Krieg Verfolgte streckt sich nach der Decke und dreht den Mantel nach dem Wind. Er redet sich heraus – auch die Courage tut es und hat nur zuweilen Angst, sich um Kopf und Kragen zu reden. Sie beneidet die Kattrin um ihre Stummheit, vielleicht weil sie glaubt, daß einem, der keine Worte hat, nichts geschehen kann, vielleicht weil das ewige Nach-dem-Munde-Reden doch ein Unbehagen hinterläßt. Manchmal möchte sie aufbegehren, weil ihr Unrecht geschieht, aber dann beherrscht sie sich wieder, weil ihr Zorn ein kurzer ist, einer, der nur ins Verderben reißt und der die Welt nicht zu verändern vermag. Daß es auch einen langen, anderen gibt, weiß der Dichter, aber die Courage weiß es nicht. Sie sieht, was ist, aber nicht, was sein könnte, und bei aller Vorsorge für den nächsten Tag lebt sie in der Gegenwart ganz und gar.

Die Gegenwart, das war immer der Kampf um das tägliche Brot. Es waren einmal auch die Männer, ihre Liebhaber und Ehemänner, die sie liebte und geringschätzte zugleich. Es sind jetzt die Kinder, soweit sie gerade da sind und soweit man Zeit hat, an sie zu denken oder etwas für sie zu tun. Das Gefühl der Mutter für die beiden Söhne ist ein sehr verschiedenartiges, so verschieden wie die Art der Zuneigung, die die junge Courage einst in die Arme ihrer Väter oder Ziehväter trieb. Man liebt wohl einmal einen Zaghaften, Redlichen und dann wieder einen schwarzen Teufel – in den Kindern sind solche Eigenschaften dann verewigt, und man muß sie immer vor Augen haben. Von Eilif, dem tollkühnen Draufgänger, sagt die Courage einmal, daß er ihr Liebling sei – sicher ist, daß der redliche Schweizerkas mehr ihre Ungeduld und ihre Spottlust als ihre mütterliche Zärtlichkeit erregt. Wie sie den Eilif beim Hauptmann wiederfindet und seine Heldentaten loben hört, springt etwas in ihr auf von der alten Liebesflamme für seinen heftigen finnischen Vater, springt ihr aus der Kehle mit dem stolzen angstvollen Lied, und in die Hände, die mit dem Kochlöffel den Takt dazu schlagen. Die Redlichkeit war auch einmal Liebesgegenstand, aber Wärme ist da nicht viel zurückgeblieben, nicht viel für den Schweizerkas, dessen Wesensart der der Courage eigentlich in allem widerspricht. Ein mütterliches Gefühl der Verantwortung hat sie auch diesem Sohn gegenüber, aber ihre Liebe gehört den andern Kindern, dem ganz starken und dem ganz schwachen und diesem mehr als jedem anderen Wesen auf der Welt.

Nicht, daß da aus dem Verhältnis zu der stummen Tochter Kattrin etwas herausklänge von Wehmut und Sentimentalität. Auch und gerade diesem Kind gegenüber zeigt die Courage Rauheit, Ungeduld und Zorn. Aber die Quelle solcher Liebesäußerung ist doch nur die Sorge, und diese Sorge – was wird aus der Tochter werden? – verläßt die Courage eigentlich nie. Denn die Söhne sind ihre Väter, lieb und leidig wie diese, aber Kattrin ist ein Stück der Courage selbst. Sie ist die Courage selbst, wie sie hätte sein können, wenn – ja wenn das Leben anders wäre, weniger erbarmungslos hart. Auch die Kattrin ist nicht auf Rosen gebettet, sie hat es noch schwerer, weil sie stumm ist, weil sie kein schönes Gesicht hat, weil sie nicht kämpfen und ihre Ellbogen gebrauchen will. Ein solches Verhalten, gepaart mit Erbarmen und Mildtätigkeit, würde die Courage zur Raserei treiben, wenn es sich nicht eben um ihr Kind handelte, und um ein Wesen, das so armselig und so völlig auf die Mutter angewiesen ist.

Die Courage weiß nicht, was in der Tochter vorgeht – die leibliche Stummheit mag da nur ein verstärkendes Zeichen für eine jugendliche Mitteilungsunlust und -unfähigkeit sein. Aber die Mutter ist doch die einzige, die von der Gebärdensprache und den rauhen Kehllauten des Mädchens überhaupt etwas versteht. Sie begreift, daß die Tochter von Mitleid verzehrt wird, und dieses Gefühl, das bei der Courage sonst wohl nur Geringschätzung hervorruft – hier wird es respektiert. Während die Mutter nur für ihre eigenen Kinder etwas wie Liebe empfindet, liebt die Kattrin mit einer großen unpersönlichen Zuneigung alle notleidende Kreatur – auch diese Absonderlichkeit wird respektiert. Die Kattrin klettert aufs Dach und trommelt sich den Tod auf den Hals, nicht etwa um die Mutter zu retten, sondern weil ihr das schreckliche Ende von ein paar fremden Kindern leibhaftig vor Augen steht. Eine Wahnsinnstat, gewiß, aber eine von der tiefsten Bedeutung, da sie vieles auslöscht von dem, was die Courage auf dem Gewissen hat, was jeder auf dem Gewissen hat, der um jeden Preis leben will. Vielleicht ahnt die Courage diesen Sühnetod schon voraus – vielleicht ist diese Ahnung die Ursache, daß jede ihrer weicheren Regungen der Tochter gilt. Als Kattrin, die Waren verteidigend, verwundet wird, tröstet die Courage sie mit den roten Schuhen, an denen sich einmal, sehr zum Verdruß der Mutter, in Kattrin eine kleine Weltlust und Hoffart entzündet hatte. Als der Koch der Courage das Asyl, aber ohne die Tochter, anbietet, zögert sie keinen Augenblick, sich von ihm zu trennen. Ein einziges Mal verflucht sie den Krieg – das geschieht an eben dem Tage, an dem die Stumme, die so gern lieben und heiraten und Kinder haben möchte, durch einen Säbelhieb fürs Leben verunstaltet wird. Ein einziges Mal gerät sie von Sinnen, weiß nicht mehr zu unterscheiden zwischen Traum und Wirklichkeit, Tod und Schlaf. »Bald schläft sie ein« (schläft sie *mir* ein, heißt es in der ursprünglichen Fassung) – und Kattrins Herzschlag ist schon lange verstummt.

Damit scheint alles zu Ende und ist es doch nicht, da die Courage sich nicht einmal die Zeit läßt, ihre Tochter zu begraben, sondern dem Heerhaufen nachzieht, weiterzuleben im endlosen Krieg. Mit diesem letzten Aufbruch wird die Marketenderin zur legendären Gestalt – zu einer, die nicht stirbt und die nicht aufhört, Männer zu lieben und Kinder zu gebären. Es beginnt alles von neuem – so klingt es doch am Ende –, ein bißchen elender, ein bißchen näher dem Tod. Wieder gibt es Kinder und unendliche Gefahren, für die allzu Kühnen, die nicht auf sich acht haben, für die allzu Redlichen, die ihre Gewissenhaftigkeit ins Verderben stürzt. Wieder gibt es die Himmelsmacht Liebe, das Erobert- und Verlassenwerden und den Ärger mit den roten Schuhen. Immer noch und immer wieder muß man hart sein, um durchzukommen, muß, ohne mit der Wimper zu zucken, sein eigenes totes Kind verleugnen, um die noch Lebenden, um sich selber zu retten. Noch und wieder weiß man gar nicht, was man alles verloren hat und spricht von Toten, als ob sie noch am Leben seien, noch und wieder wird getrommelt und geschossen, und es ist, als habe es nie etwas anderes gegeben als diese endlose Wanderschaft, diesen unaufhörlichen Krieg. Denn das alles ändert sich nie...

Es ändert sich doch, wenn wir nur wollen, diese Überzeugung ist es, die der Autor mit dem Lebensbild der Mutter Courage in uns wachrufen will. Das Erbarmen ist stumm, aber sein selbstvergessener Trommelschlag ist lauter als alle Geräusche, mit denen man ihn zu übertönen versucht. Die Courage ist so wie sie ist, aber sie müßte nicht so sein in einer anderen besseren Welt. Wer das heraushört, empfindet eine Hoffnung, die von den politischen Bindungen des Dichters unabhängig ist. Er sieht den Tag voraus, an dem die Courage aufhört zu wandern und auf Kosten ihrer Mitmenschen ihren Vorteil zu suchen, an dem sie wirklich zu dem wird, was sie im ersten Augenblick zu sein scheint – zu einer historischen Gestalt.

Lucky

In ironischer Anspielung auf einen billigen Optimismus heißt der alte Lastenträger in Becketts »Warten auf Godot« Lucky, der Glückliche. Er schleppt sich mit dem Gepäck und dem Klappstuhl des rätselhaften Pozzo, wird mit der Peitsche angetrieben, fällt immer wieder hin und kann sich nur aufrecht halten, wenn er zu tragen bekommt. Er schläft viel, und sein tyrannischer Herr empfiehlt, ihn mit Fußtritten zu wecken, gewiß aus Grausamkeit, aber auch, weil er aus sagenhaft langer Erfahrung weiß, wie der Diener zu behandeln ist, den er los sein will, aber nicht los wird, der ihn ärgert und aufregt, auf den er aber doch gewisse Rücksichten nimmt. Daß Herr und Diener zusammen alt werden, einander brauchen und sich gerade deswegen nicht leiden können, das kommt auch im Leben vor, und solches Auseinanderstreben und Einander-doch-nicht-entbehren-Können bekunden alle Beckettschen Paare, die Haßliebe jeder menschlichen Beziehung wird darin zum Ausdruck gebracht. Ein Teil ist immer der geistig Überlegene, der Denker, der Rechner, der Erinnerung besitzt, während der andere wünscht und vergißt. Lucky aber kann denken und rechnen oder konnte es doch einmal, und es scheint nicht einmal, daß sein Herr ihm das beigebracht hatte und sein Meister gewesen ist. Er ist heruntergekommen, auf den Hund, dem man die Knochen zuwirft, der aber auch einmal nicht fressen will, den man peitscht und tritt, der aber auch einmal, unberechenbar böse, sich wehrt. Pozzo entschuldigt ihn gelegentlich, er weiß, daß Lucky zu anderem bestimmt war, weiß es am besten, weil er das andere noch miterlebt und seinen Nutzen daraus gezogen hat. Daß Lucky früher gesungen und getanzt und ihn damit unterhalten habe, erzählt Pozzo den Landstreichern Wladimir und Estragon, ärgerlich über den Tanz, den der Diener gerade zum besten gibt. Die Zuschauer sollen erraten, wie er ihn nennt, und raten auf den »Tod des armen Schluckers« und das »Krebsgeschwür der Greise«, was freilich auch nicht zu vergleichen wäre mit den heiteren klassischen Tänzen, den Sarabanden, Fandangos und Giguen, die Lucky früher auszuführen verstand. Pozzo lehnt die Bezeichnungen ab, er weiß, was Lucky ausdrücken will, nämlich daß er sich in einem Netz verfangen hat und vergeblich versucht, sich aus den Maschen zu befreien. In der Reihenfolge, die Pozzo scherzhaft als die natürliche bezeichnet, wird Lucky danach zum Denken veranlaßt, wobei das Clownspiel mit den Hüten in einer neuen Variante ausgeführt wird. Ohne seinen Hut scheint Lucky zum Denken nicht fähig zu sein. Er ist es auch mit dem Hut auf dem Kopfe nicht, oder nicht mehr. Was er da eintönig gleichgültig herleiert, sind nur Trümmer, sinnlos durcheinandergefallene Bruchstücke einer Gedankenkette, die auch in Ordnung gebracht nichts Besonderes ergeben würde, nur einen von den Aussagen vieler Gelehrter gestützten, aber nie durchgeführten Beweis, daß leider, leider, trotz des Sports der menschliche Kopf – man begreift nicht einmal, was dem geschehen ist, eine Herabminderung auf jeden Fall. Die im blödsinnigsten Gelehrtenjargon hervorgebrachte Geschichte gescheiterter Hoffnungen und aufgegebener Versuche, die Lucky am Ende, von den erbosten Zuhörern angegriffen, wie ein Hund herausheult, kommt zum Schweigen, als Pozzo dem Lucky seinen Hut wegnimmt und ihn mit Fußtritten zerstört.

Aber später, im zweiten Aufzug, als Wladimir diesen Hut findet, in Form bringt und seinerseits aufsetzt, kann er deswegen doch noch nicht denken, wenigstens nicht in dem alten wissenschaftlichen Sinn. Der höhnische Spaß scheint Lucky plötzlich anders und weniger allgemein zu kennzeichnen, nämlich als den Menschen der Vergangenheit, der Zeiten von Kunst und Wissenschaft, dem in Wladimir und Estragon ein neuer gegenübersteht, einer, der an den Wert der Kulturgüter nicht mehr glaubt, aber religiöse Sehnsucht empfindet und sich brüderlich verhält. Aber als die beiden, Pozzo und Lucky, nun wiederkommen, nach einer Nacht oder nach Jahrtausenden, als Pozzo blind und erinnerungslos und Lukky stumm geworden ist, da ist es doch wieder nichts mit solchem Fortschritt, da begreift die wütende Auflehnung des ehemaligen Tyrannen gegen die Zeit doch auch die Nachwelt, auch Wladimir und Estragon mit ein. Wladimir wiederholt Pozzos Worte später nachdenklich und macht sie sich zu eigen. »Rittlings über dem Grabe und eine schwere Geburt. Aus der Tiefe der Grube legt der Totengräber träumerisch die Zangen an. Man hat Zeit genug, um alt zu werden. Die Luft ist voll von unseren Schreien. Aber die Gewohnheit ist eine mächtige Sordine«, sagt er und fügt nach einer Pause die Worte »Ich kann nicht mehr weiter« hinzu. Und dann geht er doch weiter, der gescheite Wladimir, mit dem Toren Estragon, oder wartet weiter, Luckys Hut auf dem Kopf.

Der gealterte Mensch ist nicht nur im »Warten auf Godot«, auch in dem Hörspiel »Alle die da fallen«, auch in der Komödie »Endspiel« und in dem Einakter »Das letzte Band« Becketts Held – ein sehr anderer als die großen alten Männer der Literatur, als etwa der König Lear, der doch nur eine persönliche tragische Lebensstufe verkörperte, nicht das Alter der Menschheit überhaupt. Beckett gibt diesem seinem Helden viele Gesichter, Gesichter, die archaischen Masken gleichen, oder Urtypen in urtümlicher Beziehung, Herr – Knecht, Mann – Frau, Freund – Freund. In dem Hörspiel »Alle die da fallen« besteht ein altes Ehepaar in sinkender Nacht, in Sturm und Regen seinen Heimweg, da ist der Mann der Wissende und die Frau die Naive, die gerade, weil sie mit »wenigen einfachen Worten aus ihrem Herzen« eine dunkel noch erinnerte Beziehung zu ihren Mitmenschen wiederherstellen will, es mit jedem verdirbt. Wir knieten am selben Altar, sagt sie auf dem Bahnhof, wo sie ihren Mann erwartet, zu der geizigen Frömmlerin Miß Fitt, aber das alles gilt nicht mehr, sie wird ausgelacht und stellt mit ihrer unglückseligen Herzlichkeit, ihrer altertümlichen Sprache und ihrer Klage um ihr früh gestorbenes Kind selbst so etwas wie die Erinnerung des Menschen an ein goldenes Zeitalter dar. Ihr blinder Mann hat keine Illusionen mehr, er ist schon ein Stück weiter auf dem Wege, der über den Verlust eines Sinnes nach dem andern in die Weisheit des Todes führt. Er ist genauso unglücklich wie seine Frau, leidet ebenso wie sie unter dem, was aus der Welt und den Menschen geworden ist; und wie die beiden alten Wanderer von dem Predigttext »der Herr erhält alle, die da fallen« sprechen, brechen sie in dasselbe wilde und schmerzliche Gelächter aus. Der blinde Mr. Roney empfindet trotzdem alles ganz anders als seine Frau. Auch er erinnert sich, aber nicht ohne Nutzen, nicht ohne die schauerliche Folgerichtigkeit, die angesichts des Zustandes der Welt das Ende nicht mehr aufhalten, sondern beschleunigen will. Er hat das fremde Kind nicht aus dem Zug und unter die Räder geworfen, aber er hätte es doch tun können. Er bekennt auf diesem Heimweg, wie oft er mit dem Gedanken gespielt hat, ein Kind umzubringen, ein junges Unglück im Keim zu ersticken. Dieses junge Unglück geistert durch das »Warten auf Godot« in Gestalt des ungerecht behandelten, durch Leiden entstellten Knaben, es läuft als Waisenknabe Jerry dem alten Ehepaar nach und taucht im »Endspiel«, tot oder lebendig, in der Verlassenheit des Weltuntergangs noch einmal auf. Angesichts seiner ist die Zeugungsunlust das Teil der Wissenden, und der blinde Hamm im »Endspiel« spricht das Wort »Verantwortung« schließlich deutlich aus.

Dennoch zielt auf solche Fortpflanzungsfeindlichkeit nicht alles ab, und die ihr das Wort reden, machen sich nicht wichtig damit. Das Pathos, mit dem noch in Tolstois »Kreutzersonate« dieses Thema behandelt wird, fehlt durchaus. Lucky mit all seinen Doppelgesichtern ist vor allem müde und schläft viel. Er hat seine Altersschwächen und Altersunterhaltungen, er tanzt den Netztanz, er spielt das Endspiel, eine Partie, die von vornherein verloren ist. Wladimir und Estragon treiben ihre fast rituellen Späße, der Zeitvertreib des blinden Mr. Roney ist das Zählen, eine uralte Frau in einem uralten Haus spielt sich die Grammophonplatte »Der Tod und das Mädchen« vor. Der blinde Mr. Roney möchte sich zur Ruhe setzen, die Stunden bis zur nächsten Mahlzeit zählen, seine Frau immer im Bett liegen, langsam dahinschwinden, sanft in ein höheres Leben hinabgleiten. Es wird Zeit, daß es endet, sagt Hamm im »Endspiel«, und sein Diener Clow, der an der Küchenwand sieht, wie »sein Licht stirbt«, bekennt beim Fortgehen, daß er im Augenblick seines Hinfallens vor Freude weinen wird. Jeder hat noch eine geheime Lust oder einen Fetisch, den seine Hände berühren, Mr. Roney den kleinen harten Ball, der auch im »Letzten Band« eine Rolle spielt, Hamm das Taschentuch, das er mit den versunkenen Worten »Altes Linnen« sich am Ende übers Gesicht legen wird. Jeder hat sein Gebrechen, das ihn quält und herabmindert, aber auch seine Gedanken und seine Träume, selbst Pozzo beginnt am Ende zu träumen, und die Erinnerung an seine eigenen wundervollen Augen zieht wie ein heller Schein über das blinde Gesicht.

Hamm, der im »Endspiel« blind und unbeweglich im Rollstuhl sitzt, ist von allen bizarren Instrumenten Bekketts das mit den meisten Tönen, dem überraschendsten Klang. Von ihm erleben wir in den weißgesichtigen halbtoten Eltern noch ein Stück seiner Vergangenheit; die Geschichte, die er »so gut wie möglich« erzählen will, soll ein Kunstwerk, sein Kunstwerk sein, ist aber auch seine Lebensgeschichte und die Geschichte seiner Schuld. Er hat es am schwersten von all diesen Sterbenden, weil er noch Phantasie besitzt, sich nicht wie Wladimir und Estragon mit allerlei Rechthabereien das eigene Noch-am-Leben-Sein beweisen muß. Er träumt gelegentlich von einer Flucht übers Meer, äußert einmal die Hoffnung, daß doch nicht alles umsonst gewesen sei, und weiß, daß seine Gedanken und Träume, sein Nie-wirklich-da-Sein ihn die Rettung so vieler Menschen versäumen ließen. Er ist voll Verachtung für seine Eltern, die sich von Mülltonne zu Mülltonne noch immer so viel zu sagen haben und Zwiebäckchen teilen, auch voller Haß, weil sie einst seinen Kinderruf nicht hören wollten – jetzt läßt er den Vater vergeblich betteln und weiß doch schon, daß am Ende wieder er selbst es sein wird, der vergeblich ruft. Er kennt die Furcht vor den Haifischen, vor dem Zuendegehen der lebenserhaltenden Pillen, vor der Ratte, die Clow nicht getötet hat. Er weiß alles voraus und besser und bezeichnet in der Erzählung von dem verrückten Maler, der in einer blühenden Landschaft nichts als Asche sah, seine eigene Lage als einen Wahnsinn, eine Sehweise, die den Tatsachen gar nicht entspricht. Diese Erkenntnis macht nichts besser, ändert nichts daran, daß er den kahlen Raum als sein Gefängnis und die untergehende Welt draußen als die andere Hölle empfindet. Seine Gebete haben nichts Blasphemisches, aber eher etwas von einer alten Erinnerung, gegen die sich aufzulehnen sinnlos geworden ist, einem ewigen Versuch, ein Verhältnis wiederherzustellen, das nicht mehr oder noch nicht wieder existiert. Die Worte des Herzens, nach denen er zuletzt verlangt, das Stück Poesie, das er sich aufsagt, sind ebenso alte Menschheitserinnerung und ein verlorenes Glück. Aber wie Clow fragt, glaubst du an ein zukünftiges Leben, antwortet Hamm, meines war immer ein zukünftiges, das ist Titanenstolz, halbe Göttlichkeit, wie der trotzige Ausspruch »fern von *mir* ist der Tod«. Hamm ist das letzte Bewußtsein, die letzte Einbildungskraft, das letzte Gebet des Menschen, ihm und nur ihm traut man zu, daß er zu sterben versteht. Und bei all seinem spaßhaft ängstlichen Bestreben, im Rollstuhl die genaue Mitte des Raumes einzunehmen, ist er tatsächlich ein Mittelpunkt, ein Brennpunkt, in dem das Leben sich noch einmal sammelt und verglüht.

Sag noch etwas, bittet Hamm den zum Fortgehen gerüsteten Clow, ein paar Worte aus deinem Herzen, nicht anders wie die alte Frau Roney auf dem unheilvollen Heimweg anfleht, sei lieb. Aber Clow geht fort, gebeugt, weiser geworden, bereit, besser leiden zu lernen. Hamm bleibt nichts mehr als die Erinnerung an die Stunde, in der er Clow seine Verantwortung gegenüber dem heranwachsenden Leben klar gemacht hat. Das ist das bisher nie erzählte Ende seiner Geschichte, ist auch seine Rechtfertigung, die er aber jetzt gleichsam nur der

Vollständigkeit wegen noch vorbringen muß. Es bleibt ferner das schon Vorausgesehene, der vergebliche Ruf nach dem längst verstummten Vater, der Pfiff, mit dem er Clow nicht mehr zurückholen kann. Dann wird alles fortgeworfen, die Pfeife, der Stoffhund, mit dem noch einmal ein Wesen erschaffen werden sollte, das tote Ding, das Clow ihm über den Kopf geschlagen hat, was aber auch zum Spiel gehörte und zur Auflehnung eben gegen dieses nie endenwollende Spiel Anlaß gegeben hat. Die Requisiten werden fortgeworfen. Das letzte, das Taschentuch, gehört Hamm allein und es dient ihm, der nun wirklich allein ist, gegen die Stille, die Starre das Gesicht zu bedecken.

Gemessen an dem trotzigen Halbgott Hamm ist der alte Krapp in dem Einakter »Das letzte Band« ein sehr irdischer Lucky, einer, dem seine Erinnerung alles bedeutet und aus dessen Erinnerung alles hervorgeht, die ganze Reihenfolge von Verlusten, als die Beckett die Menschengeschichte sieht. Dem alten Krapp ist kein Begleiter zugesellt, er ist Kopf und Herz in einem, oder Kopf und Sinne, wir erfahren, wie in seinem Leben jeweils eines von beiden die Vorherrschaft gewann. Er hat seine Geschichte (die eines Menschen und die *des* Menschen auch hier) selbst auf Tonbänder gesprochen, ein dreißig Jahre zurückliegendes läßt er abrollen, und in diesem wird wieder von einem noch viel älteren erzählt. Da klingt seine kräftige Männerstimme in schaurigem Gegensatz zu dem jetzigen Greisengestammel durch den Raum, der Zuhörer erschrickt, aber Krapp lauscht unbefangen, noch jetzt stolz darauf, was für ein Kerl er war. Dabei gibt es auch Dinge, die er früher nicht gekonnt hat und jetzt kann, singen etwa, das Lied von den Abendschatten aus seiner Kindheit, oder dem Klangzauber eines Wortes nachhängen – in der deutschen Übersetzung ist das Wort Spule dafür denkbar schlecht gewählt. Die Beschäftigungen des jungen, dann des 39jährigen Krapp waren andere, zuerst die Frauen, dann, nach der großen Wende, dem Augenblick der Erkenntnis, der Abschied von der Liebe, die Arbeit, das Buch. Wie der alte Krapp auf diese ihm vom abrollenden Band vorgespielten Erinnerungen reagiert, ist der eigentliche Inhalt des kurzen Spiels. Krapp hört zu, wählt und verwirft, dreht ungeduldig weiter, dreht sehnsüchtig zurück, und hat am Ende alles weggedreht, was von seiner schöpferischen Arbeit handelte, und gierig zurückgeholt, was die Sinne gespürt, die glücklichen Augen gesehen haben.

An seinem gegenwärtigen Geburtstag hat er dem allen nichts hinzuzusetzen als Schimpfworte auf den Idioten, der er einmal war, sein Kinderlied und ein paar Erinnerungen an die Kinderzeit, dann das »sink auf sie nieder« der letzten Liebeserinnerung vor dem Verzicht. Aber dann reißt er das alte Band noch einmal aus der Schachtel und spannt es mit zitternden Händen ein. Er hört noch einmal die Schilfszene, die Entsagungsszene, »mein Gesicht in ihren Brüsten und meine Hand auf ihr«. Aber diesmal spielt er das Band zu Ende, bis zu den Sätzen »Vielleicht sind meine besten Jahre dahin. Da noch eine Aussicht auf Glück bestand. Aber ich wünsche sie nicht zurück. Jetzt nicht mehr, da dieses Feuer in mir brennt. Nein, ich wünsche sie nicht zurück«. Und diese Sätze von vor 30 Jahren hört sich der erloschene Krapp in entsetzlich regloser Erstarrung an.

Becketts Zwiegespräche mit ihren clownischen Späßen, ihren feststehenden Spielregeln und vorgesehenen Repliken wirken eher komisch als erschütternd. Nicht ich und du sind gemeint, sondern »nur« der Mensch, wahrscheinlich gibt es keinen, der über eine solche Verallgemeinerung Tränen vergießt. Der alte Krapp aber treibt keine Späße und hat keinen Widerpart. Er ist allein mit seiner Lebensgeschichte, mit der Endgeschichte der Menschheit, oder doch eines bestimmten Menschentyps, hinter dem Beckett hier keinen neuen, geschundenen und bedrohten, aber als Träger der Zukunft immerhin möglichen Knaben auftauchen läßt. Vielleicht sieht uns darum von allen Gesichtern des alten Lucky dieses am bedrohlichsten an.

Der Fremde

In der Erzählung »Der Fremde« von Camus berichtet Meursault, ein Mensch, der, wenn auch nicht im leiblichen, so doch im geistigen Sinne schon gestorben ist, von seinem letzten, verhängnisvollen Lebensjahr.

Er beginnt seine Aufzeichnungen mit dem Augenblick, in dem das Verhängnis zuerst seine Macht ausübt, und während des ganzen Berichts greift er kaum zwei- oder dreimal in frühere Zeiten zurück. An einem heißen Sommertage ist ihm in einem Altersheim in der Umgegend von Algier die Mutter gestorben, er verlangt einen zweitägigen Urlaub und fährt zur Beerdigung hinaus. Er wacht, zusammen mit den Insassen des Altersheims, bei der Toten, mit der ihn nichts mehr verbindet und die er nicht noch einmal zu sehen verlangt. Am Tag nach dem Begräbnis fährt er zum Baden, trifft ein ihm flüchtig bekanntes Mädchen Maria, geht mit ihm ins Kino und nimmt es zu sich nachhaus. Einige Tage darauf verlangt ein Mitbewohner seines Hauses, der als Zuhälter bekannt ist, seinen Rat. Und nun wird Meursault hineingezogen in eine höchst unselige Geschichte, die damit endet, daß er einen völlig Unschuldigen und völlig Wehrlosen erschießt. Er tut es am Strand, geblendet und halb von Sinnen von dem mörderischen südlichen Licht. Dennoch hört er selbst die Schüsse, und sie erscheinen ihm wie die Schläge, mit denen das Schicksal an das Tor eines Menschenlebens pocht.

Was nun weiter geschieht ist eben dieses Schicksals unabwendbarer Vollzug. Man erlebt die Verhöre, Marias Besuche im Gefängnis, die Besprechungen mit dem Anwalt, die Gerichtsverhandlung und das Todesurteil, endlich den Zuspruch des Geistlichen, der die letzte Berührung des Gefangenen mit der Außenwelt ist. Ein Gnadengesuch ist unterwegs, aber in dem Augenblick, in dem der Angeklagte seine Aufzeichnungen beschließt, ist es bereits unwesentlich geworden, ob ihm stattgegeben wird oder nicht.

Als ein echtes Drama, mit Heranführung, Höhepunkt und Abgesang, erscheint die kurze Erzählung, in der wir das Verhängnis über dem Haupte eines Menschen sich zusammenballen und entladen sehen. In Meursault einen echten tragischen Helden zu erkennen, fällt schwerer, da all seine Eigenschaften diesem Begriff zu widersprechen scheinen. Eine Welt trennt ihn von den großen Figuren der Sage und des Epos, eine Welt von den Shakespearischen und Schillerschen Helden, die ein bis zur Hybris gesteigerter Lebens- und Tatwille in den Untergang führt. Mit den kränklicheren Goethegestalten hat er so wenig gemein wie mit den Helden der Schicksalstragödie, deren reiner Wille an dem rätselhaften Walten der Moira zerbricht. Versucht man nun Meursault in die Schar der leidenden Helden der Dichtung einzureihen, so findet er auch dort seine Stelle nicht. Der Soldat Schweyk und der arme Mann im Tockenburg sind bei aller Schlauheit einfältiger, Spielbälle der Mächte, denen sie eine kleine Freiheit abzulisten verstehen. Der unselige Wozzek hört Stimmen, wird hintersinnig und tiefsinnig, während Meursault völlig normal ist und in keinerlei Verbindung zu den geheimnisvollen Bereichen der Tiefe steht. Am ehesten mag noch der Idiot von Dostojewski sein Bruder, aber ein sehr ungleicher sein. Denn wenn jenen die heilige Krankheit schüttelt, so leidet dieser höchstens daran, daß er sich nicht zusammennehmen, gewisser körperlicher Zustände, wie Erschöpfung, Lustlosigkeit und Trunkenheit, nicht Herr werden kann. Von der kindlich christlichen Güte Myschkins ist Meursault noch weiter entfernt. Er ist weder böse noch gut, und gerade diese Farblosigkeit und Unentschiedenheit ist es, die, im Sinne einer Schuld, das Verhängnis auf ihn zieht.

Wir haben gesehen, was Meursault von all diesen handelnden oder leidenden Ausgeburten schöpferischer Phantasie unterschied. Das Gemeinsame ist auch da, es besteht in der Vereinzelung, der Abtrennung des einen von allen andern, das wie das Wüten gegen sich selbst zum tragischen Helden gehört. Der kleine Angestellte Meursault ist nicht übermütig, er will nichts Besonderes, er nimmt keinem die Frau weg, er hat keine fixen Ideen, die den allgemeinen Lebensrhythmus stören. Er ist dennoch allein, ein Fremder und befremdend, einer, über den gerichtet werden und der in seiner bürgerlichen Existenz vernichtet werden muß. Er spürt dieses Alleinsein und leidet darunter, leidet vor allem unter der Tatsache, daß er, vom folgerichtigen Ablauf der Ereignisse gleichsam überspielt, schon bei Lebzeiten ausgelöscht wird. Odd man out – hinaus mit dem Seltsamen, mit dem Unbedingten, der seiner eigenen Wesensart bis zum bitteren Ende Rechnung trägt. Hinaus mit dem Wahrhaftigen – dies ist es vor allem. Der Bekenner gehört auf den Scheiterhaufen, auch wenn er weder eine religiöse Ketzerei noch eine kosmische Entdeckung vertritt. Auch wenn er von nichts anderem Zeugnis ablegt als von seinem Nicht-Empfinden, seinem Nicht-Lieben, seinem Nicht-Gerettetsein.

Der Leser der Erzählung ist als Zeuge und gleichzeitig als Richter aufgerufen von Anfang an. Ohne noch zu wissen, was später geschehen wird, hat er das Gefühl, jede Einzelheit im Gedächtnis behalten zu müssen. Er ist im Anfang recht milde gestimmt, bereit, sich dem erzählenden Helden gleichzusetzen. Wer hätte nicht schon tränenlos an Totenbetten gestanden, wer hätte nicht schon in den erhabensten Augenblicken des Lebens Hunger und Durst, Abspannung und Lust zu rauchen verspürt. Gefühle lassen sich nicht befehlen, man sieht ja, daß der Verwaiste, der bei der Leiche seiner Mutter raucht und Kaffee trinkt, doch gepackt ist, wenn auch nicht von dem, was war, sondern von dem, was hätte sein können zwischen Mutter und Sohn. Warum sollte er sich länger als nötig am Grabe aufhalten, warum sollte er nicht die Nacht über fest und ruhig schlafen und am nächsten Tag ein Mädchen umarmen, da doch jeder weiß, daß der Tod älterer Menschen das Lebensgefühl der jungen auf eine ganz elementare Weise zu steigern vermag. Es wäre jedoch das Ganze nicht mehr als eine billige Spiegelung menschlichen Versagens, wenn das Verhalten unseres Helden nicht bald darauf dazu führte, daß wir uns an ihm ärgern, daß wir ihn nicht mehr verstehen. Die Toten mögen verzeihen oder gleichgültig bleiben, wenn wir lieblos erscheinen oder lieblos sind. Den Lebenden gegenüber haben wir gewisse Verpflichtungen und sei es auch nur die bescheidenste: den Unfrieden der Welt nicht noch zu erhöhen. Gerade dies aber tut Meursault, indem er zu einer Tat die Hand bietet, die eine offensichtliche Gemeinheit ist. Er tut es aus Gedankenlosigkeit und stupider Gefälligkeit – um jemandem zu Willen zu sein, der ihm vollständig gleichgültig ist. Sein Mangel an Vorstellungskraft springt in die Augen – ein Kind, denkt man entschuldigend, und dahinter steht doch schon der andere, furchtbare Gedanke: ein Tier. Ein Mensch ohne Überschau, ohne sittliche Empfindung, dumpf und triebhaft wie ein Tier. Gemessen an solcher Urteilslosigkeit, an solchem Mangel an Erbarmen kommt der eigentlichen Tat, dem durch eine animalische Gereiztheit hervorgerufenen Totschlag, geringe Bedeutung zu.

Der zum Zeugen aufgerufene Leser übersieht das Entlastende nicht. Er verzeichnet die freundliche Geduld, mit der Meursault seinen Nächsten zuhört, seinen Mangel an Geltungsbedürfnis und Herrschsucht, seine ehrliche Art, die Dinge beim Namen zu nennen und sie nicht durch Schönfärberei betrügerisch zu erhöhen. Eine besondere körperliche Empfindsamkeit scheint von Anfang an wesentlich, so nüchtern und gleichsam beiläufig auch von ihr berichtet wird. Zu dieser Entlastung tritt, auf einer höheren Stufe des Verstehens, eine andere, die noch bedeutsamer ist: wir erkennen mit einemmal, daß Meursault nicht einfach zu dumm und zu stumpfsinnig ist, den Plan seines Hausgenossen Raymont zu übersehen. Er *will* dazu nicht Stellung nehmen, will nicht eingreifen in das, was geschieht. Er maßt sich nicht an, darüber zu urteilen, was gut und was böse ist, weil er es selber nicht weiß.

Gerade dieses Unwissen ist es nun aber, das den Leser in einem ganz neuen Grade hellhörig macht. So sympathisch ihn die Offenheit des Helden berührt, so ist doch nun mit einmal nicht mehr wegzuleugnen, daß hier nicht ein halber Krankheitsfall oder ein interessanter krimineller Vorgang, sondern eine sehr allgemeine Erscheinung behandelt wird, und daß mit dem Totschläger Meursault niemand anders gemeint ist als der Mensch unserer Tage schlechthin. Nicht Herr Meursault, kleiner Angestellter in Algier, sondern Du und ich oder zumindest Dein oder mein heranwachsendes Kind. Auf diese Entdeckung wird der Leser notwendigerweise mit Abneigung reagieren. Er wird nun erst wirklich irre werden an dem Helden dieser Geschichte, mit dem ihn so manche freundliche Schwäche, so manche Liebesunfähigkeit und Entscheidungsunlust verband. Hatten wir nicht schon einmal festgestellt, daß dieser Meursault sich benimmt wie ein unvernünftiges Kind oder gar wie ein Tier? Von Blickfeldverengung könnte man sprechen, einer Krankheit des Auges, die dem Sehenden bis auf eine winzige Lichtstelle die Welt verhüllt. Das Wort Herabminderung mag noch besser bezeichnen, was da vor sich geht und nicht mehr in Betracht kommt – nicht etwa Bildungsdinge, sondern das Humane schlechthin. So herabgemindert nun mag man den Menschen nicht sehen, weder den Nächsten noch das eigene Spiegelbild, und sammelt schon Beweise, daß er doch anders sei, liebevoller und verantwortungsbereiter, getragen von der Erkenntnis ewiger Gesetze, gelenkt von einem Gewissen in der Brust.

Gleicht der Mensch unserer Tage dem hier geschilderten nicht, so wird dieser erst recht zum Abseitigen, zum Fremden, der ausgetilgt werden muß. Dies wenigstens ist die Ansicht des Staatsanwaltes, der leidenschaftlich, scharfsinnig und mit treffenden Worten die menschliche Gesellschaft vertritt. Seine Anklage müßte den gereizten Leser befriedigen, wenn – ja wenn in ihr nicht eben alles andere auch zu finden wäre: jede üble Begleiterscheinung des Idealismus, pharisäischer Dünkel, Heuchelei, Erbarmungslosigkeit und Haß. Von diesen Eigenschaften getragen und erst eigentlich schlagkräftig gemacht aber ruft die Anklage die genau entgegengesetzte Wirkung hervor. Was der Leser selbst empfand, wird nun herausgestellt und ad absurdum geführt – in Bereiche eben, wo Humanität zur Grausamkeit, Menschenliebe zur Menschenvernichtung treibt. Die Verteidigung des Anwalts ist schwach, das empfindet nicht nur der Angeklagte, der die Gerichtsverhandlung mit sachlichem Interesse verfolgt, sondern auch der Leser, dem diese Verteidigung und Lossprechung plötzlich wie seine eigenste Sache am Herzen liegt. Schon ahnt er, daß der Angeklagte auf eine wirksame Weise gar nicht verteidigt werden kann, weder von seinem Anwalt noch von sich selbst. Und nun gibt es auch hier eine höhere Stufe des Verstehens: wieder erkennen wir, daß sich hinter Meursaults Schweigen eine Absicht verbirgt. Er will nicht entschuldigt werden, weil er sich, im Sinne der Anklage, nicht schuldig fühlt. Er will keine Reue zeigen, weil er das Gefühl der Reue nicht kennt.

Schon hier, wo es sozusagen um Kopf und Kragen geht, wird die ganze Unerbittlichkeit von Meursaults Haltung offenbar. Später, in der Zeit nach dem Todesurteil, zeigt sie sich noch deutlicher. Denn nun tritt, in Gestalt des Priesters, die Kirche, die andere große Ordnungsmacht, in Erscheinung, und Meursault weist auch sie, als für ihn nicht zuständig, zurück. Sein Gespräch mit dem Priester, dieser einzige leidenschaftliche und fast brutale Ausbruch des »Idioten« unserer Zeit, gibt uns den Schlüssel für manche Rätsel, die wir vorher nicht zu lösen verstehen. Hier ist von den Gewißheiten die Rede, die der zum Tode Verurteilte nicht anerkennen kann. Die Gewißheit von Gut und Böse, von der Macht der göttlichen Liebe, vom Leben nach dem Tode sind für ihn so wenig von vornherein gegeben wie die Konventionen der bürgerlichen Gesellschaft, denen zufolge einer seine Stellung zu verbessern sucht, an Gräbern Tränen vergießt und der Frau, die er umarmen will, ewige Liebe schwört. Meursault verweigert nicht nur die Geste, die für so viele schon längst anstelle der wirklichen Empfindung steht, er verweigert jede hergebrachte Vorstellung von Gott und seinem Jenseits, und er tut das in dem Augenblick, in dem es ausgemacht scheint, daß er sterben muß. Erst durch solche radikale Verhaltensweise im Angesicht des Todes erfährt alles Vorangegangene seinen eigentlichen Sinn. Erst jetzt wird Meursault zu dem tragischen Helden, der sich selbst vernichtet und sich selbst befreit.

Befreiung, Erlösung, das bedeutet in Meursaults Fall nichts anderes als den Tod annehmen, und es bedeutet gerade deshalb sehr viel. »Lieben Sie denn dieses Leben so sehr?« fragt der Priester einmal und enthüllt damit, was dem Leser noch halb verborgen geblieben sein mag und was er sich nun durch manche Erinnerung bestätigt – Erinnerung an Meursaults Freude am Salz- und Erdgeruch, am schnellen Rennen, an der Schönheit seiner Freundin, am Glanz des Himmels, den er durch die Gitterstäbe sah. Für die gestorbene Mutter hatte er keine Empfindung mehr, die möglicherweise nicht mehr am Leben befindliche Freundin interessierte ihn nicht. Alles Vergangene war ihm unwichtig, während alles Zukünftige ihm bedeutsam erschien. Von selbstmörderischer Absicht kann daher bei Meursaults Verteidigungsunlust nicht die Rede sein. Er will leben, will es vielleicht auch nach dem Tode, und nur seine unerbittliche Wahrhaftigkeit hindert ihn daran, den Segen des Priesters und durch ihn den Einlaß in das ewige Leben zu gewinnen. Nach dieser letzten Auseinandersetzung aber und nachdem ihn seine »Langeweile«, seine Ungeduld über die billigen Auswege der andern so mächtig hingerissen haben, weht, aus dem Schoße seiner eigenen ungewissen Zukunft, etwas wie Gnade ihn an. Wie die Alten, die, dem Tode nahe, fähig wurden, menschlichen Schmerz zu empfinden, wie die Mutter, die kurz vor ihrem Ende noch einmal zu lieben verstand, löst sich nun auch in seiner Brust mit dem krampfartigen Lebenswillen jede Verhärtung und Verengung und gibt einer tiefen beseligenden Ruhe Raum. Nun lebt auch er in der Todesnähe, der einzigen Zone, in der noch die wahren und reinen Gefühle gedeihen, der einzigen, in der der karge Mensch unserer Zeit seinen Frieden findet und eins wird mit Gott und der Welt.

Liebeslyrik heute
Ein Vortrag

Sie erinnern sich an den stürmisch drängenden, leidenschaftlichen Ton, mit dem *Goethe* am Ende des 18. Jahrhunderts die persönliche, die eigentliche Liebeslyrik eingeleitet hat. »Es schlug mein Herz, geschwind zu Pferde«, das ist der Aufbruch zur Geliebten, die alle Not heilen, jeden Sturm besänftigen und das eben erwachte Ich in allem Glanz seiner Jugend bestätigen kann. Die Liebe ist die Krone des Lebens, und daß man sich gegen sie, das »Glück ohne Ruh«, gelegentlich auch wehrt, läßt sie nur um so mächtiger und unabwendbarer erscheinen. »Die Veränderung, ach wie groß, Liebe, Liebe laß mich los«, heißt es bei *Goethe* einmal, und geheimnisvoller wird in dem Gedicht »Du hast mir mein Gerät verstellt und verwandelt« die schicksalhafte Unausweichlichkeit der Liebe zum Ausdruck gebracht. Die Zeilen »Ist es möglich, Stern der Sterne, drück ich wieder dich ans Herz« bekunden in einfachen Worten eine Ergriffenheit ohnegleichen, und in der Marienbader Elegie erweisen sich Liebe und Liebesverzicht als die unversiegbaren Quellen schöpferischer Kraft.

»Und doch, welch Glück, geliebt zu werden! / Und lieben, Götter, welch ein Glück« – dieses Grundthema der *Goethe*schen Liebeslyrik klingt, vielfach abgewandelt, im 19. Jahrhundert noch lange und leidenschaftlich fort. Die Natur steht bei *Eichendorff* im Dienst der Liebe, seine Nachtigallen schlagen, »sie ist Deine, sie ist Dein«. *Mörike* bringt den heiteren Liebesjubel, aber auch die dunkle Unentrinnbarkeit des Liebesschicksals

Gebote stehen, kehren sich doch schließlich gegen Wilhelm Henschel selbst. Am Ende will er nichts als seinen Frieden. »So weit hast Du es richtig gebracht« – in den paar Worten liegt das ganze Martyrium, das in so vielen Ehen den Mann immer nachgiebiger, aber auch immer verschlossener werden läßt.

Während der gutmütige Spaßmacher Wermelskirch mitsamt seiner zigeunerischen Frau und seiner leichtfüßigen Tochter dem Autor nur dazu dient, dem erdhaft dunkeln Henschelschen Bereich den rechten farbigen Gegensatz zu geben, ist der Hotelbesitzer Siebenhaar ein echter Gegenspieler und nicht nur im gesellschaftlichen Sinn. Er ist der Intellektuelle alten Stils, ein Mann mit Brille und feinen Manieren, auch mit einer gewissen Güte und einem unparteiisch rechtlichen Sinn. Bei aller Verbindlichkeit der Formen ewig unverpflichtet, verkörpert er den Typus des Individualisten, der keine Bindung mehr kennt, weder die alte magische, noch die christlich-moralische, für die ein Versprechen einen höheren Wert als den einer augenblicklichen Beruhigung besitzt. Aus dieser Einstellung heraus redet er Henschel zu, die Hanne zu heiraten – mit der Begründung, daß jeder Mensch ein Recht habe auf sein Leben und auf sich selbst. Im letzten Akt will er den Menschen Henschel, die freie Persönlichkeit, vor dem würgenden Griff der Moiren retten – man erlebt mit, wie dieses Vorhaben mißlingt. Vorher, als es galt, in der Schankstube Henschel zu verteidigen, ging Siebenhaar »still hinaus« – das ist nicht weniger kennzeichnend für den gebildeten Feinen, der sich jeder Verantwortung entzieht. Am Ende aber muß auch er das Erbe der Väter verlassen, und dieses Abtreten mutet beinahe prophetisch an.

In der großen bewegten Szene in der Schankstube wird

zum Ausdruck. Immer wieder wird, wie in *Uhlands* Versen »Welt, geh nicht unter, Himmel, stürz nicht ein, ehe ich mag bei der Liebsten sein«, das Du stürmisch begehrt, und oft sehen wir, wie in *Hölderlins* Gedicht »Heilig Wesen«, die Heilsamkeit der weiblichen Natur der finster schweifenden Unruhe des Mannes gegenübergestellt. Eine wunderbare Harmonie der Liebeserfüllung zeichnet noch *C. F. Meyer* in seinem Bild von den zwei Segeln. Sie erinnern sich der Zeilen »wie eins in den Winden sich wölbt und bewegt, wird auch das Empfinden des andern erregt« und vielleicht auch des *Storm*schen Verses »So komme, was da kommen mag, solang du lebest, ist es Tag« – oder anderer Gedichte, in denen der Liebe eine so entscheidende Rolle zugemessen wird. Der Liebeszweifel und die Liebesnot sind in dieser Epoche der Lyrik nicht weniger lebendig als das Vertrauen und das sichere Glück. Aber sie betreffen doch nur eine Gefährdung durch Abschied, Untreue oder Tod. An der Liebe selbst wird nicht gezweifelt, und das eigene Gefühl wird kaum einen Augenblick in Frage gestellt.

Zu Beginn unseres Jahrhunderts ändert sich der lyrische Ton. Eine leise Schwermut, eine Resignation, die von dem fruchtbaren Liebesverzicht *Goethes* weit entfernt ist, scheint den ruhiger hinfließenden Zeilen der Liebesgedichte ihren eigentlichen Reiz zu verleihen. Wir finden das Verschweigen des Gefühls, das später wahr gemacht wird, hier noch ausgesprochen, ich erinnere Sie an die berühmten Zeilen von *Stefan George* »verschweigen wir, was uns verwehrt ist, geloben wir glücklich zu sein« – das ist Erinnerung an mögliche Gefühle, nicht mehr das selig oder unselig überwältigende Liebesgefühl selbst. Hören Sie ein Gedicht von *Rilke*, dessen »Immer wieder« von langer, schwermütiger Erinnerung spricht.

Immer wieder, ob wir der Liebe Landschaft auch kennen
und den Kirchhof mit seinen klagenden Namen
und die furchtbar verschweigende Schlucht, in welcher die andern
enden: immer wieder gehn wir zu zweien hinaus
unter die alten Bäume, lagern uns immer wieder
zwischen die Blumen, gegenüber dem Himmel.

Immer wieder, immer noch wird geliebt, aber die Einsamkeit, nicht außerhalb, sondern *in* der Liebe, klingt doch schon an, und es ist von der Krone des Lebens die Rede nicht mehr. »Tu sie fort, tu sie immer fort, zu den Galläpfeln unter das welke Laub, die süße Liebe auf dieser bitteren Erde« – so heißt es in einem Gedicht von *Georg von der Vring;* und Einsamkeit und Sehnsucht, nun aber nicht mehr als stürmisches Verlangen, sondern als tragischer Zustand, sind die Triebkräfte der schönen Verse der *Ricarda Huch:* »mich verlangt nach Dir, wie die Flut nach dem Strande, wie die Schwalbe im Herbst nach dem südlichen Lande, wie den Alpsohn heim, wenn er denkt, nachts alleine, an die Berge voll Schnee, im Mondenscheine.«

Zu gleicher Zeit zieht sich das Ich, dieses ungestüme junge Menschenich der Goethezeit und des 19. Jahrhunderts schon zurück und verschmilzt mit den Dingen – etwa bei der *Lasker-Schüler,* wo Seele und Seele, verwandelt in Teppichfäden, in Feuerrosen und Sterne, eine mystische Hochzeit halten. In einem Gedicht von *Kurt Heynicke* ist die Liebe der Geliebten ein weißes Reh, das in die Mitternacht seiner Sehnsucht flieht, und der Liebende »wölbt sich hoch, ein heilger Hain, über dem Altar ihrer frommen Seele« – das ist trotz des von den Expressionisten noch oft so inbrünstig hervorgestoßenen *Du* doch schon ein Vorzeichen kommender

Entpersönlichung, wie in der lyrischen Sprache *Georg Heyms*, der »am Rand des dunkeln Brunnens tief in die Stille« sehen, die Liebe suchen und sie verschweigen und den Schlaf trinken möchte. Wo persönliche Liebesverhaftung noch besteht, wird sie der Allgemeinheit gegenüber als Frevel empfunden: *Werfels* Gedicht »Als mich dein Wandeln tränenwärts entrückte« mit der Schlußzeile »Wie werd ich diese Schuld bezahlen müssen« ist ein Beispiel dafür, so wie etwa das berühmte Kranichgedicht von *Brecht* ganz anders als etwa die »Zwei Segel« von *Meyer* und in einem fast tragischen Sinne das Einanderverfallensein der Liebenden und ihre Entfernung von allen Menschen zum Ausdruck bringt.
Auch eine Verwandlung des Gefühls ins Luftige, Flüchtige kündigt sich, und nicht nur in dem *Brecht*schen Gedicht, zu dieser Zeit schon an. Das Schweigen, das in *Benns* »Blauer Stunde« sich selbst zudeckt, wächst und scheint immer mehr an Raum zu gewinnen. Damit aber ist der Boden schon vorbereitet für das Gedicht der Jahrhundertmitte, den Ausdruck einer sehr verwandelten Welt.
Den stilistischen Veränderungen, denen nicht nur das Liebesgedicht, sondern die Lyrik überhaupt im Laufe unseres Jahrhunderts unterworfen war, soll zunächst nicht nachgegangen werden. Sie wissen alle, daß in dieser Zeit die Sprache aus ihren logischen Zusammenhängen befreit und gleichsam zerbrochen worden ist und daß an die Stelle klarer, von jedem Hörer oder Leser leicht nachzuvollziehender Gedankengänge die Beschwörung der geheimnisvollen Bereiche des Traumes und der unterbewußten Erfahrung getreten ist. Die Erscheinungen der Außenwelt sind zum Symbol geworden, und Fetzen von Erinnerung und abgesunkener Empfindung werden ohne Folgerichtigkeit aneinandergereiht. Die zertrümmerte Sprache erweist sich als frucht-

bar und lebendig nur, wenn man sich nicht darauf versteift, das Hervorgebrachte rational zu erfassen, auch nicht glaubt, eine fest umrissene Stimmung zum Nachempfinden vermittelt zu bekommen. Was vom Gedicht der Jetztzeit tatsächlich vermittelt werden kann, ist die vielfach gebrochene und stückhafte Innenwelt des heutigen Menschen, eines in der Welt und an die Welt Verlorenen, der die Gefahren seiner Verlorenheit kennt. Auch dem jetzigen Liebesgedicht können wir nichts anderes abgewinnen. Auch hier ist die Gesinnung, die wir lange Zeit als die eigentlich humane angesehen haben, kaum mehr aufzufinden, auch hier wird eine bewußte Überwindung des Dunkels durch das helle Licht des Menschengeistes nicht mehr erstrebt. In dem Maße, in dem der Mensch sich selbst als Spielball unfaßbarer Gewalten ansieht, verliert auch die Liebe ihre Zaubermacht. Das Ich und das Du, von der Einsamkeit gezeichnet, fliehen allenfalls zueinander, um in einer der Frage und des Zweifels würdigen Verbindung das fragwürdige Leben zu bestehen. Am Ende wird die mehr und mehr zum Symbol solcher Einsamkeit gewordene Außenwelt nur noch angedeutet, und diese Tendenz der heutigen Lyrik, an die Stelle des Sinnbilds schließlich das bloße Zeichen zu setzen, entkleidet das Liebesgedicht völlig seines altgewohnten Sinns.

Ehe ich Ihnen für das eben Gesagte Beispiele gebe, möchte ich Ihnen zwei Wege zeigen, die ich in der Entwicklung der modernen Lyrik zu erkennen glaube. Es sind im Grunde Wege, die schon immer benützt wurden, nur daß sie jetzt durch eine andere, nur für den oberflächlichen Blick ödere Landschaft führen. Auch früher schon hat es Lyriker gegeben, die auf eine manchmal schockierende Weise alltägliche Begriffe und Worte verwendeten und die nur deshalb Dichter waren, weil sie von diesen Alltäglichkeiten einen neuen und kühnen Gebrauch machten. Nun, solche Antipoeten gibt es auch heute noch, und ihre Aufrichtigkeit ist, so nihilistisch sie zunächst wirken mag, doch mehr denn je dazu imstande, die Leser und Hörer aufzurichten – weil hinter ihr das Ethos einer schonungslosen Offenheit steht und weil das winzige Licht, das sie zu geben vermögen, unter Umständen stärker leuchtet als alle Sterne eines idealistischen Firmaments. Neben solcher erbarmungslosen Selbstkritik gibt es auch heute, und manchmal in ein und demselben Gedicht, poetische Verse, nur daß auch diese Poesie, von neuen Quellen gespeist, sich übernommener und ausgehöhlter Begriffe nicht mehr bedient. Das Ich und das Du sind, ich sagte es schon, eine so enge Verbindung mit der Welt eingegangen, daß Wunsch und Wille, die in der Blütezeit des Liebesgedichts eine so große Rolle spielten, den heutigen Versen nicht mehr abzulesen sind. Lang versunkene Bilder, übergangslos aneinandergereihte und kaum verflochtene Einfälle, endlich zusammenhangslose, gerade durch ihre Vereinzelung wirksame Worte formen ein Gebilde, das weniger die Situation des Menschen im All wiedergibt, als eben dieses All, welches die Liebenden einbegreift und in dem sie nicht mehr bedeuten als ein rätselhaftes Paar von Wesen, die flüchtiger sind als Vögel und machtloser als der Staub.

Hören Sie nun als erstes der von mir ausgewählten Gedichte *Hans Magnus Enzensbergers* »misogynie«:

> mein mund ist ein beutel voll feuriger münzen:
> euch, ihr weiber, spei ich sie zwischen die zehen.
> kauft euch töpfe voll schminke, töpfe voll fleisch!
> laßt euch spottdrosseln braten, gerichte
> aus eierschalen und safran. handelt euch pelze,
> perücken ein für eure schädel, für eure gebeine,

und kauft euch diener in himmelblau,
die euch das süßholz vorkaun, die euch beschlafen!

prügelt euch um die schönen münzen,
die unters bett rollen: ich gehe,
ich habe den scheckigen ritus satt,
den sudelzauber mit laich, die blinde
besamung im süßen schlamm.

ich kenne die partitur der umarmung: seiten
mit blut geschwärzt, mimosen gerädert, lauch,
und dazwischen birnenkerne, schwarz
wie vergiftete tränen. ich gehe.

laßt mich allein unter treuen kristallen,
in der hut der sonne, in der pflege des windes:
ich gehe, mir zuzurichten ein wortloses mahl,
aufzutun eine seite, die leer ist,
ohne die spur eurer roten zähne,
eine seite, weiß und leer
wie der schnee und die trauer
und das viergestrichene cis.

Das ist nun gewiß kein Liebesgedicht im hergebrachten Sinn. Liebesüberdruß und der Wunsch nach wortloser Einsamkeit sind hier ausgedrückt; und wahrscheinlich fragen Sie sich, was diese Verse in meiner Auswahl überhaupt zu suchen haben. Nun, abgesehen davon, daß das Gedicht uns auch noch in anderer Hinsicht beschäftigen wird, finde ich, daß der Ausdruck der Unliebe zum Ausdruck der Liebe heute so unabweislich gehört wie der Ausdruck der Liebeskargheit, der Einsamkeit und der Schuld. Von der Liebeskargheit ist in vielen neuen Gedichten die Rede, und oft wird, wie in *Peter Rühmkorff*s ironisch in die Form einer *Klopstock*schen

Ode gekleidetem Gedicht »zu geringem Bedarf« die kleine zeitliche Liebe der großen ewigen rühmend gegenübergestellt. Die Erinnerung, die früher so viel hergab, wird nun oft vergebens beschworen – in *Heißenbüttels* Gedicht »Uhlenhorster Fährhaus« bemüht sich der arme Werther 1951 einzig darum, einen vergessenen Satz zu bilden, und für *Piontek* ist die Liebe einmal nichts anderes mehr als ein Gemurmel bitteren Aufruhrs unter einer Brücke. »Nichts bleibt als das Unsichtbare« sagt *Krolow* in seinem Gedicht auf eine alte Photographie, und in seinem »Liebesgedicht« versucht er, uns nur das Aroma der Einsamkeit spüren zu lassen. Hören Sie diese Verse, in denen noch von einer wirklichen Trennung die Rede ist, in denen aber die Dinge in seltsamer Transparenz ihrer Körperlichkeit schon entkleidet erscheinen.

> Mit halber Stimme rede ich zu dir:
> Wirst du mich hören hinter dem bitteren Kräutergesicht
> des Mondes, der zerfällt?
> Unter der himmlischen Schönheit der Luft
> wenn es Tag wird
> die Frühe ein rötlicher Fisch ist mit bebender Flosse?
>
> Du bist schön.
> Ich sag es den Feldern voll grüner Pastinaken.
> Kühl und trocken ist deine Haut. Ich sage es
> zwischen den Häuserwürfeln dieser Stadt in der ich lebe.
> Dein Blick sanft und sicher wie der eines Vogels.
> Ich sage es dem schwingenden Wind.
> Dein Nacken, hörst du, ist aus Luft
> Die wie eine Taube durch die Maschen des blauen Laubes schlüpft

Du hebst dein Gesicht.
An der Ziegelmauer erscheint es noch einmal als
                                            Schatten.
Schön bist du. Du bist schön.
Wasserkühl war mein Schlaf an deiner Seite.
Mit halber Stimme rede ich zu dir.
Und die Nacht zerbricht wie Soda, schwarz und
                                            blau.

Liebesferne und Einsamkeit spielen im heutigen Gedicht eine ebenso bedeutende Rolle wie die Vergeblichkeit der Liebe und die unterlassenen Liebestaten – in solcher Klage wird über die Melancholie des Jahrhundertanfangs weit hinausgegriffen. Die Liebe ist aussichtslos im Sinne eines fruchtbaren, in die Zukunft weisenden Menschenlebens. *Forestier* spricht das in einem Gedicht aus dem Jahre 1957 erbarmungslos aus. Das Gedicht endet mit den Worten: »Eine Dürre / ohne Samen / eine Wüste / ohne Lächeln / werden wir im / Staub vergehen« – da ist nicht nur der Liebesuntergang, sondern auch ein Weltende, schon vorausgeahnt. Nur die Schuld noch ist imstande, das Ich mit dem Du zu verschmelzen; was aus solcher Vereinigung hervorgeht, ist bei *Karl Schwedhelm* »ein Element«, also etwas Vor- oder Nachmenschliches, das keinem Sittengesetz gehorcht. Ein Gedicht »Bett im Herbst« von *Erich Fried* spricht von der verzehrten Zärtlichkeit und der Erschütterung des Liebenden durch einen lautlosen Donner. Hören Sie dieses Gedicht, in dem die Küsse mit reglosen Lippen gegeben werden und die leichte Liebe der Entfernung geübt wird.

    Götterbett
    mit der Decke aus weißer Kälte!

Leicht dich lieben
im Bett
in dem du nicht bist

Mit aufgelesenen Fingern
bedecke ich meine Augen
mit Küssen dich
und rege die Lippen nicht

Unser Einssein
ist im Einsamsein
ist im Einstsein:
verzehrte Zärtlichkeit
knickt Einzig zu Winzig

Im Wetterleuchten
das nicht mehr einschlägt
erschüttert
lautloser Donner das abgeschlagene Herz

Erbarmungsloser als *Frieds* Klage um die verzehrte Zärtlichkeit ist *Max Hölzers* Gedicht »Das Paar«, das statt der Liebesferne wieder die Liebesfeindschaft zum Thema hat. Auch hier verlieren wie in *Karl Schwedhelms* Gedicht die Liebenden ihre menschliche Gestalt: in dem Haus, das sie selbst abgebrochen haben, treten sie harpyengleich ineinander ein und weiden sich aus. Auch *Ingeborg Bachmann*, die, wie wir noch hören werden, auch über Töne des Liebesdankes verfügt, kennt die furchtbare Liebesfeindschaft und gibt ihr im 12. ihrer »Lieder auf der Flucht« erschütternden Ausdruck. Hören Sie diese Verse.

> Mund, der in meinem Mund genächtigt hat,
> Aug, das mein Aug bewachte,
> Hand –
>
> Und die mich schleiften, die Augen!
> Mund, der das Urteil sprach,
> Hand, die mich hinrichtete!

und nun noch ein anderes Gedicht von *Ingeborg Bachmann,* das 10. der »Lieder auf der Flucht«.

> O Liebe, die unsere Schalen
> Aufbrach und fortwarf, unseren Schild,
> den Wetterschutz und braunen Rost von Jahren!
>
> O Leiden, die unsere Liebe austraten,
> ihr feuchtes Feuer in den fühlenden Teilen!
> Verqualmt, verendend im Qualm, geht die Flamme in sich.

Verendend im Qualm geht die Flamme in sich – das ist gewiß ein schauerlicher Tod der Liebe, die jahrhundertelang in so strahlenden Bildern und mit so blühenden Worten gefeiert worden ist. Aber in all diesen Gedichten ist das Wichtigste doch nicht die Darstellung eines verzweifelten und sinnlosen Endes, und Fremdheit, Feindschaft und Schuld sind nicht die einzigen Beziehungen zwischen Liebenden in unserer Zeit. Wenn wir besser hinhören, vernehmen wir noch andere Töne und können der Lyrik der Jetztzeit noch anderes als nur den Jammer und die Vergeblichkeit ablesen. Ich will im folgenden versuchen, Sie auf das Liebeslob aufmerksam zu machen, das noch immer nicht ganz verklungen ist.

Zwar stellt sich dieses Liebeslob heute unter neuen Zeichen und mit neuen Mitteln dar. Was gelobt wird, ist nicht mehr die Liebe an sich, es sind auch nicht mehr die Eigenschaften des geliebten Menschen oder das Feuer der Leidenschaft, das zu einer seligen oder unseligen Vereinigung führt. Es ist vielmehr gerade die Kühle, die Vogelleichtigkeit und Durchsichtigkeit der Dinge, denen bald kein Erdenrest mehr anzuhaften scheint. Wir haben die Transparenz in *Krolows* Liebesgedicht schon hervorgehoben, sie scheint mir für alle heutigen Gedichte kennzeichnend zu sein. In dem *Krolow*schen Gedicht ist der Schlaf an der Seite der Geliebten wasserkühl, ist der Nacken der Geliebten aus Luft, die taubengleich durch blaues Laub schlüpft. Hier wie in vielen andern Gedichten soll nichts mehr festgehalten werden – auch in dem anmutigen Gedicht »Anja« von *Piontek* hat der Liebende vor seiner letzten sehnsüchtigen Bitte die reine Klarheit des einsamen Lebens fast verlangend schon ins Auge gefaßt. In *Ingeborg Bachmanns* 7. »Lied auf der Flucht« wird das ersehnte Innen des Geliebten seinem nur angedeuteten harten und feindlichen Außen gegenübergestellt. Innen, so heißt es da, »sind deine Adern ruhig und ganz mit Gold gefüllt, das ich mit meinen Tränen wasche und das mich einmal aufwiegen wird« – das ist ein sehr kühnes Bild und ein sehr charakteristisches für *Ingeborg Bachmann,* die aus Gliedmaßen Landschaften zu bilden und auf Knochen zu flöten versteht. Durch das Innen, das eigentliche Wesen des Geliebten, will sie den Tod besiegen, sie wagt auch, fast als einzige, wieder das Wort »Glück« auszusprechen und ganze Gedichte mit dem Ausdruck eines bittern und schwermütigen Glücks zu erfüllen. Hören Sie von ihr das Gedicht »Tage in Weiß«.

In diesen Tagen steh ich auf mit den Birken
und kämm mir das Weizenhaar aus der Stirn
vor einem Spiegel aus Eis.

Mit meinem Atem vermengt,
flockt die Milch.
So früh schäumt sie leicht
und wo ich die Scheibe behauch, erscheint,
von einem kindlichen Finger gemalt,
wieder dein Name: Unschuld!
Nach so langer Zeit.

In diesen Tagen schmerzt mich nicht,
daß ich vergessen kann
und mich erinnern muß.

Ich liebe. Bis zur Weißglut
Lieb ich und dank mit englischen Grüßen.
Ich hab sie im Fluge erlernt.

In diesen Tagen denk ich des Albatros',
mit dem ich mich auf-
und herüberschwang
in ein unbeschriebenes Land.

Obwohl dieses Gedicht in der drängenden Kraft seines Gefühls so sehr einem Liebesgedicht früherer Zeiten gleicht, dürfen wir uns nicht darüber hinwegtäuschen, daß es zu diesen nicht mehr gehört. Eisspiegel und Milch, Weiß der Unschuld, Weißglut und weißes unbeschriebenes Blatt malen einen Liebeszustand, der zugleich sinnlich und unsinnlich, zugleich begehrend und verzichtend und in sich selbst schon Erfüllung und Befriedigung ist. Auch der Weg vom Ich zum Du, den

Nelly Sachs in ihrem Gedicht »Linie wie lebendiges Haar« sucht, ist, da er sich auf der zitternden Saite des schon begonnenen Todes bewegt, nicht eigentlich von dieser Welt – so wenig wie die Liebe in ihrem »Geschirmt sind die Liebenden«, das in *Trakl*scher Stille und Sanftmut Liebe und Sterben verknüpft. Hören Sie dieses Gedicht, das ein reines Liebeslob ist und das doch die Liebenden in eine Sphäre legendärer Dinge entrückt und selbst zu legendären Gestalten werden läßt.

> Geschirmt sind die Liebenden
> unter dem zugemauerten Himmel.
> Ein geheimes Element schafft ihnen Atem
> und sie tragen die Sterne in die Segnung
> und alles was wächst
> hat nur noch eine Heimat bei ihnen.
>
> Geschirmt sind die Liebenden
> und nur für sie schlagen noch die Nachtigallen
> und sind nicht ausgestorben in der Taubheit
> und des Waldes leise Legende, die Rehe,
> leiden in Sanftmut für sie.
>
> Geschirmt sind die Liebenden
> sie finden den versteckten Schmerz der Abendsonne
> auf einem Weidenzweig blutend –
> und üben in den Nächten lächelnd das Sterben,
> den leisen Tod
> mit allen Quellen, die in Sehnsucht rinnen.

Entpersönlichung, Entkörperlichung, Entrückung haben wir in den heutigen Gedichten der Unliebe wie der Liebe entdeckt – ich glaube wohl, daß dieser Vorgang der Entwicklung in der bildenden Kunst entspricht. Sie werden verstehen, was ich meine, wenn ich Sie hier an ein Bild erinnere, nämlich an das Bild einer Windsbraut von *Kokoschka,* auf dem diese Windsbraut sich, in einer Muschel durch die Wolken treibend, an ihren ernsten und traurigen menschlichen Geliebten schmiegt. Da ist das dämonische Wesen noch eine Frau, hat noch einen irdischen Leib und volle Lippen und schließt die Augen in gieriger Sehnsucht – hören Sie nun ein gleichnamiges Gedicht von *Piontek,* in dem Hals und Rücken der Windsbraut zu einer Rute und ihre Haare zu einem Wirbel von Amseln geworden sind.

> Die Glieder scheu
> Hals und Rücken
> Eine Rute.
> Betäubend bist du
> Eine Bö der Anmut
> Ein Rauchzeichen der Schönheit.
> Verfangen
> In das eigene Haar
> Verhüllt
> In einen Wirbel von Amseln.

Diese Windsbraut ist allein, ohne Beziehung zum Dichter, ein Wesen, das schon wieder Natur geworden ist. In seiner »Befragung um Mitternacht« spricht *Enzensberger* die schlafende Gefährtin an, die im Traume todesnahe Wege gehend ihm gefährlich entfremdet ist. Auch in seinem »warnlied« beschwört er tödliche Gefahr, und obwohl sich dieses Gedicht mit den *Hölderlin*schen Versen »Heilig Wesen, gestört / hab ich die goldne / Götterruhe Dir oft« vergleichen ließe, macht es doch gerade in solchem Vergleich seine ganze Trostlosigkeit offenbar. Hören Sie das »warnlied«, in dem die Unzeit der Liebe durch die abwechselnden Zwischenzeilen Zu früh – zu spät ein besonderes Gewicht erhält.

> die narbe auf meiner stirn
> entzifferst du nicht.
> deine hand ist zart:
> ich wohne im dickicht.
>
> *zu spät.*
>
> meine rinde wird
> dir die lippen zerreißen.
> ich führe dich
> an ein salziges wasser.
>
> *zu früh*
>
> geh zu den tauben zurück,
> iß von einem tisch
> ohne flecken,
> sei klug.
>
> *zu spät.*
>
> der blitz schlägt dir
> den pelz von der schulter,
> der regen wäscht
> dir das lied aus der brust.
>
> *zu früh*
>
> der kies wird deine
> seufzer hören.
> wenn ich dich liebe.
>
> *zu spät.*

Die Unzeit der Liebe, die in diesen Versen zum Ausdruck kommt, ist wie die Liebesferne noch anderen Gedichten abzulesen. »Wo bist du, wenn du neben mir gehst?« fragt *Günter Eich* in seinem Leopoldstraßengedicht. Er fährt fort »immer Gespinste aus entrückten Zeiten, zuvor und zukünftig« und hebt nach der eingeklammerten Zuversicht »aber du bist von meinem Blute« mit den Worten »und immer Gespinste, die uns einspinnen, Aufhebung der Gegenwart, ungültige Liebe« im selben Ton noch einmal an. Aufhebung der Gegenwart, das ist ein Schlüsselwort, so wie *Rühmkorffs* »zu geringem Bedarf« und *Krolows* »mit halber Stimme« Schlüsselworte sind. *Erich Fried* in seiner »Bitte« spielt mit dem Nie wieder und dem Immer der Liebe und zeigt, daß die Aufhebung der Gegenwart auch im bejahenden Sinne, nämlich als Zauber der Allgegenwart verstanden werden kann. Hören Sie dieses Gedicht.

> Komm wieder auf die Wiese
> auf die du noch niemals kamst
> und leg dich ins Gras
> in dem du schon immer liegst
> laß den Uferstaub durch die Finger rinnen wie
>   Mehl:
> Wieder ist nie Immer zum ersten Mal
>
> Komm wieder über den Sand
> der über dich weht
> komm wieder über das Wasser
> das dich bedeckt
> still der noch Unbegegneten Trennungskummer:
> Nie ist nun zum ersten Mal wieder Immer

Auch von *Wolfgang Weyrauch* gibt es ein Gedicht, in dem Entpersönlichung der Liebe und die Aufhebung der Zeit eine kosmische Vereinigung von Ich und Du bewirken, die jenseits aller Trostlosigkeiten liegt. Ort und Zeit sind hier Bereiche des Todes, über die sich das gemeinsame Feuer des Weltunterganges hinausschwingt.

> Ich sah dich, und ich sah dich nicht,
> ich seh dich nicht und seh dich doch,
> ich sah dich nie und seh dich noch,
> denn dein Gesicht ist mein Gesicht,
>
> Denn meins ist deins, und du bist ich,
> und ich bin du. Wir sind die Welt,
> und wenn die Lava niederfällt,
> denkst du an mich, denk ich an dich.
>
> Die Asche fliegt, du rufst Signale,
> Das Feuer knirscht, ich ruf zurück,
> die Flamme winselt vor dem Glück,
> dann zischelt sie zum letzten Male.
>
> Wir aber atmen Ewigkeiten,
> wir atmen Wasser, atmen Brot,
> wir wissen es: der Tod ist tot,
> im Hauch der Orte und der Zeiten.

Und nun möchte ich Sie bitten, sich an das Gedicht zu erinnern, das Sie als erstes zu hören bekamen, an *Enzensbergers* »misogynie«, in dem der Dichter sich anstelle der Liebesbeziehungen die Reinheit des Schnees und ein Alleinsein unter treuen Kristallen wünschte. Eine ätherische, kristallinische und eisige Welt ist nämlich der Wunschtraum auch anderer Gedichte, in denen das Ich und das Du sich suchen, um sich endlich in einem neuen Zeichen zu vereinen. In *Paul Celans* Gedicht »Weiß und leicht« geht die »Meermühle eiskalt und ungehört in den Augen der Liebenden«, »schweigenden Leibes« liegt in seinem Gedicht »Leuchten« die übersternte Geliebte im Sand und wird in einem andern Gedicht mit dem Titel »Wo Eis ist« vom Feuer und von der Rose, also aus den alten glühenden und blühenden Bezirken der Liebe kommend, in die Kühle des Eises gerufen. Hören Sie von *Paul Celan* noch andere Verse, in denen die Liebe als eine Reisebereitschaft dargestellt ist ... das Gedicht heißt »Mit Brief und Uhr«.

> Wachs,
> Ungeschriebenes zu siegeln
> das deinen Namen erriet
> das deinen Namen verschlüsselt.
>
> Kommst du nun, schwimmendes Licht?
>
> Finger, wächsern auch sei
> durch fremde
> schmerzende Ringe gezogen.
> Fortgeschmolzen die Kuppen.
>
> Kommst du, schwimmendes Licht?
>
> Zeitleer die Waben der Uhr
> Bräutlich das Immentausend
> Reisebereit.
>
> Komm, schwimmendes Licht.

Eine solche Bereitschaft zur Reise ins Unendliche findet sich besonders in *Celans* Gedichten, aber nicht in ihnen allein. Den Liebenden erschließen sich unbekannte Räume, ihre Verwandlung in Ding und Bewegung, ihre Loslösung aus der Zeit machen sie fähig zu einer Gemeinschaft, welche die sinnlich-seelische Beziehung früherer Zeiten sublimiert und erhöht. »Wir traten ein in verwunschene Räume und leuchteten das Dunkel aus mit den Fingerspitzen«, sagt *Ingeborg Bachmann* im 6. ihrer »Lieder auf der Flucht«, und *Max Hölzer* schreibt dem Bett der Liebe neue und wunderbare Eigenschaften zu. Hören Sie noch sein Gedicht »Das Bett«, in dem aus dem Lager einer zeitlichen Vereinigung ein Medium prophetischer Erkenntnis wird.

> Unser Bett ist ein fliegender Fisch
> Unser Bett ist das Sommerlaub auf den Händen
> der Luft
> Unser Blut ist der Himmel der nächtlich steigenden
> Lerche
> Es schreibt die Beben künftiger Meere ins Licht
> Ein Raum schwebender Tropfen verhundertfacht
> deine Brüste
> Die Erde ist in deinen Mund zurückgekehrt
> Im Eingeweide des Todes zögert der Blitz.

Höhere Begabungen und tiefere Erkenntnisse zeichnen, wie wir sahen, die im Gedicht von heute dargestellte Liebe aus. Eis und Kristall sind ihre Symbole, und nicht im Gewohnten werden ihre Entsprechungen gesucht. In *Celans* Gedicht »Kristall« heißt es: »Nicht an meinen Lippen suche deinen Mund, / nicht vorm Tor den Fremdling, / nicht im Aug die Träne«, und in den folgenden Zeilen macht der Dichter die Vertauschung der Sphären und die Ansiedlung der Liebe in neuen Landschaften erst recht offenbar. »Sieben Nächte höher wandert Rot zu Rot, / sieben Herzen tiefer pocht die Hand ans Tor, / sieben Rosen später rauscht der Brunnen«, heißt es da, und das meint doch nichts anderes, als daß die gewohnten Zeit- und Raummaße für die heutige Liebesbegegnung nicht mehr gelten können. Ihr Raum ist das Weltall, ihre Zeit ist ein Nie und Immer, und es wohnt ihr eine verwandelnde Kraft inne – *Paul Celan* hat sie, ähnlich wie *Ingeborg Bachmann* in dem schon erwähnten »Lied auf der Flucht«, als eine Suche nach vergrabenen Schätzen deutlich gemacht. Hören Sie noch sein Gedicht »Nachts«.

> Nachts, wenn das Pendel der Liebe schwingt
> zwischen Immer und Nie,
> stößt dein Wort zu den Monden des Herzens
> und dein gewitterhaft blaues
> Aug reicht der Erde den Himmel.
>
> Aus fernem, aus traumgeschwärztem
> Hain weht uns an das Verhauchte,
> und das Versäumte geht um, groß wie die Schemen
> der Zukunft.
>
> Was sich nun senkt und hebt,
> gilt dem zuinnerst Vergrabnen:
> blind wie der Blick, den wir tauschen,
> küßt es die Zeit auf den Mund.

Neue Organe, neue Fähigkeiten zur sinnlichen und geistigen Erfassung des Universums zeichnen die zu Unrecht für unfruchtbar und zukunftslos gehaltenen Liebenden der heutigen Gedichte aus. Zwar sind sie nicht in der alten Bedeutung leidenschaftlich, begehren und vermissen sich nicht mit dem Pathos der vergangenen Jahrhunderte und glauben an die Ewigkeit ihrer Liebe nur in einem transzendentalen Sinn. Die Welt ist in sie eingetreten und ihr persönliches Ich ist in die Welt eingegangen. Diesem Vorgang wissen die Dichter in der schwebenden Leichtigkeit ihrer Verse eine neue Wirklichkeit zu verleihen. Wer noch etwas *aussagt* über den verwandelten Eros, stellt der Lebenslüge eine eisige Wahrheit gegenüber, und diese Wahrheit ist, wenn auch ohne Trost, so doch nicht ohne die Größe eines bewußten Verzichts auf Geborgenheit und irdische Harmonie. Dieser Verzicht erschließt den Liebenden Bereiche, in denen Tod und Leben sich durchdringen. Ihre Körperlosigkeit ist zugleich Freiheit, und die halbe Stimme weiß vieles zu sagen, was der volltönende Liebesjubel nicht auszudrücken vermochte. Auch die Unzeit der Liebe, das Nie und Immer der aufgehobenen Gegenwart ist nicht ohne Hoffnung auf Liebeserfahrungen und Erkenntnisse neuer Art. »Es ist Zeit, daß man weiß«, sagt *Celan* gegen Ende seines Gedichts »Corona« und fährt fort: »Es ist Zeit, daß der Stein sich zu blühen bequemt, / daß der Unrast ein Herz schlägt. / Es ist Zeit, daß es Zeit wird. / Es ist Zeit«, und verwandelt damit die Hoffnungen der alten Ich-Du-Beziehung in eine Liebeshoffnung, die auf mehr als auf eine persönliche Befriedigung gerichtet ist.

Lassen Sie mich über die Ausdrucksweise der hier erwähnten und vorgetragenen Gedichte noch einige Worte sagen. Da gibt es etwa in *Eich*s Gedicht »Photographie« noch den Reim in drei Strophen zu vier Zeilen streng durchgeführt. Bei *Ingeborg Bachmann*, auch bei *Enzensberger* wechseln in reimlosen freien Rhythmen Anapäst und Daktylos, die Zeilen haben 2, 3, 4, 5 oder 6 Hebungen und tragen sich weniger durch ein selbstauferlegtes

Gesetz als durch eine innere Musik. Strenge Versmaße werden in den heutigen Gedichten selten verwendet, es ist, als seien sie zu starr für den Vorgang des Suchens, Abtastens und Ableuchtens der Dinge und ihrer geheimnisvollen Beziehungen und in ihrer Wirkung zu apodiktisch – selbst *Enzensberger,* der doch so genau weiß, was er sagen will, scheut im Liebesgedicht die regelmäßig gebauten Verse, die noch *Benn,* der so viel neuen Wein in alte Schläuche gegossen hat, unbefangen und souverän verwendete. Daß in den heutigen Liebesgedichten das Ich, selbst da, wo es noch wörtlich erscheint, als Person doch zurücktritt, *ein* Ich wird, das *einem* Du gegenübersteht, haben wir schon bemerkt – es gibt viele Gedichte, aus denen auch die persönliche Erfahrung ganz verschwunden scheint. Die Dinge werden nicht mehr zum Vergleich herangezogen, vielmehr üben Gefühle, Naturerscheinungen und Dinge selbst menschliche Tätigkeiten aus, etwa bei *Ingeborg Bachmann,* wo die Liebe Schalen aufbricht und die Leiden die Feuer der Seele austreten. Bei *Nelly Sachs* wirft der Abend das Sprungbrett der Nacht über das Rot – ich zitiere Ihnen im Gegensatz zu dieser Zeile die schon erwähnten Verse des Expressionisten *Heynicke:* »ich selber komme silbern wie du / und wölbe mich hoch / ein heiliger Hain / über dem Altar deiner frommen Seele« – oder gar *Heine*s Gedicht »Du bist wie eine Blume«.

Aus vielen neuen Gedichten verschwindet das Tätigkeitswort. Riffe, sich deckend (gesehen von der Arche aus), steinerne Katze – so beschreibt *Max Hölzer* ein Liebespaar. Diese Art der unverbundenen Feststellung wird häufig geübt. Mit ihr im Zusammenhang steht die Neigung, eine Erscheinung unerklärt für sich sprechen zu lassen und dadurch ihre Ausdruckskraft zu erhöhen. Ein Beispiel solcher Konzentration ist das Gedicht

»Aufforderung« von *Rafael Alberti*, das Sie nun hören sollen.

> Im Erlenschatten, Liebste
> Im Erlenschatten, nicht.
>
> Unter der Pappel ja,
> Dem Weiß und Grün der Pappel.
>
> Weißes Blatt, Du.
> Grünes Blatt, ich.

Trotz ihres Rätselcharakters sind diese Verse von äußerster Klarheit. Sie sind nicht nur kennzeichnend für die Zeichensprache der heutigen Lyrik – sie rufen Ihnen auch die von mir an vielen Gedichten hervorgehobene Entrückung der subjektiven Menschenliebe in ein Reich naturhafter Erscheinungen zurück. Und nun sollen Sie als letztes noch ein kurzes Gedicht von *Eugen Gomringer* hören, in dem die Sparsamkeit des Ausdrucks aufs äußerste getrieben ist und das Sie vielleicht doch als ein Liebesgedicht empfinden werden. Da erscheinen nach drei Farben noch Schwarz und Weiß, und das hier offen angeredete und doch entpersönlichte Du ist Himmel, Feuer, Weizenfeld, Nacht und Schnee oder was immer bei der Nennung der Farben vor den Augen des Hörers auftauchen mag.

> Du blau
> Du rot
> Du gelb
> Du schwarz
> Du weiß
> Du

Wir sind in dieser kurzen Stunde einen langen Weg gegangen. Das alte »Ist es möglich, Stern der Sterne« klingt uns noch im Ohr – es wird wie viele *Goethe*sche Liebesgedichte und viele Gedichte des 19. Jahrhunderts seinen Glanz nicht verlieren. Wir dürfen uns dennoch nicht verschließen für das, was in unserer Zeit, aus unserem Lebensgefühl und aus unserer Erfahrung geboren im Gedicht unserer Zeitgenossen als Unliebe, Liebeskargheit und Liebesentrückung Gestalt gewonnen hat. Mit dem Ich und dem Du vergangener Zeiten verglichen, sind wir in den Augen der Dichter schlechtere Liebende gewiß. Aber unsere Empfindlichkeit ist gewachsen, und vielleicht werden wir, nach *Ingeborg Bachmann*s Wort, das Dunkel verwunschener Räume mit den Fingerspitzen auszuleuchten, von Jahrzehnt zu Jahrzehnt fähiger sein.

Das Tagebuch
Gedächtnis · Zuchtrute · Kunstform

Das Bekenntnisbuch, das Zwiegespräch mit sich selbst gehört der Zeit des Erwachens, der ersten heftigen Berührung mit der Außenwelt an. Wer in späteren Jahren Tagebuch schreibt, tut es, um etwas im Gedächtnis zu behalten, und es wird ihm dieses Tagebuch ganz von selbst zum Vorratsspeicher, zur Kammer, in der er seine Schätze birgt. Gestern jenes, heute dieses wahrgenommen, wichtig genommen, das darf doch nicht verlorengehen, darf doch nicht weggespült werden von neuen Eindrücken, es war doch für mich bestimmt. Dieses »für mich«, das das Ich der frühen Jugend abgelöst hat, macht späte Tagebücher interessant, ein anderer hätte aus demselben Lebensstrom etwas anderes ans Land gerettet. Man sollte vergleichen können, zehn Menschen mit denselben Erlebnissen in derselben Welt, was da jeder aufschriebe und warum. In verschiedenen Lebenszeiten ist auch verschiedenes merkwürdig, einmal Naturerlebnisse, einmal Erfahrungen mit Menschen, oder Gelesenes, oder Gedachtes oder Träume, wie sie kommen in der Nacht. Schriftsteller schreiben Gedächtnistagebücher meist nur, wenn sie gerade nicht intensiv arbeiten; während sie das tun, kann ihnen nichts auffallen, nichts einfallen, als was zu ihrer Arbeit gehört. Eine gewisse Erlebnisbereitschaft aber gehört auch dazu, es gibt Zeiten des (nicht immer ganz unproduktiven) Stumpfsinns, in denen kein Tagebuch gedeiht.

Auf Reisen – ja auf Reisen möchte man meist überhaupt nichts notieren. Man zwingt sich aber dazu, wer weiß, ob man wieder ans Schwarze Meer, nach Portugal, nach Brasilien kommt, die Reisemöglichkeit allein scheint zu verpflichten. Da setzt man sich am Abend todmüde an einen Caféhaustisch oder in das trübe beleuchtete Hotelzimmer und überlegt sich, was habe ich gehört, was habe ich gesehen, auf das letztere kommt es ja meistens heraus, da wir nicht mehr wie Goethe auf der Reise lange Gespräche mit Fremden führen, in Häuser geladen werden oder ins Theater gehen. Aus dieser Einseitigkeit und aus diesem Zwang heraus sind viele Reisetagebücher enttäuschend langweilig. Man sollte sich da freimachen, sollte Hauptsächliches weglassen können und dem Nebensächlichen, das man eher als die Monumente, ja vielleicht als einziges wirklich in sich hineingenommen hat, den breitesten Raum gönnen. Zu einer Zuchtrute kann auch das daheim geschriebene Tagebuch werden, aber zu einer heilsamen – also heute war doch wirklich nichts, ein öder Tag, aber etwas war doch, immer war etwas, man muß sich nur besinnen, zur Besinnung dessen kommen, was diesem Tag gehörte und nur ihm allein. Die Rute Tagebuch macht hellwach, aber auch hell träumerisch – die Zeit, in der ein Schriftsteller weder liebt noch arbeitet noch Tagebuch schreibt, ist in der Tat ein trübes Rinnsal, man erinnert sich, wie Rilke seine zehn Jahre lange Arbeitspause mit dem Abfassen tagebuchartiger Briefe überbrückte. Wer zu seinem Tagebuch kommt, kommt zu sich selbst und zur Welt, er umarmt die Erscheinungen des äußeren Lebens und umarmt seine Erfahrungen, wie Jakob an der Leiter, ich lasse dich nicht, du segnest mich denn.

So pathetisch-dringlich geht es gottlob nicht immer zu. Statt ausführlicher Beschreibungen und wohlüberlegter Betrachtungen gibt es oft nur Stichworte, Satzfetzen, Gestammel, das später unverständlich erscheint. Es sind aber die Stichworte oft auch Schlüsselworte, und was im

Tagebuch so fragmentarisch steht, kann noch einmal eine andere Gestalt annehmen, kann im Roman, in der kurzen Prosa oder Geschichte, im Dialog des Hörspiels oder in Gedichten wiederkehren. Der Schriftsteller kann auch, und ich habe das zweimal getan, aus seinen Eintragungen ein Buch machen, wobei freilich das Thema seines Buches die Auswahl bestimmt. Gerade so, wie wenn er in anderen Arbeitsprozessen seine Erinnerungen auftauchen läßt, zieht er nun aus dem niedergeschriebenen gelebten Leben dasjenige aus, was der tragenden Idee seines Buches dient.

Für das Tagebuch als Gedächtnis, als Zuchtmittel und als Kunstform werde ich im folgenden Beispiele geben. Es liegt mir aber daran, vorher noch zu sagen, daß ich eine große Befürworterin des Tagebuchschreibens auch der Nichtschriftsteller bin. Gerade diesen kann es das Glück und die Pein vermitteln, die jeden erfüllen, der etwas Bestimmtes auf eine bestimmte Weise auszudrükken versucht. Auch der Nichtschriftsteller kann auf solche Art etwas festhalten, das sonst vielleicht unwiederbringlich verloren wäre. Selbst wenn er nur kurze Sätze, nur Leitworte hinschreibt, wird sein Gedächtnis ihn später mit einer Fülle von Einzelheiten überschütten. Es werden aus seinen Eintragungen keine Erzählungen, keine Dialoge und keine Gedichte entstehen. Aber das, was er niedergeschrieben hat, wird – vorausgesetzt, daß er sich nicht auf Ortsveränderungen, Veränderungen des Familienstandes und Kriegserklärungen beschränkt – sein Leben, d. h. das Wesentliche seines Lebens, sein. (Das Wetter ist, in Klammern gesagt, recht wesentlich, es ist oft das einzige, das uns ein Naturerlebnis noch vermittelt. Heute schwerer Sturm, am Fenster gestanden, und später einmal wird sich der Schreibende daran erinnern, wie er an seinem Fenster stand, wie die

Bäume sich bogen und die Regenböen über die Straße fegten und wie eine Bangigkeit ohnegleichen ihn überkam.)
Die Eintragungen aus meinen Tagebüchern oder eher Notizbüchern, kleinen Schulheften, die ich Ihnen vorlese, stammen aus den letzten Jahren, und vielleicht interessiert es Sie, zu hören, ob und wie sie in meinen Arbeiten wieder auftauchen, ob sie schon zu diesem Zweck hingeschrieben wurden und was in der Werkstatt des Schriftstellers aus ihnen geworden ist. Ich beginne mit einigen Notizen aus dem September 1963, einem Monat, in dem mir sehr Verschiedenartiges des Notierens wert erschien. Da steht unter dem 9. 9.: Die Unruhe der Rentiere, wenn der Winter einmal zu früh beginnt. Nach Süden getrieben, geraten sie angesichts des ersten Schnees in furchtbare Erregung, ja in eine wahre Panik, stürzen durch Flüsse, Wälder, ohne Aufhalten, ihren Treibern davon.
Unter dem 10. 9.: Im Stall des Forsthauses wurde an drei Stellen Feuer gelegt. Es gab keine Stallwache, erst spät, von der Straße her, bemerkte man den Brand. Als die Feuerwehr kam, standen die Boxen noch nicht in Flammen, die Pferde, sehr edle Vollblüter eines Rennstalls, ließen sich herausführen, gerieten aber auf dem von Holzgittern umgebenen Platz, auf den man sie gebracht hatte, durch den Feuerschein und den herüberwehenden Rauch in eine solche Erregung, daß sie die Gitter zerschlugen und davon galoppierten. Eines von ihnen lief auf der Autobahn in einen Autobus, der vierzig Ferienkinder nach Stuttgart zurückbringen sollte. Den Kindern geschah nichts, aber das Pferd wurde furchtbar verstümmelt, und der Fahrer, vor dem es als ein mähnewehendes schnaubendes Ungeheuer plötzlich aufgetaucht sein muß, erlitt einen solchen Schock, daß er

sich weigerte, sich je wieder ans Steuer zu setzen. – – Dann, am 12. 9.: L. über R., sie sieht die tragische Existenz des Menschen noch nicht. Am 16. 9.: Spiel mit Amelie (4 Jahre alt), Telefon mit dem Reisebüro, Amelie ist das Fräulein dort, ich bin eine Mutter mit vielen Kindern, Amelies Puppen, auf dem Schoß. Ich frage nach Hotels in der Schweiz. Amelie belehrt mich, dort können Sie nicht hinfahren, dort werden Ihre Kinder geschlachtet. Ich: also vielleicht nach Italien. Amelie: da wird auch geschlachtet. Da werden auch die Großen geschlachtet, und Iris und Herr Strauß schlachten mit. Überall, wohin ich reisen will, wird geschlachtet, in Freiburg in der Bahnhofstraße sind Oma und Opa am Werk – oder es gibt Hexen oder ekelhafte Krankheiten, die eben ausgebrochen sind. – Am 18. 9.: Ein alter Professor in Israel hatte seine lang verzögerte Wiedergutmachung zum Aufbau einer kleinen wissenschaftlichen Spezialbibliothek für Forscher und Studenten bestimmt. Jahrzehntelange Vorarbeiten, jahrzehntelange Vorfreude. Als das Geld endlich eintrifft, teilt man dem Spender mit, daß es für Zwecke der Landesverteidigung verwendet werden soll. Er hadert nicht. – Am 20. 9.: Der alte Voltaire sagte, wenn ich in einen Spiegel sehe, komme ich mir vor wie ein Mann, der sich freut, daß den Dieben, die seinen Kassenschrank ausgeraubt haben, das beste entgangen ist. – – Dann, ohne Datum: Gedichtvorhaben. Kleine Grammatik. Verben konjugiert. Ich sah, ich hörte, ich fürchtete, ich liebte, ich werde sehen, ich werde hören, ich werde fürchten, ich werde lieben. Das ist das Du, ist das Er, ist das Sie, ist das Es. Pronomen, Substantive, Satzzeichen. 2. Gedichtvorhaben: Zeitung. In Klammern: Beschleunigung innerhalb eines Gedichts über unsere Zeit sinnfällig gemacht. – Ohne Datum: die alten

Dinge. Wir Geschwister um den runden Tisch in der Hochstraße. Alle kleinen Gegenstände aus dem Glassärgchen vor uns ausgebreitet. Wie Mumien, die nach Jahrtausenden an die Luft kommen, zerfallen diese Dinge, die wir schon als Kinder gekannt und heiß begehrt haben, uns unter den Händen. Wir dürften sie jetzt haben, aber sie sind schadhaft und längst nicht so schön, wie wir glaubten, als wir sie noch nicht berühren durften. Ein Mensch hat das alles zusammengehalten, über seinen Tod hinaus ist nichts. – Ohne Datum: Das Haus des Holländers Douwes Dekker zwischen Mainz und Ingelheim zufällig entdeckt. Jetzt ein Gasthaus mit dem Namen Multatuli, unter dem Dekker schrieb. Ich erinnerte mich an meines Vaters Begeisterung für das Buch »Max Havelaar«, und wie wir als Kinder darin lasen, ahnungsvoll, aber ohne das Wesentliche (Eintreten für die Rechte der Eingeborenen) zu verstehen. D. war holländischer Kolonialbeamter, er hatte seiner Bücher wegen Holland verlassen müssen. Ich las bei Boehringers mittags die letzten Briefe aus dem damals neuen Haus. D. erwähnt auch die kleine Säule am Weg mit der Aufschrift Route de Charlemagne. Erigée sous le règne de S. M. Napoléon. Dekkers Frau hatte ein Bübchen an Kindes Statt angenommen, das sie vor ihrem Mann verstecken mußte. In seinen letzten Jahren liebte Dekker dieses Kind sehr.

Und nun will ich, ehe ich Sie noch andere Eintragungen hören lasse, zu den eben gelesenen einige Worte sagen: Es sind fast durchweg Notizen, aus denen später nichts anderes, nichts Literarisches geworden ist, und sie können Ihnen nur die Richtung andeuten, die mein Interesse an der Welt in jenen Monaten hatte. Zweimal werden Tiere oder Erlebnisse von Tieren geschildert, die Rentiere, die aus einer alten Urangst vor dem Winter den Verstand verlieren, die Pferde, die durch Rauch und Feuer außer sich geraten. Das vierjährige Kind mit seinen lustvollen Schreckensvorstellungen paßt dazu nicht schlecht, während bei den alten Männern Voltaire und dem israelischen Professor etwas ganz anderes, nämlich die mögliche Souveränität des menschlichen Alters mir erwähnenswert erschien. Die notierten Gedichtvorhaben sind nicht nur nie ausgeführt worden, vielmehr sind sie mir heute ziemlich unverständlich, ich kann nichts mehr mit ihnen anfangen, es fängt, wenn ich diese Worte lese, in mir nichts an. Allenfalls könnte ich mir unter einem Gedicht »Zeitung« noch etwas vorstellen, während die Bemerkung über eine im Gedicht sinnfällig gemachte Beschleunigung mich wie die Bemerkung eines Fremden interessiert. Auf wen sich die Worte von L., R. sähe die tragische Existenz des Menschen noch nicht, beziehen, weiß ich bereits nicht mehr – durch bloße Anführung von Anfangsbuchstaben kann man Persönliches auch vor sich selber verstecken. Douwes Dekker ist, wie schon in der Notiz gesagt, eine Kindererinnerung und eine so starke, daß ich beim Vorüberfahren an dem Gasthaus Multatuli diesen großen Kämpfer für die Gerechtigkeit vor mir stehen zu sehen glaubte – – wie uns im Haus der uralt verstorbenen Tante die Gegenstände in den Händen unansehnlich wurden, war das Gegenstück solchen Überdauerns, ein melancholischer Verfall. Von all diesen Eintragungen ist nur eine im Sinn meiner Arbeit auf einen fruchtbaren Boden geraten, und zwar die Notiz, L. sagt von R. Die ist mir nachgegangen, immer wieder habe ich mich darüber besonnen, wann eigentlich und wodurch eigentlich der Mensch erfährt, daß seine Existenz eine tragische ist. Ich habe, aber erst ein Jahr nach dieser Eintragung, eine Geschichte geschrieben, in der ein zufriedener und oberflächlicher junger Jurist den

Nachlaß einer Malerin aufnehmen muß; aus den von ihm selbst chronologisch geordneten Bildern errät er die Tragik eines Menschenlebens. Er setzt sich mit ihr nicht auseinander, aber die Erfahrung ist nicht wegzuwischen, und er wird sich ihrer erinnern, wenn er selbst einmal in den Bannkreis des Tragischen tritt.

Sie geben mir zu, ein Schriftstellertagebuch unterscheidet sich von dem eines Laien nicht sehr. Es wird gesehen und übersehen, in gewissen Lebensabschnitten sind gewisse Dinge wichtig, bleiben andere unbeobachtet, die wir vielleicht, könnten wir dieselbe Wegstrecke noch einmal zurücklegen, wahrnehmen würden. Einiges, wie bei mir das Gedichtvorhaben 1, ist schon tot geboren und ruft beim Wiederlesen nur Kopfschütteln hervor. So mag es auch dem Nichtschriftsteller gehen, wenn er einmal liest, diese unheimliche Blume, und weiß von keiner unheimlichen Blume mehr. Aber auch er wird erfahren, daß bei einem noch späteren Lesen unter Umständen das Tote zu blühen beginnt.

Von der Zuchtrute Tagebuch habe ich gesprochen und damit gemeint, daß, wer sich einmal auf das Festhalten und Aufzeichnen eingelassen hat, so lässig nicht mehr dahinleben kann wie vorher. Er hat ein Theaterstück gesehen, ein Gespräch geführt, eine Ausstellung besucht und setzt sich am Abend oder am nächsten Tag oder an irgendeinem Tag hin, welches von den Hunderten von Bildern hat er wirklich gesehen, welche Worte des Gespräches klingen noch in seinen Ohren, warum hat ihn das Theaterstück besonders berührt? Eine Fleißaufgabe, aber eine lohnende, auch wenn das Niedergeschriebene hinter dem Erfahrenen weit zurückbleibt, auch wenn er es nie mehr lesen wird. In den letzten Wochen vielleicht sahen Sie zweimal das Theaterstück »Wer fürchtet sich vor Virginia Woolf . . .?« und hätten Lust gehabt, etwas

aufzuschreiben über dieses lange, haßerfüllte Gespräch und darüber, was die Hintergründe solcher Feindschaft zwischen den Geschlechtern sind. Denn Sie haben sich doch besonnen über den geisterhaften Sohn und ob es richtig war, daß der ältere Mann am Ende diese lebenslange Lüge enthüllte. Sie haben alles sehr amerikanisch gefunden, das Trinken und Betrunkensein die ganze Nacht lang, wie die Frau ihren Mann beständig mit ihrem eigenen außerordentlich tüchtigen Vater vergleicht und ihm Vorwürfe macht, und haben schließlich das angezweifelt, ob es wirklich nur amerikanisch war. Das Ende kam Ihnen vor wie eine Art von schüchterner Versöhnung, wie die Frau, ihres Wahns beraubt, sich fürchtet und nach der Hand ihres Mannes greift – der Vorhang fiel, und mit dem unausgesprochenen Seufzer, ach, wir Armen (wir armen, liebesuchenden, liebesunfähigen Menschen), zogen Sie Ihren Mantel an.
In eine italienische Futuristenausstellung gingen Sie vielleicht kurz darauf, und es fiel Ihnen auf, daß *vor* 1914 schon die große Zertrümmerung der Form begonnen hat. Sie notierten am nächsten Tag die Titel einiger Bilder, Dinamismo d'un ciclista, Scomposizione di una strada, die Ihnen so charakteristisch dafür erschienen. Dann plötzlich erinnerten Sie sich an die klassische, in satten Farben leuchtende Welt des frühen Chirico, an diese Dächer und Terrassen, fast ohne Vegetation, im südlichen Abendlicht und an die monumentalen Gestalten, Hektor und Andromache, Lederpuppen, mit weißen Fußballköpfen einander zugeneigt. Hätten Sie die Gewohnheit des Tagebuchschreibens gehabt, dann hätten Sie das alles geschildert, auch das Bild von Carrà, vor steilen Bergen ein grauweißes, rotverziertes Zirkuszelt, keine Menschenseele weit und breit. Und Sie hätten sich daran erinnert, wie vor vielen Jahren einer Ihnen

die berühmte »Lokomotive« von Boccioni erklärte, die Absicht des Malers, die Bewegung seines Gegenstandes ins Bild zu bringen, nicht einen seiner Augenblicke darzustellen, sondern viele, alle, die seiner Funktion entsprechen.

Und gewiß haben auch Sie einmal der Beerdigung eines guten Freundes beigewohnt. Sie sind durch den Glasgang mit den dort aufgebahrten, stark geschminkten Leichen gegangen, alle starrten Sie an, steil aufgerichtet auf ihren weißen Kopfkissen, in ihren Särgen, die offen waren und mit Blumen geschmückt. Das schäbige Wägelchen, auf dem der Sarg Ihres Freundes stand, hat sich nach der Aussegnung plötzlich in Bewegung gesetzt und ist aus der grauen eiskalten Kapelle hinausgerollt in den Schnee. In ein paar Worten würden Sie das beschreiben und dann die fünf Minuten im Sterbezimmer, das noch unberührt war, das Bett ungemacht, aber eine Kerze vielleicht brannte, die Fensterläden waren geschlossen, Sie haben die Gegenwart des Toten gespürt.

Sie wissen, daß es außer solchem unwillkürlichem Nebeneinander von Erlebtem, Gedachtem und Gesehenem auch noch andere, viel speziellere Tagebücher gibt. Eine junge Mutter notiert, meist nicht allzu ausdauernd, mit welchen neuen Lebensäußerungen, neuen Fähigkeiten ihr Kind sie täglich überrascht; ein Zoologe, der einen jungen Schimpansen aufzieht, tut dasselbe auf gründliche wissenschaftliche Art. Der Gartenliebhaber überblickt jeden Tag sein kleines Gebiet und stellt fest, welche ersten Knospen sich geöffnet haben, welche ersten Blätter abgefallen sind, auch, wie diese oder jene Pflanze einem Unwetter standgehalten oder unter ihm gelitten hat. Denkbar wäre ein Tagebuch, das sich nur mit Menschen als politischen Wesen beschäftigt, und eines, das die Menschen ausklammert und nur die Natur zu

Worte kommen läßt. Jemand, der am Meer wohnt, könnte das alle Tage andere Meer und den alle Tage anderen Himmel beschreiben, einer, der die Sternbilder kennt, die Veränderungen, die sich jede Nacht zu seinen Häupten vollziehen. Man weiß, daß Gefangenentagebücher nicht eintönig sind, die Fliege, der Streifen Abendrot im Fenster, die Geräusche der Feldarbeit draußen, das kurze Klopfzeichengespräch mit dem Zellennachbarn stehen hier für alle Erscheinungen und Erfahrungen des freien Lebens, die Sinne sind geschärft, und fast ist es, als gewönne sich der Mensch dieselbe Summe von Erlebnissen überall ab. Von einem Sterbetagebuch habe ich gehört, ja, wirklich, einer, der von den Ärzten aufgegeben war, beschrieb da jeden Tag bis zu seinem Ende, fast medizinisch, jede Stufe seiner Verringerung und seines Verfalls. Und dann gibt es natürlich auch Tagebücher, die ganz und gar aus Träumen bestehen, aus Träumen, deren Deutung versucht wird, oder aus Schlaf- und Wachträumen schlechthin, und Tagebücher, in denen nur okkulte Erlebnisse aufgezeichnet werden. Die Schreiber all solcher Notizen gleichen Sammlern, die sich auf ein kleines, vielleicht sehr wichtiges, vielleicht ganz abwegiges Gebiet beschränken, während den Kraut-und-Rüben-Schreibern alles recht, und, wenn ich so sagen darf, alles heilig ist.
Selbstgespräche mag es, das sagte ich schon, besonders bei jungen Schriftstellern auch geben, und sie werden ihre Notwendigkeit haben. Aus den Aufzeichnungen älterer Menschen aber ist das Ich doch größtenteils verbannt, das Persönliche liegt in der Auswahl, was einem Menschen auffällt, was er niederschreiben muß, bildet einen Mikrokosmos, seine Welt. Es ist kein Wunder, daß er aus ihr auch schöpft, wenn er etwas gestalten, es also auf noch ganz andere Weise der Vergänglichkeit ent-

reißen will. Da bietet sich ihm das Tagebuch an als Sammlung möglicher Stoffe, von denen der eine oder andere plötzlich zu leben beginnt.
Ich sprach Ihnen schon von der kleinen Notiz »L. sagte von R.«, die zu einer Geschichte führte, jetzt will ich Ihnen von noch anderen Notizen berichten, aus denen ebenfalls später Erzählungen geworden sind. Da gibt es eine kleine Eintragung, Ehepaar am Tag X, streitet alles ab, will nicht an das Ende glauben, bekommt dann doch Angst, will beten, tut es nicht, weil es sich geniert – wird vom Tod überrascht wie die in ihren Hohlformen mit Gips ausgegossenen Toten von Pompeji, die beim Erdbeben oder durch die Lava des Vesuvs umkamen. Damit ist die Notiz schon zu Ende. Es ist aber später aus ihr eine lange Erzählung geworden, das Ehepaar hat Kinder, die Frau ist vom frühen Morgen an sicher, daß dies ihrer aller letzter Tag sein wird, versucht vergeblich, ihre Familie auf die Gefahr aufmerksam zu machen und den Tag der Todesnähe entsprechend zu verbringen. Als dann das Ende wirklich nahe ist und Mann und Kinder Angst bekommen, fängt sie an zu gaukeln, den andern und sich selbst Hoffnung zu machen – jetzt ist sie noch viel mehr als die anderen davon überzeugt, daß nur das Leben das Leben noch retten kann.
Aus einem wahrscheinlich in einer Zeitung gefundenen Bericht über den berühmten Golkondostein, seine Irrwege und den Fluch, der ihn begleitete, habe ich die Geschichte »Der Kustode« gemacht, in die meine Erfahrungen mit den oft sehr wunderlichen Kustoden der großen Museen eingeflossen sind. Ein andermal habe ich aus einem Lexikon des Aberglaubens etwas abgeschrieben, von einer von den Sennen im Hochgebirge aus Brotteig gekneteten und mit Weihwasser getauften Puppe, die lebendig wird, ißt, trinkt und spricht.

Während am Ende des Sommers die Knechte mit dem Vieh schon zu Tale ziehen, heißt die »der Tunsch« genannte Puppe den Sennen, noch zu bleiben... von der Wegbiegung aus sehen die Knechte dann, wie der Tunsch die Haut des Sennen auf dem Hüttendach zum Trocknen ausbreitet. Aus dieser Aufzeichnung ist bei mir die Geschichte »Der Tunsch« geworden, in der ein junger Student der Landwirtschaft, mit den alten rauhen Sennen in großer Einsamkeit lebend, sich die Gestalt eines geliebten und gehaßten Freundes knetet, mit der Puppe spricht und schließlich auf geheimnisvolle Weise ums Leben kommt. Zu den Notizen, die noch nicht verwendet, noch nicht verdichtet wurden, gehört das Erlebnis Gottfried Benns mit einer Freundin, die ihn eines Tages schluchzend anrief und ihm mitteilte, sie würde sich jetzt das Leben nehmen. Benn raste in einem Auto hin, da hatte sie sich bereits aus dem Fenster gestürzt. Schuld – nicht lieben können, allein sein müssen, diese Worte stehen am Ende meiner Eintragung und deuten an, wie ich das fremde Erlebnis gern wiedergegeben hätte. Eine andere Notiz ist mir schon unverständlich geworden, ein Gast, der nicht mehr abreist, sich seltsam benimmt, nachts umhergeht und laut spricht, tags nur dasitzt und schaut. Madame La Mort in der Wohnung, unvertreibbar – nur ganz undeutlich kann ich mir vorstellen, was ich damit im Sinne hatte.

Es versteht sich von selber, daß das Tagebuch des Schriftstellers auch der Ort für bereits klar umrissene Arbeitsvorhaben ist. In skeletthafter Form wird da aufgezeichnet, was sich später mit Fleisch und Blut füllen soll, wird ein Schema, etwa eines Hörspiels oder eines Einakters, gemacht. Auch für diese schon recht absichtsvoll plazierten Skelette gilt aber, was ich von den blassen Andeutungen, den möglichen Stoffen sagte. Es kommt vor, daß ihnen durchaus kein Fleisch zuwächst und daß sie ihr gespenstisches Dasein nur in fast unentzifferbaren Wachstuchheftchen, bestenfalls einmal in einem aus Tagebüchern zusammengestellten Buche führen.

Auch solche Bücher habe ich, das sagte ich schon, geschrieben und damit von der Möglichkeit des Tagebuchs als Kunstform Gebrauch gemacht. In meinem Buch »Wohin denn ich« habe ich wirkliche Tagebücher benützt, die dort gefundenen Abschnitte aber auf meinen bestimmten Zweck hin ausgewählt, gekürzt oder ergänzt, also »zurechtgemacht«. Ich wollte etwas Bestimmtes ausdrücken, den Zustand einer Frau, die nach dem Tode ihres Mannes ins Leben zurückgezogen wird, sich verzweifelt wehrt und endlich so weit kommt, daß der Tod im Leben, das Leben im Tod ihre Wohnstätte haben. Was dieser Frau auffällt, ist derart mit ihrem Schicksal verknüpft – mein Gedächtnistagebuch aus der entsprechenden eigenen Lebenszeit zu Rate zu ziehen, hätte nicht genügt. Jetzt mußte das verbannte Ich zurückströmen, ich mußte mich in diese Frau (in mich vor 2 Jahren) versetzen, zugleich aber auch schon vorwegnehmen, was später geschah. Die Daten in diesem Buch sind also willkürlich eingesetzt, so, wie es der inneren Entwicklung meiner Ichfigur entsprach. Einzelne, aus alten Tagebüchern übernommene Stellen sind wesentlich erweitert worden; ich werde Ihnen dafür ein Beispiel geben.

In einem Notizheft des Jahres 1951 steht die Eintragung Col di Lana, Photographie von G. mit geschorenem Kopf in Uniform vor der Berghütte. Ferner die Eintragung G's Vater. Sein abendliches Aufbleiben mit Bier und Kriminalromanen, auf den Sohn warten und zusehen, wie er spät nachts viele Wurstbrote ißt. Uniformscheu. Absolute Integrität. Er hatte Heereslieferungen unter sich, nahm aber nie die geringste Gefälligkeitsgabe an. Die ihm zugestellten Probekonservendosen wurden den Kindern zum Spielen, zum Herumrollen überlassen, aber niemals geöffnet, niemals verzehrt. In meinem Buch ist aus diesen beiden kurzen Notizen ein langer Abschnitt geworden. – Col di Lana, heißt es da, ein Wort, in der Zeitung gelesen, war ein kurzer Schlag an Metall, der lange forttönte und mich in eine nicht einmal selbst erlebte Vergangenheit entrückte. Dolomiten, Felsen und Schneeberge, ein Unterstand in 1800 m Höhe. Du, ins Schneelicht blinzelnd, in schäbiger Uniform, klobigen Schaftstiefeln, lang, hager, mit geschorenem Kopf, das war 1917, Beobachtungsposten. Ganz allein mit dem Burschen, das Buch auf der schmalen Holzbank, Schopenhauer, die Zeitung »Der Vorwärts« – den Weg ins Tal, zur Berichterstattung, legtest du, über tausend Meter Abgrund, auf einer an Drahtseilen gleitenden, vereisten Holzplatte reitend zurück. Alles vor meiner Zeit, vor unserer Zeit, ein junger Mann, den ich nie gesehen habe, ich ging währenddessen irgendwo in die Schule, bekam zu Weihnachten Bücher mit gelben Umschlägen, Unser Heer, Unsere Flotte, Unsere Luftwaffe, zeichnete Karten mit phantastischen Landschaften, denen ich Namen gab, Sierra Nevada, Glasberg, von Schopenhauer wußte ich nichts. Der junge kahlgeschorene Soldat aber ging mich an, ich folgte ihm in seinen Unterstand, ohne Schopenhauerschwermut, stellte mit seinen Händen die Schachfiguren auf dem Brett zurecht. Plötzlich war er noch jünger, ein Student im ersten Semester, der abends lang ausblieb, mit den Freunden im Wiener Caféhaus saß, diskutierte, aber wann immer er sich mit äußerster Rücksichtnahme in die elterliche Wohnung schlich, war sein Vater noch

auf, saß im Wohnzimmer unter der Gaslampe, trank Bier, las Kriminalromane, alles, um sich wachzuhalten, um die halbe Stunde nicht zu verpassen, in der der magere Sohn riesige Haufen von Wurstbroten verschlang. Der Sohn, der unbegreifliche, einem alten, übrigens uniformscheuen Militär unbegreifliche, der die Freistelle auf der Ritterakademie ausgeschlagen hatte, der entsetzliche Bilder und unverständliche Gedichte liebte, auf seinen Spaziergängen die Römerstraße suchte und alle Schubladen mit Plunder, d. h. mit Scherben, Knochen und grünspanzerfressenen Pferdetrensen füllte. Ich sah sie dasitzen, die beiden Männer, den einen zweigeteilten Mann, der wieder zusammenwuchs, schweigend, höflich und liebevoll in solcher Nachtstunde ...
Ich habe Ihnen diese Seite nur vorgelesen, um Ihnen zu zeigen, was an einer Tagebuchstelle unter Umständen weggelassen wird (hier z. B. die Konservendosen) und was beibehalten und ausgesprochen wird. Man kann ähnliche Beobachtungen machen, wenn man die vor der Natur gemachten Skizzen von Malern mit dem fertigen Bild vergleicht. Nicht alles in den Notizen Erwähnte eignet sich dazu, in die Kunstform übernommen zu werden, und sehr oft genügt es nicht. Ich habe diese Erfahrung bei meinem römischen Tagebuch »Engelsbrücke« gemacht, das auf ganz andere Weise entstanden ist. Dieses Buch nämlich besteht aus den Aufzeichnungen eines römischen Jahres, Aufzeichnungen, die von Anfang an dazu bestimmt waren, veröffentlicht zu werden. Tägliche Eintragungen also, über durchaus nicht nur Römisches und durchaus nicht nur Gegenwärtiges, ein Mensch unserer Tage in dem sehr alten und sehr neuen Rom. Es ist aber da die Verwandlung, von der ich eben sprach, nicht überall durchgeführt worden, und darum erscheint

mir das Buch heute an vielen Stellen vordergründig und nicht wirklich gelungen.

Ich möchte jetzt noch etwas über meine in vorgetäuschter Tagebuchform geschriebenen Bücher sagen, nämlich über das »Haus der Kindheit«, das sehr viel Biographisches enthält, und über die Geschichte »Die Füße im Feuer«, in der nichts, aber auch gar nichts meinem Leben und meinen eigenen Empfindungen entspricht. Aber auch im »Haus der Kindheit« ist das eigentlich Tagebuchhafte, der Tageslauf der Erzählerin in dem geisterhaften Café in der Nähe des imaginären Museums, reine Erfindung oder, wenn Sie wollen, reine Konstruktion. Das Alle-Tage-Neu der Tagebucherzählung verschafft dem Text Unmittelbarkeit und Frische, die also gar nicht dem Autor, sondern der von ihm gewählten, übrigens, wie ich glaube, sehr weiblichen, Form zuzuschreiben ist. Das lästige »an diesem Tag ging sie, am nächsten Tag tat sie«, das etwa für das »Haus der Kindheit« notwendig gewesen wäre, fällt weg, das immer neu erschaffene Heute macht die irrealen Vorgänge wahrscheinlich und aktuell. In der Geschichte »Die Füße im Feuer«, die einen Krankheitsprozeß beschreibt, ermöglicht es die Form der Ichgestalt der Kranken, in jeder neuen Eintragung ganz dazusein und ihre augenblickliche Stimmung wiederzugeben. Erst die Summe der lose aneinandergereihten Eintragungen ergibt da die Geschichte, die mit der letzten Notiz der Heldin, ihrem Feuertod und ihrer Erlösung aus der Kälte und Gefühllosigkeit zu Ende geht.

Es tut mir leid, daß ich so viel von mir und meiner Arbeit gesprochen habe, während ich doch eigentlich im Sinn hatte, über die berühmten und herrlichen Tagebücher von André Gide, Julien Green, Max Frisch und Pavese etwas zu sagen. Es war Ihnen aber vielleicht nicht unwichtig, zu erfahren, was ein Schriftsteller, in dessen Arbeit das Tagebuch eine so wichtige Rolle spielt, über seine Aufzeichnungen, ihre Verwendung in seinen Büchern und über das Tagebuch als Kunstform denkt. Vielleicht konnte ich auch dem einen oder anderen meiner Zuhörer eine Anregung geben, nun selbst Aufzeichnungen zu machen, Aufzeichnungen, die sehr subjektiv und wirklich eine Selbstbespiegelung sein können, aber auch etwas ganz anderes, ein Bild seiner Tage, ein Bild der Welt.

Georg Trakl

Ein Vortrag

Ich glaube, daß niemand, der sich mit meinen Gedichten, auch den frühen, beschäftigt, auf den Gedanken kommen würde, daß in der Lyrik Georg Trakl mein großes Vorbild war. Eine Abhängigkeit von Hölderlin mag man mir schon eher nachsagen, und doch hat erst Trakl mich zu Hölderlin geführt, erst seine, im Vergleich mit den großen historischen und theologischen Visionen Hölderlins fast private poetische Welt hat mir für Hölderlins Gedichte die Augen geöffnet. Trakl war noch ein Zeitgenosse, in seinen Versen hatte sich Hölderlins strenges Pathos ins mir gerade noch Erträgliche gemildert, seine Schwermut entsprach der noch kindlichen Schwermut meines zweiten Lebensjahrzehnts. In seinem halben Wahnsinn war er ein Bruder der Ophelia, deren süßes und gefährliches Gestammel mich bei einem meiner ersten Theaterbesuche entzückt und erschreckt hatte. Ich verstand Trakl so wenig, wie die jungen Leute heute Paul Celan verstehen mögen, aber wie jene Celans »Engführung« nicht mit dem Verstand erfassen müssen, brauchte ich nicht zu wissen, wer in dem Gedicht »Geburt« die steinerne Greisin und wer der Knabe Elis war. Wie scheint doch alles Werdende so krank, hatte Trakl geschrieben – auch ich litt an der Krankheit Jugend, von der ich nicht wußte, daß sie im Heranwachsen auch geheilt werden kann. Trakl hatte den Krieg vorausgeahnt und der Krieg hatte seinen frühen Untergang bewirkt – in diesem ersten Weltkrieg nun, der für seine Zeit gewiß nicht weniger entsetzlich war als später der zweite, war ich aufgewachsen und wie bald hatten die siegestrunkenen Eintragungen meines Kindertagebuchs traurigen Betrachtungen Platz gemacht. Trakl war für mich ein Idiot wie Dostojewskis Fürst Myschkin, der passive Held, der in der heldenfeindlichen Nachkriegszeit ein so großes Ansehen gewann. In Trakls Gedichten zu leben, war wichtiger als sich in der Welt draußen heimisch zu machen. Er war mein Dichter, war der Dichter schlechthin.

Die ersten Traklschen Gedichte, die ich las, standen in der »Menschheitsdämmerung« der großartigen Sammlung expressionistischer Lyrik, die Kurt Pinthus 1920 herausgegeben hat. Trakl war da nicht allein mit seinen schwarzen Kriegs- und Untergangsvisionen, seinem stillen Wahn. In dem schon 1911 entstandenen Kriegsgedicht von Georg Heym versinkt eine große Stadt in gelbem Rauch, und so, als seien die Phosphorregen des zweiten Weltkriegs schon vorausgesehen, wird von kalten Wüsteneien und dem auf Gomorrha niederträufelnden Pech und Feuer gesprochen. Heym beschreibt in einem andern Gedicht die Heimat der Toten als eine schauerliche Unterwelt, er schildert in einem dritten die Morgue, das Leichenschauhaus von Paris, während Benn seine Eindrücke in einer Krebsbaracke wiedergibt. Das irdische, das Menschenparadies, scheint trotzdem vor der Tür zu stehen, ein letzter Aufstand nur nötig zu sein, um den Menschenbruder seiner selbst bewußt zu machen und ihn ins Licht eines neuen Tages zu führen. In diesen Chor drängender, heftiger und sehnsüchtiger Stimmen ist auch Trakls Stimme eingegangen, aber sie ist doch mit ihnen nicht auszutauschen, sie war es für mich schon damals nicht. Trakl wollte nichts, weder sich wie Werfel von Gott zerreißen lassen, noch wie Däubler das Werk der Umkehr tun. Mit seinen einfachen und

schwermütigen Feststellungen, seinen farbenreichen Träumen, schuf er, nur der Lasker-Schüler verwandt, eine Welt, in der sich Leben und Tod durchdringen und die ich schon damals als meine Welt empfand.
Von Trakls Leben wußte ich zu jener Zeit noch wenig, ich kannte nur einen kurzen Bericht des Brenner-Herausgebers Ludwig von Ficker, in dem die milde Wesensart und die strenge Selbstbeherrschung Trakls gerühmt wurden, auch sein natürlich-einfaches Verhältnis zu einfachen Menschen, und in dem von dem einsamen Tod des Dichters im Garnisonsspital in Krakau die Rede war. Später erfuhr ich mehr von dem 1887 geborenen Georg Trakl – er stammte aus einer wohlhabenden Eisenhändlerfamilie in Salzburg, war halb burgenländischer, halb tschechischer Abstammung, er hatte früh Französisch gelernt und Baudelaires und Rimbauds Gedichte gelesen. Im Unterricht war er faul und gleichgültig, einem der Schule fernstehenden literarischen Freundeskreis vermittelte er seine Begeisterung für Dostojewski und Nietzsche, dort las er auch seine ersten Arbeiten, kurze Geschichten, vor. Seine Gedanken kreisten um Gott, Maria und die Sünde der Geschlechtlichkeit, die ihn bedrängte und um derentwillen er vielleicht der Versuchung, Rauschgift zu nehmen, so früh erlag. Er blieb sitzen und mußte die Schule verlassen, er besuchte Bordelle, war ein halber Dandy und ganzer Bohemien, oft hat man ihn, von den Drogen betäubt, in tiefer Bewußtlosigkeit gefunden. Während seiner Lehrzeit in der Salzburger Apotheke »Zum weißen Engel« soll er gewissenhaft gearbeitet haben, aber sein Wesen war schon damals zwiegespalten, rauschhaft geäußerte Freude an der Schönheit der Natur wechselte mit bedrohlichem Verstummen, in allerlei Ängsten und Enttäuschungen bereiteten sich die Depressionen seiner späteren Jahre

vor. Seine Beziehung zu der jüngeren Schwester Gretl, der »Mönchin« und »Fremdlingin« seiner Gedichte, wird von den einen seiner Biographen als poetisch sublimierte tiefe und reine Neigung, von den andern als Blutschande geschildert, so wie Trakl selbst bald als Heiliger und bald als Wüstling und möglicher Verbrecher erscheint. Gewiß fühlte er sich in der Welt von Jahr zu Jahr weniger heimisch, ein erträglicher Ort war, nachdem er den militärischen Medikamenten-Akzessisten-Dienst aus gesundheitlichen Gründen verlassen hatte, wohl nur Mühlau bei Innsbruck, wo ihm Ludwig von Ficker ein treuer Freund und Gastfreund war. Als die Schwester Gretl nach Berlin übersiedelte und heiratete, hatte Trakl seine Form schon gefunden, aber vor der wachsenden Schwermut retteten ihn auch die kurzen Perioden schöpferischer Erfüllung nicht mehr. Er sah Venedig, den Gardasee und bekam ein Stipendium, das ihn für einige Zeit vor Entbehrungen geschützt hätte, aber kaum, daß er von dem hinterlegten Geld die erste kleine Summe abgehoben hatte, brach der Krieg aus. Trakl ging als Militärapotheker ins Feld – ein Helfer, der aus Mangel an Medikamenten und Verbandmaterial nicht helfen konnte und der darüber erst eigentlich zusammenbrach. In der Irrenabteilung des Garnisonsspitals in Krakau starb er am 4. November 1914, er hat seinen Tod durch Drogen wahrscheinlich selbst herbeigeführt. Er hat einen Burschen gehabt, einen Bergarbeiter aus Hallstadt, und dieser hat nach Trakls Ende an Herrn von Ficker einen einfältigen und erschütternden Brief geschrieben, man hatte ihn aber nicht zu seinem sterbenden Leutnant gelassen, er wußte nichts.

Von dem Gefährlichen und Abgründigen in Trakls Leben, von dem »allerlei Verbrecherischen«, das er selbst in seinem Wesen erkannte, ahnte ich in der Zeit meiner ersten Trakl-Lektüre noch nichts. Er war der Jüngling, der Bruder, der an der Welt Leidende – für ein spät entwickeltes Mädchen wie mich kam die Teilnahme an seiner Trauer, seiner Todestrunkenheit, beinahe einer erotischen Beziehung gleich. Seine Jahreszeit, der Herbst, war auch die meine, sie ist es bis auf den heutigen Tag geblieben. Aus der Großstadt Berlin mit einem Mal in die Familienheimat in Südbaden versetzt, sah ich Trakls Landschaft, denn so weit von Österreich dieses alte Vorderösterreich auch gelegen ist, so erinnern doch das zarte Blau der Berge, der goldene Fluß der Wiesenabhänge an das salzburgische Land. Mit den Bauern des heimischen Dorfes kam ich in Berührung, und sie nahmen für mich die düsteren und leidenden Züge der Traklschen Bauern an. Ich kam nicht auf den Gedanken, daß Trakl ein Protestant gewesen sein könne, so sehr schien er mir im katholischen Südbaden heimisch, jeder Kreuzweg war sein Kreuzweg, ja er war es selbst, der am Rande des Weizenfeldes am Kruzifix hing. Das Wort »absterben«, das Trakl so oft verwendet hat, hörte ich nun in der Litanei, das tote Mädchen, das in der Bauernstube zwischen Lilien aufgebahrt lag, die erste Tote, die ich zaghaft berührte, war für mich Trakls sanfte Waise, deren Leib die Hirten verwest im Dorngebüsch gefunden hatten. Wie ich später erfuhr, konnte Trakl einem brennend weggeworfenen, im Dunkel erlöschenden Streichholz nicht ohne Schauder nachsehen, bei mir waren es die letzten Augenblicke der Sonnenuntergänge, das Verschwinden der Sonne hinter den Vogesen, die mich mit Entsetzen erfüllten. Ich war furchtsam und sah in den Schatten oft bedrohliche Gestalten – daß Trakl diese Schrecken ausgesprochen hatte, machte mich frei. Seine Engel mit den kotbefleckten Flügeln, seine Fieberschwärze, sein blutiges Linnen bestätigten meine Ängste, während seine wenigen ganz sanften und stillen Strophen, seine seltenen Bilder der Harmonie ein besonderes Gewicht gewannen. Hören Sie ein Beispiel für solche Verse schwebender Heiterkeit und ein anderes für eine am Rande des Chaos gerade noch wahrgenommene Harmonie. Hier das erste mit dem Titel

Verklärter Herbst
Gewaltig endet so das Jahr
Mit goldnem Wein und Frucht der Gärten.
Rund schweigen Wälder wunderbar
Und sind des Einsamen Gefährten.

Da sagt der Landmann: es ist gut.
Ihr Abendglocken lang und leise
Gebt noch zum Ende frohen Mut.
Ein Vogelzug grüßt auf der Reise.

Es ist der Liebe milde Zeit.
Im Kahn den blauen Fluß hinunter
Wie schön sich Bild an Bildchen reiht –
Das geht in Ruh und Schweigen unter.

Und nun das andere, auch ein Herbstgedicht, aber ein später entstandenes. Es heißt

In den Nachmittag geflüstert

Sonne, herbstlich dünn und zag,
Und das Obst fällt von den Bäumen.
Stille wohnt in blauen Räumen
Einen langen Nachmittag.

Sterbeklänge von Metall;
Und ein weißes Tier bricht nieder.
Brauner Mädchen rauhe Lieder
Sind verweht im Blätterfall.

Stirne Gottes Farben träumt,
Spürt des Wahnsinns sanfte Flügel.
Schatten drehen sich am Hügel
Von Verwesung schwarz umsäumt.

Dämmerung voll Ruh und Wein;
Traurige Guitarren rinnen.
Und zur milden Lampe drinnen
Kehrst du wie im Traume ein.

Ich möchte in diesem kurzen Vortrag Trakls Gedichte nicht zu deuten versuchen. Ganz gewiß bin ich, als ich sie neunzehnjährig las, auch nicht darauf aus gewesen, sie zu enträtseln, da sie mir ja gerade in ihrer Rätselhaftigkeit so teuer waren. Was mir ohne weiteres einging, war die kühne Farbigkeit der Traklschen Bilderwelt, ich selbst liebte die starken Farben, das Tiefschwarz und Purpur, das Braun und Blau und Gelb, ich liebte sie auch auf den Bildern von Emil Nolde, Franz Marc und August Macke, und bis zum heutigen Tage habe ich zum Schwarz-Weiß der Graphik kein rechtes Verhältnis gewonnen. Sonnenblumen, Resedenduft, fallende Äpfel, Hyazinthenlocken, schwarze Kastanien und gelbe Mauern, das alles hätte vielleicht schon genügt, um ein lebhaftes sinnliches Wohlgefühl in mir zu erwecken. Aber ich glaube nicht, daß es ein solches Wohlgefühl, eine Art von Wollust des Schmerzlichen war, was mich beim Lesen von Trakls Gedichten ergriff. Das eigentlich Ergreifende war vielmehr die Erfahrung von der Allgegenwart des Todes und die irrationale Art, in der Trakl dieser Erfahrung Ausdruck gab. Ich hatte, das sagte ich schon, fern vom Schuß, aber hilflos genug, als halbes Kind den Krieg erlebt, was ich vom Leiden und Sterben der Menschen erfahren, von ihrer Verelendung in der großen Stadt selbst gesehen hatte, genügte schon, um mich für Trakls unterweltliche Gesichte empfänglich zu machen. Weil in meiner Familie der Tod geleugnet und Krankheit und Unglück als eine Art von Schande angesehen wurden, haftete meiner Versenkung in Trakls Todesphantasien auch etwas Verbotenes und Gefährliches an – auf seinen einsamen Wegen entfernte ich mich zum erstenmal von meinem Elternhaus, das der Geist der Aufklärung und des Fortschritts erfüllte. Trakls Zweifel erschütterten das schon untergrabene Vertrauen meiner Kinderjahre, und zum erstenmal gab ich mir Rechenschaft über die Unsicherheit aller menschlichen Existenz. Daß Trakl seinerseits von Baudelaire beeinflußt war, wußte ich nicht, ich kannte seine »Blumen des Bösen« nur in Trakls melancholischer Abwandlung, aber nun entdeckte ich sie in meiner eigenen Umwelt, die noch vor wenigen Jahren so fest gefügt, so wohlgeordnet erschien. In dem Hauch von Verwesung, der Todestrauer, die mich aus Trakls Versen anwehte, verwandelte sich die gute Schülerin, das angenehme Familienmitglied ohne Übergang in den rätselhaften Knaben Elis, in den wahnsinnigen und aussätzigen Helian, die der Dichter Trakl besang.

An den Knaben Elis

Elis, wenn die Amsel im schwarzen Wald ruft,
Dieses ist dein Untergang.
Deine Lippen trinken die Kühle des blauen Felsenquells.

Laß, wenn deine Stirne leise blutet
Uralte Legenden
Und dunkle Deutung des Vogelflugs.

Du aber gehst mit weichen Schritten in die Nacht,
Die voll purpurner Trauben hängt
Und du regst die Arme schöner im Blau.

Ein Dornenbusch tönt,
Wo deine mondenen Augen sind.
O, wie lange bist, Elis, du verstorben.

Dein Leib ist eine Hyazinthe,
In die ein Mönch die wächsernen Finger taucht.
Eine schwarze Höhle ist unser Schweigen,

Daraus bisweilen ein sanftes Tier tritt
Und langsam die schweren Lider senkt.
Auf deine Schläfen tropft schwarzer Tau,

Das letzte Gold verfallener Sterne.

Und nun hören Sie den letzten Teil der Gedichtgruppe Helian, die mit den Zeilen »In den einsamen Stunden des Geistes / Ist es schön, in der Sonne zu gehen« beginnt:

> Die Stufen des Wahnsinns in schwarzen Zimmern,
> Die Schatten der Alten unter der offenen Tür,
> Da Helians Seele sich im rosigen Spiegel beschaut
> Und Schnee und Aussatz von seiner Stirne sinken.
>
> An den Wänden sind die Sterne erloschen
> Und die weißen Gestalten des Lichts.

Dem Teppich entsteigt Gebein der Gräber,
Das Schweigen verfallener Kreuze am Hügel,
Des Weihrauchs Süße im purpurnen Nachtwind.

O ihr zerbrochenen Augen in schwarzen Mündern,
Da der Enkel in sanfter Umnachtung
Einsam dem dunkleren Ende nachsinnt,
Der stille Gott die blauen Lider über ihn senkt.

Und noch eines von Trakls allerletzten Gedichten:

Klage

Schlaf und Tod, die düstern Adler
Umrauschen nachtlang dieses Haupt
Des Menschen goldnes Bildnis
Verschlänge die eisige Woge
Der Ewigkeit. An schaurigen Riffen
Zerschellt der purpurne Leib
Und es klagt die dunkle Stimme
Über dem Meer.
Schwester stürmischer Schwermut
Sieh ein ängstlicher Kahn versinkt
Unter Sternen,
Dem schweigenden Antlitz der Nacht.

Was alles mir damals an Trakls Gedichten verborgen blieb, kann nur der ermessen, der sich wissenschaftlich mit Trakl beschäftigt, der, wie etwa Wolfgang Held, die vielfachen Bezüge zu Biblischem und Mystischem, zur Kristallomantie und Metallurgie, zur Alchemie und Magie aufzudecken vermag und der die dämonische Rolle der Schwester, der »Fremdlingin«, Trakls Versen abzulesen weiß. Ich spürte zu jener Zeit nur eines: so viel

Krankheit, so viel Tod und Wahnsinn konnte ein Mensch nicht in sich haben, es mußte ihm zugewachsen sein durch eine fast mystische Teilnahme an den Leiden anderer Menschen, an dem stummen Jammer der hilflosen Kreatur. Trakl hat das Wort Ich in seinen Gedichten selten ausgesprochen, er hat nicht, wie so viele seiner Zeitgenossen dieses Ich in einen pathetischen Zusammenhang mit dem Menschenbruder gebracht. Seine Brüder sind Träumer und halbe Tote, er selbst ist das weiße Tier, das zusammenbricht, der nächtliche Kahnfahrer, auf den das ergrünte Gezweig friedlich sinkt, die junge Magd, die wie ein Aas von Fliegen umschwirrt, weiß im Dunkel ihrer Kammer liegt. Er zählte das Böse einer Landschaft dem Bösen in seinem Innern hinzu und schuf dadurch jene furchtbaren Finsternisse, die in unseren Tagen in dem Tirol des Thomas Bernhard noch einmal Leben gewinnen. In den Briefen und Zeugnissen von Trakls Freunden fand ich vor kurzem wieder Stellen, die auf des Dichters Empfindlichkeit für das Leiden von Menschen und Tieren hinweisen und die sein zorniges Gerechtigkeitsgefühl betonen. Als ich Trakls Gedichte zum erstenmal las, wußte ich noch nicht, daß ihn diese Teilnahme, dieses wilde Sichaufbäumen gegen die eigene Ohnmacht den Verstand, ja das Leben gekostet hatten. Ich ahnte aber, daß niemand Verse schreiben kann, der nur für sich selbst und nicht auch für die andern spricht. Darüber hinaus erfaßte ich etwas von Trakls ambivalentem, aus Natürlichkeit und Introversion, aus Humor und Schwermut seltsam gemischten Wesen, das für den Österreicher so kennzeichnend ist. Ich fühlte mich ihm verwandt, und in meiner Naivität fühlte ich mich sogar eines Geistes mit ihm. Wenn ich einmal schreiben würde, wollte ich schreiben wie Trakl schrieb. Einstweilen aber schrieb ich überhaupt nicht, noch 5 Jahre lang nicht. Ich lebte nur wie ein Mensch, der sich dazu gemacht glaubt, sich auf irgendeine Weise auszudrücken, und der sich nicht ausdrücken kann, also unzufrieden dahin.

Ich sagte schon, daß ich durch Trakl zu Hölderlin geführt wurde, aber noch nicht, daß ich später »meinen« Dichter um Hölderlins willen verriet. Hölderlin war härter und großartiger, stand höher und stürzte tiefer hinab. Eine so stolze Zeile wie »im Arme der Götter wurde ich groß« hätte Trakl nie zu schreiben gewagt, und eine so eisige Verzweiflung, wie sie Hölderlins Gedicht »Hälfte des Lebens« ausdrückt, hat Trakl nie in Worte gefaßt. Hölderlins Götter waren furchtbarer und gefährlicher als Trakls sanfter Brudergott, wer Hölderlin las, rührte statt an Hyazinthenlocken und verwesendes Fleisch an die Säulen des Herakles, an den Fels, zu dem die trauernde Niobe versteint. Von dem mönchischen Beiseitegehen der Dichter der Jahrhundertwende war bei Hölderlin noch nichts zu spüren, auch nichts von dem Verfall des Fleisches – in seinem Schicksalslied schlagen die Menschen, von Klippe zu Klippe geworfen, hart auf, sie bewahren ihre Gestalt auch auf dieser Reise, die ins Ungewisse führt. Sie erinnern sich an die letzten Zeilen dieses Gedichts –

Doch uns ist gegeben,
  Auf keiner Stätte zu ruhn,
    Es schwinden, es fallen
      Die leidenden Menschen
        Blindlings von einer
          Stunde zur andern,
            Wie Wasser von Klippe
              Zu Klippe geworfen,
                Jahr lang ins Ungewisse hinab.

Das war ein anderer Ton als Trakls leise blutende Demut, und es war nun für mich wohl die Zeit gekommen, da ich nicht nur nach der mir von Hölderlin vermittelten griechischen Götterwelt, sondern ganz allgemein nach etwas Umfassenderen verlangte, als es mir der stille Einzelgänger Trakl geben konnte. Meine immer weiter bestehende Vorliebe für das Hymnische und Tragische im Gedicht hat dann viel später bei einem andern Dichter, nun wirklich einem Zeitgenossen, Nahrung gefunden. Der Chilene Pablo Neruda erschien mir erfüllt von Hölderlins Schwermut, von Trakls Todesbewußtsein, aber er griff mit seiner Weltschöpfung und Weltvernichtung nicht nur über Trakls herbstliche Gärten, sondern auch über Hölderlins großartige Bildungswelt weit hinaus. Er ruft den Menschen des alten Amerika, der »versunkenen Braut«, er verflucht die Eroberer, er besingt das Meer, die »große rasende Krone«, die Reiter zwischen den Regenwänden, die Ertrunkenen und Leidenden, und wie oft auch den Tod, freilich sehr anders als Trakl, elementarer und zugleich moderner, vom Bewußtsein der Geschichte erfüllt.

Wo ist nun bei mir der große Atem dieser von mir verehrten Dichter, wo ist ihre wahnwitzige Trauer, wo ist vor allem Trakls Verlorenheit, seine Verachtung des Glücks? Abgesehen davon, daß ich mich mit keinem der drei messen kann, bin ich auch einen anderen Weg gegangen. Elemente der Melancholie mögen sich in meinen Versen finden, auch Mystisches, auch Versuche in psalmodierender Weise die alten Themen der Heimat, der Gefangenschaft und der Existenz des Dichters zu behandeln. Ich habe aber, Trakl nicht nachahmend, ihm nicht einmal folgend, mit Gedichten angefangen, die eher Lob als Klage sind, in denen die Liebe ins Licht gerückt wird und das Unglück nur wie eine Wolke über den blühenden Landschaften des Lebens erscheint. Noch meine Kriegssonette, streng in der Form und folgerichtig im Inhalt, sind voll von jener Hoffnung, die für Trakl nur in der Todesstunde auftaucht und die eine rein methaphysische ist. Bald allerdings, und sehr lange ehe er in mein persönliches Leben eingriff, taucht auch bei mir der Tod auf, er beginnt, und das ist vielleicht die einzige Parallele zu Trakl, das Leben zu durchdringen. Die Vergänglichkeit war schon das Thema eines alten Strandgedichts, sie ist später zum Zentralthema meiner Lyrik geworden. Die strengen Formen haben sich ebenso wie die Anklänge an Mittelmeerisch-Mythisches nach dem Kriege verloren, aber mit den für mich neuen freien Rhythmen habe ich nicht wie Trakl ein dunkles Zwischenreich beschworen. Gewiß, ich hätte es nicht gekonnt, mir fehlte jene, an Trakl gerühmte Fähigkeit, das Unausdrückbare auszudrücken, eine Fähigkeit, die von allen heute lebenden deutschen Dichtern vielleicht nur Paul Celan besitzt. Aber ich habe es auch nicht gewollt. Ich war an meine Zeit gebunden und hatte die Botschaften weiterzugeben, die ich von meinen Zeitgenossen empfing – das ist etwas anderes als Trakls »Wort der Liebe, das dunkeln Sinnes ein Idiot« spricht, und das im schwarzen Busch verhallt. Es ist etwas Geringeres und Vordergründigeres, aber es ist das, was ich machen konnte, und in dem ich meine eigene Sprache sprechen konnte, eine Sprache, die nackter und nüchterner als die Trakls ist und die sich nur selten zum Zeichen verkürzt.

Ich habe Trakl geliebt und nicht wie Trakl geschrieben. Wenn ich seine Gedichte wieder lese, erfüllt mich noch heute ein schmerzlicher Neid, den ich weder Rilke, noch George, noch Hofmannsthal gegenüber empfinde. Ich denke an meine jungen Jahre, an jenen dumpfen Zustand vor dem eigentlichen Erwachen und spüre genau, was ich Trakl zu verdanken habe: meine erste große Erschütterung durch das Wort, meinen ersten Zweifel, ohne den heutige Lyrik nicht gedeiht. Freude und Liebe, nach denen sich Trakl in seinem kurzen Leben vergeblich gesehnt hat, habe ich gehabt, und alles Negative in meinen Gedichten rührt, im Gegensatz zu Trakl, nur aus der Erkenntnis, daß Freude und Liebe die erdrückende Menge von Unglück und Schuld auf dieser Erde nicht aufwiegen können. Oft aber fallen mir jetzt, wo ich mich dem Alter nähere, zwei Zeilen des ganz jungen Trakl ein, die sehr charakteristisch für ihn sind und mit denen ich meinen Vortrag schließen möchte:

> Schaudernd unter herbstlichen Sternen
> Neigt sich jährlich tiefer das Haupt.

Eduard Mörike

Ein Vortrag

Ich stamme aus einer Zeit, in der Balladen den Kindern den Zugang zu der Welt der Dichtung erschlossen, und in der Mütter, sich selbst am Klavier begleitend, sangen, so daß Gedichte zuerst Lieder waren – man bekam später Melodie und Rhythmus nie mehr ganz aus dem Ohr. So lernte ich auch Mörike kennen, den jungen, romantischen Mörike der Balladen und der sangbaren Gedichte, in denen Phantasie und Sinn für das Elementare, Rätsellust und Liebeskraft zum Ausdruck kommen, und die mir auch heute noch näherstehen als die geschickt und liebenswürdig gebastelten Gelegenheits- und Widmungsgedichte der späteren Zeit.

Ehe ich nun mit aller hier erlaubten Ungerechtigkeit einer persönlichen Vorliebe *meinen* Mörike vorstelle, aber ist es billig, etwas über das ganze Leben des Dichters zu sagen.

Daß der 1804 geborene Dichter ein Schwabe und ein Arztsohn war, wissen Sie. Auch, daß er nach dem Studium der Theologie und nach vielen Vikarstellen im schwäbischen Land elf Jahre lang Pfarrer in Cleversulzbach und später in Stuttgart Lehrer war. Vielleicht wissen Sie auch, daß Mörike dort, vorbereitet von einer nur ihm vernehmlichen rätselhaften Musik, im Jahre 1875 starb, und daß er auf einem Stuttgarter Friedhof begraben liegt. Von der Uracher Schulzeit heißt es, daß sie heiter, von der Studentenzeit in Tübingen, daß sie fruchtbar und gesellig war. Seine Freunde waren genial, unruhig oder zuverlässig gescheit.

Mit der Aussage eines dieser Freunde »nichts Gewöhn-

liches kam aus seinem Munde« ist der junge Mörike schon gekennzeichnet, zunächst als Original, dessen Erfindungen poetischer Refugien reich waren an Übermut und Phantasie. Zeugnisse für seine Späße und Spiele, aber auch für seine Beängstigungen gibt es viele, auch für die Seelenkämpfe des angehenden protestantischen Geistlichen – das Wort: der allein begeht die Sünde wider den Heiligen Geist, der mit einem Herzen wie ich in der Kirche dient, ist bekannt. In Mörikes Beziehung zum andern Geschlecht war, außer bei einer Jugendliebe, nicht viel Glück, auf eine bittere Passion folgt eine lange, gewiß mehr aus inneren, als aus äußeren Gründen, abgebrochene Brautschaft, endlich eine wohl nicht ohne Mörikes Schuld unglückliche Ehe, in der Reihe dieser Liebesbeziehungen ist der Wahnsinn der schönen Landstreicherin das einzig Erschreckende nicht. Der behäbige Fünfziger, der Erzähler des Märchens vom Stuttgarter Hutzelmännlein und der heiteren Mozartnovelle hat auf einer Zeichnung von Kurtz einen ernsten, fast strengen Blick, und eine Photographie späterer Jahre zeigt Mörike kränklich schwermütig in ein Buch blikkend – da ahnt man einen verbitterten Alltag, ahnt das Alter, das Albrecht Goes, der dem Dichter wie kaum einer nahesteht, ein tiefbekümmerndes nennt. Der Traum von Mörikes Frauenliebe aber ist in seine Gedichte eingegangen, wie die Bilder und Angstvorstellungen seiner reichen Phantasie in die Balladen, wie das Wunschbild vom sicheren, heiteren Mannesleben in manche Verse der reifen Zeit. Aus den Gedichten sollen Sie jetzt all dies heraushören, Mörikes Stimme, die so bescheiden und abseits der Welt laut wurde und die jetzt, bald hundert Jahre nach seinem Tode, noch forttönt als eine unverwechselbare Musik.
Von der bildkräftigen Phantasie des Dichters soll zu-

erst die Rede sein. Da sitzt, in der Ballade vom Zauberleuchtturm, die Tochter des Zauberers in einer Glaskugel, die, an einem langen Arm aufgehängt, über dem Meere schwebt, in diesem kleinen hellen Saal spinnt und singt sie bei Kerzenschein. Die Schiffe in Seenot nähern sich, voller Hoffnung steuert die Mannschaft auf die Zaubersonne zu und lauscht so verzückt, daß, noch ehe die Zauberin ihr Licht löscht, das Schiff an den Felsen zerschellt. Ist das nicht ein kühnes, ein ungewöhnliches Bild, das Mädchen in der erleuchteten Glaskugel über dem stürmischen, nächtlichen Meer?

Oder die Brautleute, die in der Ballade »Zwei Liebchen« im Schiffchen die Donau hinunterfahren und einander Nixengaben aus dem Wasser fischen – sehen wir da nicht alles vor uns, zuerst das in der Sonne funkelnde und blitzende Gerät und dann am Ende die beiden Leichname, die, er hüben und sie drüben, im kalten Mondlicht an die entgegengesetzten Ufer treiben?

Auch der frühere »Feuerreiter« ist bildkräftig wie nur je eine Ballade. Die rote Mütze, die im kleinen Fenster auf- und niedertanzt, der wütende Reiter auf dem dürren Roß und dann das Menschengerippe auf dem Pferdegerippe aufrecht an der Kellerwand der vom Feuer zerstörten Mühle – hören Sie, wie da zu der Macht des Bildes noch die des Klanges tritt, aus den Endzeilen, die nach Brennen, Brennen, Rasen und ausklingendem Feuerlärm mit viermaligem dunklem U-Laut alles zur Ruhe bringen –

Der Feuerreiter

Sehet ihr am Fensterlein
Dort die rote Mütze wieder?
Nicht geheuer muß es sein,
Denn er geht schon auf und nieder.

Und auf einmal welch Gewühle
Bei der Brücke, nach dem Feld!
Horch! das Feuerglöcklein gellt:
    Hinterm Berg,
    Hinterm Berg
Brennt es in der Mühle!

Schaut! da sprengt er wütend schier
Durch das Tor, der Feuerreiter,
Auf dem rippendürren Tier,
Als auf einer Feuerleiter!
Querfeldein! Durch Qualm und Schwüle
Rennt er schon und ist am Ort!
Drüben schallt es fort und fort:
    Hinterm Berg,
    Hinterm Berg
Brennt es in der Mühle!

Der so oft den roten Hahn
Meilenweit von fern gerochen,
Mit des heilgen Kreuzes Span
Freventlich die Glut besprochen –
Weh! dir grinst vom Dachgestühle
Dort der Feind im Höllenschein.
Gnade Gott der Seele dein!
    Hinterm Berg,
    Hinterm Berg
Rast er in der Mühle!

Keine Stunde hielt es an,
Bis die Mühle borst in Trümmer;
Doch den kecken Reitersmann
Sah man von der Stunde nimmer.
Volk und Wagen im Gewühle

Kehren heim von all dem Graus;
Auch das Glöcklein klinget aus:
    Hinterm Berg,
    Hinterm Berg
Brennts! –

Nach der Zeit ein Müller fand
Ein Gerippe samt der Mützen
Aufrecht an der Kellerwand
Auf der beinern Mähre sitzen:
Feuerreiter, wie so kühle
Reitest du in deinem Grab!
Husch! da fällts in Asche ab.
    Ruhe wohl,
    Ruhe wohl
Drunten in der Mühle!

Vom Feuer, vom rachsüchtigen Brandstiften redet auch die Tochter der Heide, die dem ungetreuen Geliebten ein Rätsellied, ein böses Lied singen und ihn und seine Braut in den Flammen festbannen will. Solche Rätsellieder sind fast alle Balladen von Mörike, auch die von den Geistern am Mummelsee mit den seltsamen kurzen Zwischenzeilen, O nein, o weh, o schau, hörst Du, nun still, davon – die als Ausrufe der geängstigten Elfenkinder der rätselhaften Handlung die bange Nähe verleihen. Da tritt, nach dem Verschwinden des Totengeleits unter dem Wasserspiegel eine furchtbare Stille ein, mit grünem Feuer auf den Wellen und flutendem Nebel am Ufer – das Aufzucken des Sees in der Mitte ist dann der eigentliche Schrecken, weil die zurückkehrenden Geister den Frevel des Zuschauens (und damit den Frevel des Dichters) zu verfolgen drohen.

Noch ein anderer Geisterzug, der in der »Traurigen Krönung«, hat es mir angetan. Da gibt es keine unbeteiligten Zuschauer, da geht das Grausige den Schuldigen direkt an und vernichtet ihn. Es wird hier einmal kein Naturmärchen, sondern eine irische Sage erzählt, der König Milesint hat seinen Neffen ermordet und das tote Kind bringt ihm in der Nacht noch einmal die verbrecherisch gewonnene Krone. Schon vorher mischt sich der Dichter ein und ruft Irland an

> O Irland, Irland, / Warest Du so blind

der leidenschaftliche Ausruf schafft erst die rechte Aufmerksamkeit für die düstere Szene, bei der die Kerzen wunderlich flackern und der Mond am Fenster lauscht.

Hebt Mörike diese Darstellung einer sagenhaften Begebenheit über alle Balladenkonvention hinaus, so gewinnt auch der Räuberhauptmann, dieses Klischee der romantischen Zeit, bei ihm ein recht frisches unbefangenes Leben. Fiedel und Flinte, wechselseitig oder, wie es in dem Lied heißt, »nach dem just Wetter und Winde« verwendet, könnten recht unangenehm, so etwa wie Buch und Gewehr der jüngsten Vergangenheit, wirken und sind doch nur Ausdruck unbekümmerter Jugendkraft, die mit dem zweimaligen Auf einmal in der letzten Strophe ihren dynamischen Höhepunkt erreicht.

> Auf einmal, er schleudert die Geig in die Luft
> Auf einmal, er wirft sich zu Pferde
> Der Feind kommt. Da stößt er ins Pfeifchen und ruft
> Brecht ein, wie der Wolf in die Herde!
> Fiedel und die Flint

> Fiedel und die Flint!
> Volker spielt auf.

In dem stürmischen Aufbruch ist wieder etwas von einer Elementargewalt, diesmal von der des Windes, der auch in »Volkers Lied« den kurzen bewegten Zeilen ihr Leben einzuhauchen scheint.

> Da kam der Wind, da nahm der Wind
> Als Buhle sie gefangen
> Von dem hat sie ein luftig Kind
> In ihrem Schoß empfangen.

Aus der Sippschaft des Windes stammt, wie der Räuberhauptmann, auch die Schlimme Gret der langen Ballade, die den Namen der verführerischen Hexe trägt. Die Gret zieht mit wirbelnden Kochlöffeln den Nebel ins Haus, wickelt ihren, auf Flucht sinnenden Liebhaber ein und trägt ihn zum Rand der Klippen, wo sie ihm dann nach einem Essen von blankem Silber und nach glühenden Zärtlichkeiten ein grausiges Totenlied singt und ihn ins Meer wirft – da ist das Abgründige der Naturmächte wieder mit dem Abgründigen einer gefährlichen Leidenschaft in Beziehung gebracht.

Irdisch derber, aber nicht weniger phantasievoll als in den Naturmärchen geht es in der frühen Idylle vom sicheren Mann zu, in der Mörike, der Erschaffer der sagenhaften Insel Orplid, nicht nur eine zyklopenähnliche Gestalt frei erfunden und auf den Höhen des Schwarzwaldes angesiedelt, sondern auch eine ganze Schöpfungsgeschichte ersonnen hat. Da wird vom Sicheren Mann dem Teufel der Schwanz abgerissen, statt Blut fließt Pech aus der Wunde, bis zur nächsten Begegnung wird der Schwanz zwar wieder nachwachsen, aber er wird doch kürzer und der ganze Teufel wird um etliches schwächer sein ... der Ungeschlachte, der für die Toten die Geschichte der Schöpfung auf gestohlene und gebündelte Scheunentore geschrieben hat, wird mit Titanenkraft und bäurischer List eines Tages den bösen Feind überwinden.

Ist in der Nähe des Sicheren Mannes einmal nichts zu spüren von den Lebens- und Todesschauern der Balladen – so findet sich doch in den liedhaften Gedichten die Ungeborgenheit immer wieder zum Ausdruck gebracht. Da kämpfen Licht und Schatten, da wird die unheimliche Stunde vor Tagesanbruch von der aufgehenden Sonne besiegt und hinterläßt doch einen bangen Schauer – mit ihrem Reichtum an Gesichten, ihrer Wehmut und ihrer angstvollen Verzweiflung scheint die frühe Dämmerung recht eigentlich Mörikes Stunde zu sein. »An einem Wintermorgen vor Sonnenaufgang«, »In der Frühe«, »Ein Stündlein wohl vor Tag«, »Agnes«, »Das verlassene Mägdlein«, »Früh im Wagen« heißen diese Gedichte, und die »flaumenleichte Zeit der ersten Frühe« ist manchmal eine reiche und schöpferische und dann wieder eine des Zweifels und der Not.

> Auf einmal blitzt das Aug, und wie ein Gott der Tag
> Beginnt im Sprung die königlichen Flüge

so heißt es, wahrhaft königlich am Ende des »Wintermorgens«; in dem Gedicht »Früh im Wagen« verscheucht die Sonne den Trennungsschmerz im Nu. Ein andermal werden Morgenglocken rettend wach – aber dann wieder wird der Tag doch nicht herbeigesehnt, sondern herbeigefürchtet – das Gedicht »Das verlassene Mägdlein« mit seiner herrlichen zweiten Strophe ist mir von den Liedern der magischen Stunde immer das liebste gewesen.

> Früh, wenn die Hähne krähn,
> Eh die Sternlein verschwinden,
> Muß ich am Herde stehn,
> Muß Feuer zünden.
>
> Schön ist der Flammen Schein,
> Es springen die Funken;
> Ich schaue so drein,
> In Leid versunken.
>
> Plötzlich, da kommt es mir,
> Treuloser Knabe,
> Daß ich die Nacht von Dir
> Geträumet habe.
>
> Träne auf Träne dann
> Stürzet hernieder;
> So kommt der Tag heran –
> O ging er wieder!

Ist die Nacht, die bange Dunkelheit in Mörikes Gedichten unheimlich, so ist es auch der Wind, der hier wie in den Balladen eine dämonische Rolle spielt.

> Ach, sag mir alleinzige Liebe
> Wo Du bleibst, daß ich bei Dir bliebe
> Doch Du und die Lüfte, Ihr habt kein Haus

so heißt es in dem Gedicht »Im Frühling« – schwebender kann die Unfaßbarkeit der schweifenden Liebe nicht ausgedrückt werden. Ein heftiger Windstoß entlockt in der »Äolsharfe« den Saiten einen jähen Schrei und entblättert die volle Rose, und im »Lied vom Winde« weisen die der Liebe gleichenden eilig hinfahrenden Lüfte mit dem Ruf »halt uns nicht auf« alle Fragen des Mädchens zurück.

Eine Lust, im Element, im Liebesgefühl zu vergehen, ist in Mörikes Gedichten allzeit gegenwärtig, und neben der vertrauensvollen Hinwendung zu Gott in der »Neuen Liebe« steht die Bangigkeit der schuldvollen Todesahnung, die aus der dem Jesaja entlehnten trostlosen Frage »Hüter, Hüter, ist die Nacht bald hin, und was rettet mich vor Tod und Sünde?« spricht.

Die Peregrina-Gedichte aus dem »Maler Nolten«, deren von den Zeitgenossen als holprig gerügten Verse uns heute besonders berühren, haben zum Thema wieder die Unheimlichkeit einer verhängnisvollen Liebe, die von der Schwelle gewiesen und dann unaufhörlich schmerzlich herbeigesehnt wird – wer Mörikes großen Roman kennt, erinnert sich der todbringenden Rolle, welche dort die Zigeunerin Elisabeth spielt, und daran, wie Mörike in der vielfach verschlungenen Geschichte den Wahnsinn seiner eigenen zigeunerischen Geliebten auf die unschuldige Braut des Malers, Agnes, überträgt.

Von diesen fünf Peregrina-Gedichten spricht das erste, voll von banger Ahnung, die unschuldige Verführerin mit den unheimlichen Goldaugen an. Im zweiten erzählt der Dichter von der Hochzeit, einer nächtlichen, mit Fackelzug und festlichem Mahl im lichterhellen Gartensaal, und wie er sich mit der Geliebten von dem allen fortstahl – in einen Garten, der seine wunderbare Liebeserregung zu spiegeln scheint:

> Später im Lärmen des Fests
> Stahlen wir seitwärts uns beide

Weg, nach den Schatten des Gartens wandelnd,
Wo im Gebüsche die Rosen brannten,
Wo der Mondstrahl um Lilien zuckte,
Wo die Weymouthsfichte mit schwarzem Haar
Den Spiegel des Teiches halb verhängt.

Dieses zweite Gedicht endet mit seligen Küssen und reizendem Wimpernspiel und dem Einzug ins Haus. Aber schon das dritte mit der herrlichen Eingangszeile

»Ein Irrsal kam in die Mondscheingärten
Einer einst heiligen Liebe«

erzählt, wie das seltsame Kind nach der Entdeckung verjährten Betrugs fortgeschickt und dann schmerzlich wieder herbeigesehnt wird – die fragend verlangenden Worte »Wie? wenn ich eines Tages...« stehen da für alle Wunschträume, von denen je ein Liebender bewegt worden ist. Der Wunsch des Dichters führt dann im vierten Gedicht im festlichen Kindersaal wirklich zu einer geisterhaften Begegnung und zu einer neuen Vereinigung. Dann aber bricht, im fünften Gedicht, nach dem ergreifenden schüchternen Anfang »Die Liebe, sagt man, steht am Pfahl gebunden«, der ganze Jammer über den glühenden, lockenden und entsetzenden Wahnsinn der Geliebten aus.
Hören Sie aus dem Zyklus die beiden letzten Gedichte:

Peregrina
(Aus »Maler Nolten«)

IV.
Warum, Geliebte, denk ich dein
Auf einmal nun mit tausend Tränen,

Und kann gar nicht zufrieden sein,
Und will die Brust in alle Weite dehnen?

Ach, gestern in den hellen Kindersaal,
Beim Flimmer zierlich aufgesteckter Kerzen,
Wo ich mein selbst vergaß in Lärm und Scherzen,
Tratst du, o Bildnis mitleid-schöner Qual;
Es war dein Geist, er setzte sich ans Mahl,
Fremd saßen wir mit stumm verhaltnen Schmerzen;
Zuletzt brach ich in lautes Schluchzen aus,
Und Hand in Hand verließen wir das Haus.

V.
Die Liebe, sagt man, steht am Pfahl gebunden,
Geht endlich arm, zerrüttet, unbeschuht;
Dies edle Haupt hat nicht mehr, wo es ruht,
Mit Tränen netzet sie der Füße Wunden.

Ach, Peregrinen hab ich so gefunden!
Schön war ihr Wahnsinn, ihrer Wange Glut,
Noch scherzend in der Frühlingsstürme Wut
Und wilde Kränze in das Haar gewunden.

Wars möglich, solche Schönheit zu verlassen?
– So kehrt nur reizender das alte Glück!
O komm, in diese Arme dich zu fassen!

Doch weh! o weh! was soll mir dieser Blick?
Sie küßt mich zwischen Lieben noch und Hassen,
Sie kehrt sich ab und kehrt mir nie zurück.

Sind diese Peregrina-Gedichte wie der Frühlingshügel, wie die Äolsharfe, »Denk es o Seele« auf natürliche Weise ungefüge, so gibt es doch viele Gedichte von Mörike, die auf die natürlichste Weise stimmen, das heißt, auszählbare Hebungen und Senkungen und klingende Reime haben und die, aber nicht nur aus diesem Grunde, ein Gefühl der Ausgewogenheit, der Anmut und des Glückes vermitteln, das auch, und vielleicht sogar vor allem zu Mörikes Wesen gehört. Denn gerade da, in der gelösten Heiterkeit war ihm ja oft ein besonderes wunderbares Gelingen geschenkt, eines, dem man gar nicht nachzusinnen trachtet, das aber bei näherem Eingehen auf den Wort- und Klangzauber die Geheimnisse seiner Form enthüllt.

Hören Sie das »Jägerlied«

> Zierlich ist des Vogels Tritt im Schnee,
> Wenn er wandelt auf des Berges Höh:
> Zierlicher schreibt Liebchens liebe Hand,
> Schreibt ein Brieflein mir in ferne Land'.
>
> In die Lüfte hoch ein Reiher steigt,
> Dahin weder Pfeil noch Kugel fleugt:
> Tausendmal so hoch und so geschwind
> Die Gedanken treuer Liebe sind.

Zierlich ist, da wird mit dem preziösen Wort, mit den drei I-Lauten der feine Abdruck des Vogelfußes schon bildlich gemacht. In der dritten Zeile wiederholt sich alles in der Schrift der Geliebten und bleibt zierlich in Diminutiven. Aber in der zweiten Strophe wird das Bild kühner, da wird die Erde verlassen, da steigt der Reiher, mit dem Wort »tausendmal« fällt dann der Paukenschlag, welcher der Reise der Gedanken erst den großen Himmelsraum schafft.

Von dem Gedicht »Er ists«, das uns mit Harfenklang

und träumenden Veilchen heute doch recht biedermeierlich zeitgebunden anmuten müßte, werden wir trotz allem verzaubert von der anmutigen Gebärde des Lauschens und der strahlenden Frühlingsgewißheit am Ende – so wie im »Gärtner« das Wohlauf und Wohlab des rosenfarbenen Hütleins als eine heiter-geniale Andeutung der Bewegung der Reiterin und ihres Pferdchens entzückt. Der »Septembermorgen« ist schon feierlicher – hören Sie

> Im Nebel ruhet noch die Welt,
> Noch träumen Wald und Wiesen:
> Bald siehst du, wenn der Schleier fällt,
> Den blauen Himmel unverstellt,
> Herbstkräftig die gedämpfte Welt
> In warmem Golde fließen.

»Herbstkräftig die gedämpfte Welt«, da ist das Wort »herbstkräftig« wieder so ein Paukenschlagwort und die Wiederholung des Vokals ä in derselben Zeile eine abgründige Klangzauberei, die selbst erst die Nebellandschaft in lauter Klarheit und Gold zu verwandeln scheint.

Mit zarten, lichten Farben ist in dem Gedicht »Auf ein altes Bild« ebendieses Bild wiedergegeben, in, wie es dort heißt, »grüner Landschaft Sommerflor« das Jesuskind auf dem Schoß der Mutter spielend, am Ende des kurzen Gedichts steht die Vision des Kreuztodes, aber nur in der Gestalt eines jungen Baumes im nahen Wald.

> In grüner Landschaft Sommerflor,
> Bei kühlem Wasser, Schilf und Rohr,
> Schau, wie das Knäblein Sündelos

> Frei spielet auf der Jungfrau Schoß!
> Und dort im Walde wonnesam,
> Ach, grünet schon des Kreuzes Stamm!

Und dort, nicht aber dort, heißt es da, die letzte Zeile wiederholt das Grün der sommerlichen Landschaft und nur das eingeschobene Ach unterstreicht schmerzlich seinen veränderten Sinn.

Die feierliche, schwere, nicht die heiter-leichte oder auch heiter-bange Ausgewogenheit kommt in Weylas Gesang von der Insel Orplid zum Ausdruck, auch in dem Gedicht »Um Mitternacht«, in dem die Quellen, der Mutter Nacht vom Tage erzählend, das Schlaflied singen. Auch da könnte ich Sie auf manches hinweisen, auf den Wechsel im Rhythmus in der 5. und in der 13. Zeile, durch den das Springlebendige des Wassers seine eigene Melodie findet, oder auf die Zeile »das uralt, alte Schlummerlied«, in der das nur verdoppelte Wort eine hundertfach schwere Bedeutung gewinnt. Aber da ist es besser, nur zuzuhören und sich dem großartig ernsten Bild und der Wortmusik zu überlassen.

> Gelassen stieg die Nacht ans Land,
> Lehnt träumend an der Berge Wand,
> Ihr Auge sieht die goldne Waage nun
> Der Zeit in gleichen Schalen stille ruhn;
> > Und kecker rauschen die Quellen hervor,
> > Sie singen der Mutter, der Nacht, ins Ohr
> > Vom Tage,
> > Vom heute gewesenen Tage.
>
> Das uralt alte Schlummerlied,
> Sie achtets nicht, sie ist es müd;
> Ihr klingt des Himmels Bläue süßer noch,
> Der flüchtgen Stunden gleichgeschwungnes Joch.

führt. Eine ähnliche Art von Humor kommt in der »Waldplage« zu Wort, auch in dem derben Gedicht vom Besuch des Rezensenten, alle diese Gedichte muß man sich von einem Schwaben vorlesen lassen, um dem ruhig-pfiffigen Ton recht auf die Spur zu kommen.
Hören Sie im Tonfall dieser Mundart das Ende der »Häuslichen Szene«.

Häusliche Szene

»Heut, wie ich merke, gefällst du dir sehr, mir in Versen zu trumpfen.« –
»Waren es Verse denn nicht, was du gesprochen bisher?« –
»Eine Schwäche des Mannes vom Fach, darfst du sie mißbrauchen?« –
»Unwillkürlich, wie du, red ich elegisches Maß.« –
»Mühsam übt ich dirs ein, harmlose Gespräche zu würzen.« –
»Freilich im bitteren Ernst nimmt es sich wunderlich aus.«
»Also verbitt ich es jetzt; sprich wie dir der Schnabel gewachsen.« –
»Gut; laß sehen, wie sich Prose mit Distichen mischt.« –
»Unsinn! Brechen wir ab. Mit Weibern sich streiten ist fruchtlos.« –
»Fruchtlos nenn ich, im Schlot Essig bereiten, mein Schatz.« –
»Daß noch zum Schlusse mir dein Pentameter tritt auf die Ferse!« –
»Dein Hexameter zieht unwiderstehlich ihn nach.« –
»Ei, dir scheint es bequem, nur das Wort noch, das letzte, zu haben:
Habs! Ich schwöre, von mir hast du das letzte gehört.« –

»Meinetwegen, so mag ein Hexameter einmal allein stehn!« – (Pause. Der Mann wird unruhig, es peinigt ihn offenbar, das Distichon nicht geschlossen zu hören oder es nicht selber schließen zu dürfen. Nach einiger Zeit kommt ihm die Frau mit Lachen zu Hilfe und sagt:)
»Alter, ich tat dir zu viel; wirklich, dein Essig passiert;
Wenn er dir künftig noch besser gerät, wohlan, so ist einzig
Dein das Verdienst, denn du hast, wahrlich, kein zänkisches Weib!« –
(Er gleichfalls herzlich lachend und sie küssend:)
»Rike! morgenden Tags räum ich dir die vorderen Fenster.
Sämtlich! und im Kamin prangen die Schinken allein!«

Das sind heimatlich-familiäre Späße und patriarchalische Wunschbilder, neben der Arbeit an den großen Übertragungen aus dem Griechischen und der Verstrickung in klassischen Gustos und klassischen Formen, in denen – ausgenommen das Gedicht auf eine Lampe und die anmutige tödlich erschrockene Traumerzählung der Erinna – von dem eigenen Wesen wenig mehr zu entdecken ist. Darum soll auch am Ende meiner Reihe kein anakreontisches Lied, sondern eines von den frühen Gedichten stehen, in welchen die Schrecken der Natur und die furchtbare Einsamkeit der Menschen durch ein neues Lebens- und Todesvertrauen überwunden werden – wie es Mörike selbst so oft gnädig geschah. Hören Sie aus dem großen Gesang von den gottversöhnten Elementen die letzten Strophen:

Die Elemente
. . .
Einst wird es kommen, daß auf Erden

Sich höhere Geschlechter freun,
Und heitre Angesichter werden
Des Ewigschönen Spiegel sein,
Wo aller Engelsweisheit Fülle
Der Menschengeist in sich gewahrt,
In neuer Sprachen Kinderhülle
Sich alles Wesen offenbart.

Und auch die Elemente mögen,
Die gottversöhnten, jede Kraft
In Frieden auf und nieder regen,
Die nimmermehr Entsetzen schafft;
Dann, wie aus Nacht und Duft gewoben,
Vergeht dein Leben unter dir,
Mit lichtem Blick steigst du nach oben,
Denn in der Klarheit wandeln wir.

Mein Gedicht

Friedrich Hölderlin

Hälfte des Lebens

> Mit gelben Birnen hänget
> Und voll mit wilden Rosen
> Das Land in den See,
> Ihr holden Schwäne,
> Und trunken von Küssen
> Tunkt ihr das Haupt
> Ins heilignüchterne Wasser.
>
> Weh mir, wo nehm' ich, wenn
> Es Winter ist, die Blumen, und wo
> Den Sonnenschein,
> Und Schatten der Erde?
> Die Mauern stehn
> Sprachlos und kalt, im Winde
> Klirren die Fahnen.

Mein Gedicht, das soll doch wohl heißen, eines, das mich immer begleitet hat und das mir nie ganz aus dem Sinn gekommen ist. Ein solches Gedicht ist für mich Hölderlins »Hälfte des Lebens«. Als ich es kennenlernte, war ich beinahe noch ein Kind. Ich wußte nicht, daß Hölderlin die Verse kurz vor seiner Erkrankung geschrieben hat, und von einem Gefühl für die Unwiederbringlichkeit vergangener Lebenszeiten war ich noch weit entfernt. Die Landschaft, die ich beim Lesen der ersten

Strophe vor Augen hatte, die des Bodensees nämlich mit ihrer nachsommerlichen Fülle von Blumen und Früchten, beglückte mich, das winterliche Bild der sprachlosen Mauern erregte in mir eine Wollust der Einsamkeit, das Klirren der Drähte an den leeren Fahnenstangen war dazu die passende Musik.

Erst in späteren Jahren verstand ich recht eigentlich die schmerzliche Frage und Klage des Gedichts, ich bezog sie auf das Alter, das jedem jungen Menschen als ein halber Tod erscheint und dessen Schrecken ich durch die Vision einer nicht mehr von Blumen und schönen Tieren belebten, grauen Winterlandschaft vollkommen ausgedrückt fand.

Noch später las ich das Gedicht wieder anders, nämlich als tödliche Furcht vor einem krankhaften und doch auch jedem gesunden Menschen bekannten Seelenzustand der inneren Veödung und Kälte, in dem die Dinge ihre Farben, ihren Duft und ihre Stimme verlieren. Diese Furcht vor einer ewigen, nur von kalten metallischen Geräuschen noch erfüllten Gefühllosigkeit weiß der Dichter, der vorher die Liebestrunkenheit und die heilige Nüchternheit seines lebendigen Lebens in so herrlichen Bildern darstellte, auch im Leser und Hörer zu erwecken, nicht nur durch die Wahl seiner Worte, sondern auch durch die Folge seiner Vokale – man vergleiche nur die Lautfolge des Ausgangs der ersten Strophe mit der zweiten, wie da die Vereisung und Verödung schon vom Klang her Ausdruck gewinnt. Auf diese Weise gelang ihm eine so bestürzende Verdichtung menschlicher Seelenangst, daß das Gedicht mir heute zuweilen nur noch erträglich ist, wenn ich es ritornellartig lese, also die Jahreszeiten wieder wörtlich nehme, in ihrem ewigen Wechsel, ihrem Kommen und Gehen.

Schwierigkeiten, heute die Wahrheit zu schreiben

Von den aufgeworfenen Fragen (was ist Wahrheit – welche Tabus muß der Schriftsteller von heute vermeiden, um Erfolg zu haben – können Dichter die Welt verändern) hat mich die Frage nach der Wahrheit und ihrem Verhältnis zur Wirklichkeit besonders beschäftigt. Die Wirklichkeit, unsere heutzutage, drängt sich jedem auf. Es gibt Schriftsteller, die sie auf das genaueste studieren, indem sie nicht nur, wie es Goethe verlangte, »dem Volk aufs Maul schauen«, sondern auch vom Hexenglauben des 20. Jahrhunderts bis zur Jazzkirche, von der Atomwaffengefahr bis zur Tablettensucht jede Erscheinung des heutigen Lebens nachdenklich und sorgfältig registrieren. Wer nicht von vornherein darauf aus ist, die Welt in seine Netze zu bekommen, dem geht sie auch hinein, er hat nicht den Sammlerblick, er träumt und trödelt, aber irgendwann stellt sich heraus, daß auch er gesehen und gehört hat, daß auch seine Netzhaut klare und scharfe Bilder der Wirklichkeit bewahrt. Aus dieser auf so verschiedene Weise gewonnenen Wirklichkeit soll nun Wahrheit werden, eine, die wir überflüssigerweise sogar eine »höhere« nennen. In einem Verwandlungsprozeß, der weniger im Hinzufügen (etwa von Betrachtungen) als im Weglassen des Unwesentlichen besteht, soll die in jedem Augenblick schon vergangene und zur Leichenstarre verurteilte Wirklichkeit zu einem andern Leben erwachsen, das dauerhafter und möglicherweise ewig ist. So könnte es gewesen sein, meint der Schriftsteller, der eine sogenannte wahre Begebenheit in seine eigenen Worte kleidet. Aber hinter solcher Bescheidenheit verbirgt sich doch die Hoffnung, daß diese Begebenheit, mit seinen Augen gesehen und mit seinen Worten ausgedrückt, wahrer und wichtiger als die Wirklichkeit ist. Denn er hat sie zu seiner Sache gemacht, er hat sein Können, seine Geduld und möglicherweise die Erfahrungen eines ganzen Lebens in den Dienst dieser Sache gestellt. Und sofern ihm seine Darstellung gelungen ist, muß die Wahrheit, seine ganz persönliche Wahrheit, auch den Lesern sichtbar geworden sein.

Das Gelingen freilich ist ein Geheimnis, ein größeres als der Erfolg, den wir, wie auch die Tabus, auf Wunsch unserer Fragesteller auch ins Auge fassen sollen. Die Wahrheit, oder sagen wir an dieser Stelle lieber: die Aufrichtigkeit der Darbietung ist meines Erachtens entscheidend; von der inneren Anteilnahme des Schriftstellers wird, wie von seiner Kühnheit, die Dauer seines Werkes bestimmt. Erfolge, sogar des Tages und der Öffentlichkeit, waren die Räuber, der Werther und heutzutage die Theaterstücke und Romane Samuel Becketts, die allesamt Tabus verletzten, die Räuber das politische der Herrschaft des 1. Standes, der Werther das private der bürgerlich-anständigen Liebe, die Gestalten Becketts das Menschenbild, an dem, obwohl es aus dem 19. Jahrhundert stammt, immer noch festgehalten werden soll. Künstlerische Wahrheit ist Treue zu sich selbst und zu seiner Zeit, in diesem Sinne gibt es eine künstlerische Wahrheit auch in der Lyrik – auch noch dem irrationalsten Gedicht muß man die historischen und soziologischen Erfahrungen abhören können, durch die sein Verfasser hindurchgegangen ist. In der Bewertung und Deutung der allen zugänglichen Erscheinungen liegt die Eigenart des Schriftstellers, ihnen entsprechend wird er seine Stoffe wählen und gestalten, sich aus den gerade gültigen Formen etwas, nämlich etwas Eigenes machen oder völlig neue Wege gehen. Nur die Aufrichtigkeit trifft ins Schwarze, vielleicht sogar nur die Aufrichtigkeit einer bestimmten Lebensepoche, eines Augenblicks, in dem die Ausdrucksfähigkeit des Schriftstellers mit der Aufnahmefähigkeit des Lesers in geheimnisvoller Weise übereinstimmt – alle spätere Anerkennung ist dann nur ein Nachhall dieser im besonderen Sinne schöpferischen Zeit. Dabei gilt natürlich, daß man es auch in solchen Zeiten nicht jedem recht machen kann, nicht jedem recht machen mag. Die Wahrheit, auch die künstlerische, ist unbequem, die Gesellschaftskritik stößt, auch in freien Ländern, auf Widerstand, den neuen Formen bringen nicht nur die Böswilligen Mißtrauen entgegen. Es lohnt sich, darüber nachzudenken, woher da jeweils der Wind weht. Aber wer sich nach ihm richtet, weiß, daß er den Boden der Wahrheit schon verlassen und seine Sache schon verraten hat.

Daß die objektiven Werte sich im Laufe dieses Jahrhunderts so sehr verändert haben, glaube ich nicht. Zuneigung ist noch immer Zuneigung, Überwindung noch immer Überwindung, Standhaftigkeit noch immer Standhaftigkeit, Verrat noch immer Verrat. Was wir eingebüßt haben, ist der Stolz auf unsere Macht und Herrlichkeit, auch der Glaube an ein unmittelbares Eingreifen göttlicher Mächte in unser persönliches Geschick. Wir sind keineswegs sicher, ob wir einem Druck durch Folterung widerstehen würden, und beinahe überzeugt, bei einer langen, qualvollen Haft unsere innere Würde zu verlieren. Diese Erkenntnisse sind, wie die Einsicht in unsere verminderte Liebesfähigkeit, unsere Gleichgültigkeit und unsere nervöse Unduldsamkeit, Wahrheiten, die in der Literatur nicht verschwiegen werden können. Der alte Maßstab gilt trotzdem noch, sonst wäre nicht der kleine Rest von Liebe, Standhaftigkeit und Mut in der neuen Literatur so erschütternd – ich könnte Ihnen da von Hemingway bis zu Beckett viele Beispiele nennen. Ich meine auch, daß gewisse Vorstellungen von einem sittlichen Verhalten nicht untergehen können und daß sie auch in der Darstellung ihrer Gegenbilder noch wirksam sind. Auf Weltverbesserung zielt jedes Schreiben, sei es nur durch die intensive Bemühung, Stoff und Form in der einzig gültigen Weise zu verbinden, sei es durch die Sichtbarmachung von Dingen und Kräften, die dem rasch und flüchtig Lebenden verborgen bleiben müssen. Der alte, dem Leser vorgehaltene Spiegel, die alte moralische Anstalt, nur daß auf dem Theater der mahnend erhobene Zeigefinger wegfällt, so wie in der Lyrik der Jetztzeit der Leser sich seinen Vers selber machen muß. Eine aufmerksamere und nachdenklichere Welt *ist* eine bessere Welt – ich glaube, daß kein Schriftsteller darauf verzichten will, Aufmerksamkeit und Nachdenklichkeit zu erregen. Auf diese Bemühung wird er sich konzentrieren und nicht danach fragen, ob die zerstörerischen Kräfte am Ende stärker sind. Es sieht schlimm aus in der Welt. Aber wie es aussehen würde ohne die jahrtausendelangen Anstrengungen der Schreibenden, wissen wir nicht.

Rede auf den Preisträger Paul Celan.
Georg-Büchner-Preis

Paul Celan, der Dichter, den wir heute hier feiern dürfen, ist im Jahre 1920 in Czernowitz geboren, er stammt also aus der Bukowina, die bis zum Ende des Ersten Weltkriegs zum alten Österreich-Ungarn und damit zum deutschen Kulturkreis gehörte. Daß Celan unter den tragischsten Umständen seine Heimat verlassen mußte und nun seit mehr als zwölf Jahren in Paris lebt, hat ihm nicht nur Deutschland über alle geographischen Weiten hinaus ferngerückt. Es hat ihn auch seinem einzigen und kostbarsten Muttererbe, der deutschen Sprache, entrückt – freilich im positivsten Sinn. Der falschen Vertrautheit des Alletageredens enthoben, war er imstande, diese mit soviel Bitterkeit geliebte deutsche Sprache für sich neu zu entdecken und auf eine neue Weise über sie zu verfügen, schöpferisch und frei. Im Besitz einer visionären Begabung und ausgestattet mit Traumfähigkeiten und halb unbewußten Erinnerungen an chassidische und biblische Überlieferungen traf er in Frankreich auf die in den romanischen Ländern ungebrochene Tradition der klassischen Formgesetze. Er nützte ihre Möglichkeiten zur Bildung eines neuen Stils, der sowohl natürlich wie künstlich, sowohl persönlich wie überpersönlich ist. Auf diese Weise wuchs er, ein deutscher Dichter, hinaus über sein Schicksal, das uns mit Scham und Trauer erfüllt.

Im Laufe von elf Jahren hat Celan vier Gedichtbände veröffentlicht, an deren erster Stelle der 1948 in Wien erschienene Band »Der Sand aus den Urnen« steht. Im Jahre 1952 erschien bei der Deutschen Verlagsanstalt in

Stuttgart der Band »*Mohn und Gedächtnis*«, in den der Cyklus »Sand aus den Urnen« und die »Todesfuge« übernommen wurden. Ebendort folgte 1955 der Band »Von Schwelle zu Schwelle«. Der Band »Sprachgitter«, der von dem langen Gedicht »Engführung« beschlossen wird, ist 1959 im Verlag S. Fischer in Frankfurt erschienen. Dort wurde auch 1958 Celans Übertragung der »Zwölf« von Alexander Block gedruckt. In der Neuen Rundschau erschienen von Celan Übertragungen von Gedichten von Apollinaire, Char, Jessenin, Mandelstamm, Nerval und von zwei Sonetten von Shakespeare. Der Insel Verlag gab 1958 Celans Übertragung des »Bateau Ivre« von Rimbaud und 1960 seine Nachdichtung der »Jungen Parze« von Paul Valéry in einer bibliophilen Ausgabe heraus.

Wenn wir nun anhand dieser Bücher versuchen, Celans künstlerischen Weg zu verfolgen, finden wir von einem Gedichtband zum andern ein bewußtes Beschneiden des Üppig-Blühenden und Wuchernden, im Inhalt wie in der Form. Was sich in dem Wiener Band in langen daktylischen Zeilen märchenhaft verkleidet noch ausbreitet, zieht sich im Laufe der Jahre zu Schlüsselworten und Rätselwendungen zusammen, und in dem Maße, in dem der Dichter über die Sprache Herr wird, bedient er sich ihrer immer leiser und zögernder, so als sollte am Ende wirklich das Lied der Zikaden stehen. In den frühen Gedichten schweift seine Phantasie noch aus, malt und läßt klingen, da gibt es noch Rosen und Flügelrauschen in Avalun, da ist der Tod noch malvenfarben und der Cherub von Akra ritterlich gepanzert, und noch in der erschütternden »Todesfuge« mit ihren monotonen Wiederholungen wird die entsetzliche Begebenheit balladenhaft beinahe erzählt. Einen Nachklang dieser knabenhaften Romantik hören wir noch in dem Gedicht »Ein

Knirschen von eisernen Schuhn«, das ich Ihnen vorlesen möchte.

»Ein Knirschen von eisernen Schuhn ist im Kirschbaum.
Aus Helmen schäumt dir der Sommer. Der schwärzliche Kuckuck
malt mit demantenem Sporn sein Bild an die Tore des Himmels.
Barhaupt ragt aus dem Blattwerk der Reiter.
Im Schild trägt er dämmernd dein Lächeln,
genagelt ans stählerne Schweißtuch des Feindes.
Es ward ihm verheißen der Garten der Träumer,
und Speere hält er bereit, daß die Rose sich ranke...
Unbeschuht aber kommt durch die Luft, der am meisten dir gleichet:
eiserne Schuhe geschnallt an die schmächtigen Hände,
verschläft er die Nacht und den Sommer. Die Kirsche blutet für ihn.«

Celans Ton wird danach ruhiger und einfacher, freilich nicht in dem Sinne, daß er sich jetzt glatterer Wendungen und herkömmlicherer Bilder bediente. Er befragt, nach seinen eigenen Worten, noch immer die Stunde, die eigene und die der Welt, den Herzschlag und das Äon, aber er tut es jetzt in dichteren, auch im Rhythmus weniger ausladenden Versen. Von diesen sollen Sie das Gedicht »Die Krüge« hören, in dem Celan die souveräne und gleichgültige Macht des Göttlichen zu dem hilflos emotionalen Wesen der Menschen in Gegensatz stellt.

»An den langen Tischen der Zeit
zechen die Krüge Gottes.
Sie trinken die Augen der Sehenden leer und die Augen der Blinden,

die Herzen der waltenden Schatten,
die hohle Wange des Abends.
Sie sind die gewaltigsten Zecher:
sie führen das Leere zum Mund wie das Volle
und schäumen nicht über wie du oder ich.«

Anders wieder tönt es aus den Gedichten des Bandes »Von Schwelle zu Schwelle«, in denen fragend, mahnend rätselnd und deutend ein Du angesprochen wird, das bald die Geliebte, bald die Mutter, bald den Freund und bald den Dichter selber meint. Dem Rätsel der Sprache wird hier schon bewußt nachgegangen, das Gedicht »Mit wechselndem Schlüssel« ist da ein rechtes Schlüsselgedicht, und Sie sollen es später hören. Zunächst möchte ich Sie auf die veränderte lyrische Haltung dieses Bandes aufmerksam machen, darauf nämlich, daß hier das Besinnen und Erwägen, die Frage nach dem Ort des bedrohten Ichs in der Welt sparsamer und zarter, auch mit geringerer Wortzahl und Zeilenlänge vor sich geht und daß diesem Weglassen und Aussparen eine stärkere Intensität entspricht. Ich lese Ihnen als Beispiel einer solchen zugleich behutsamen und kühnen Zusammenfassung das Gedicht »Welchen der Steine du hebst«.

»Welchen der Steine du hebst –
du entblößt,
die des Schutzes der Steine bedürfen:
nackt,
erneuern sie nun die Verflechtung.

Welchen der Bäume du fällst –
du zimmerst
die Bettstatt, darauf
die Seelen sich abermals stauen,

als schütterte nicht
auch dieser
Äon.

Welches der Worte du sprichst –
du dankst
dem Verderben.«

Auf das ausbreitende Schildern in märchenhaften und glühenden Traumbildern folgte, wie wir sahen, bei Celan der wortkargere Anruf, auf diesen wieder folgt die Feststellung, die den Text der Gedichte noch mehr zusammenrückt und das Zeitwort manchmal völlig verschwinden läßt. Viele Gedichte des letzten Bandes »Sprachgitter« sind solche Feststellungen, in denen wohl noch gelegentlich und dann mit besonders schmerzlichem Klang eine Frage auftönt, in denen aber doch meist die Dinge nur genannt und so mit aller Schwere der Unverbundenheit uns ins Bewußtsein gehoben werden. Für diesen noch spröderen, noch geheimnisvolleren Stil ist das Gedicht »Nacht« kennzeichnend.

»Kies und Geröll. Und ein Scherbenton, dünn,
als Zuspruch der Stunde.

Augentausch, endlich, zur Unzeit:
bildbeständig,
verholzt
die Netzhaut –:
das Ewigkeitszeichen.

Denkbar:
droben, im Weltgestänge,
sterngleich,

das Rot zweier Münder.
Hörbar (vor Morgen?): ein Stein,
der den andern zum Ziel nahm.«

Über solche Feststellungen führt Celans bisheriger Weg noch einen Schritt hinaus: der Titel »Engführung« seines letzten Gedichts läßt an eine Fugenfigur denken, und wenn hier noch einmal Celans innere Lebensgeschichte zum Ausdruck kommt, so ist es nun eine völlig entpersönlichte, deren Verfremdung strengen Gesetzen gehorcht.

Es war eine Aufgabe zu zeigen, wie Celans Gedichtinhalte und Gedichtformen sich im Laufe der Jahre seiner Arbeit gewandelt haben – es ist eine andere, deutlich zu machen, wie unverkennbar er auch derselbe geblieben ist. Immer und durch alle Stilwandlungen hindurch beschwört er die innere, nicht die äußere Welt. Aber diesen inneren Erlebnissen leiht er Gestalt und Bewegung der äußeren Dinge, das ist das Ungewohnte und Faszinierende schon von Anfang an. Er hat die Außenwelt in sich hineingenommen und springt dort in der kühnsten Weise mit ihr um. In dem Mikrokosmos seiner Lyrik gibt es, bei aller Künstlichkeit der Darstellung, nichts Krampfhaftes, nichts, das nicht einleuchtete, wenn man nur die Geduld aufbringt, es aus sich heraus leuchten zu lassen. Er selbst kann zu Riesengröße aufwachsen und um Baumäste Herzgarn spinnen oder ganz klein werden und die Sandkörner zählen, das sind Traumfähigkeiten, wie der ganz kurzsichtige und der ganz weitsichtige Blick. Schon in den frühen Gedichten führt einer »den Bogen mit schneeigen Zähnen«, ist das Herz der Geliebten ein »Kahn im Getreide«, der »nachtwärts gerudert wird«, hüpft das Du als »ein Krüglein Blau leicht über die Schlafenden hin«. Celan verliert beim Kartenspiel

»die Augensterne«, redet »Muscheln und leichtes Gewölk« und sieht »ein Boot im Regen knospen«, später spricht er noch geheimnisvoller von »seelenbeschrittenen Fäden« und »rückwärts gerollter Glasspur« – das ist im Grunde überall dieselbe ihm eigentümliche Fähigkeit, den Vorgängen seines Innern Welt anschließen zu lassen, wo und wann immer er will. Er hat wie jeder Lyriker seine bevorzugten Dinge und Tätigkeiten, es wäre fesselnd zu verfolgen, wie Sand, Schnee und Stein, wie Pappeln, Krüge und Haar in seinen Versen immer wiederkehren und wie sie ihre Bedeutung wechseln, ohne daß ihre Bedeutsamkeit an Gewicht verliert. Die beherrschende Rolle des Wassers als Regen, Quelle, Brunnen und Meer ist vielen Gedichten abzulesen, da gibt es schon in dem Band »Mohn und Gedächtnis« das großartige und unheimliche Bild des auf dem Meere wogenden Tisches, dem zur Seite die Särge ans Land gerudert werden. In einem Gedicht in »Von Schwelle zu Schwelle« ist »der ewige Mund vom Meer gezeitigt und taucht empor zum unendlichen Kusse«, und in dem Gedichtband »Sprachgitter« muß einmal in der Zeit des Niedrigwassers der ungebetene Gast vom Brunnen erzählen; in diesem Gedicht heißt es »Wasser – welch ein Wort«. Das Zählen, dem Erzählen verwandt, wird bei Celan immer wieder geübt. »Zähle die Mandeln, zähl mich hinzu«, heißt es in der für Celan so charakteristischen Verbindung verschiedenartiger Objekte, im »Sprachgitter« zählt das Sandvolk bis zehn und nicht weiter, in der »Engführung« wird dann nicht mehr gezählt, aber musikalische Elemente beherrschen das Gedicht, dem die Oberstimmen wie ein Echo nachklingen.

Eine ähnlich beharrliche Wichtigkeit wie Sand und Stein, Wasser und Zahl haben in Celans Lyrik auch das Wort und die Worte, die er auch »Rutengänger im Stillen« nennt. In dem Band »Von Schwelle zu Schwelle« steht das Gedicht »Mit wechselndem Schlüssel«, das ich schon erwähnt habe und das ich Ihnen jetzt vorlesen möchte.

»Mit wechselndem Schlüssel
schließt du das Haus auf, darin
der Schnee des Verschwiegenen treibt.
Je nach dem Blut, das dir quillt
aus Aug oder Mund oder Ohr,
wechselt dein Schlüssel.

Wechselt dein Schlüssel, wechselt das Wort,
das treiben darf mit den Flocken.
Je nach dem Wind, der dich fortstößt,
ballt um das Wort sich der Schnee.«

In einem andern Gedicht dieses Bandes umdrängt die Welt »waldig von Hirschen georgelt« das Wort, und der Dichter wiegt »das Verwunschene zu ihm hin«, während im Titelgedicht des »Sprachgitters« die Sprache trennend zwischen den Menschen steht. In vielen Versen dieses Bandes sind Worte großartig, unverbunden, hingesetzt, wie überhaupt neben der Aussage über die magische Rolle der Sprache immer auch die Sprachkunst in all ihren Möglichkeiten zur Wirkung gelangt. Diesen von Celan verwendeten Kunstformen, seinen dringenden Wiederholungen und kühnen Entsprechungen, seinen schöpferischen Übertreibungen und genialen Worteinsparungen werden die Literarhistoriker einmal nachgehen und aus ihnen Celans Eigenart erklären. Wort- und Sinn-Empfindlichkeit und sprachschöpferische Begabung haben Celan auch befähigt, Dichtung aus anderen Sprachen ins Deutsche, in sein vielschichtiges, vielstimmiges

> Doch immer behalten die Quellen das Wort,
> Es singen die Wasser im Schlafe noch fort
> Vom Tage,
> Vom heute gewesenen Tage.

Und nun gehen wir in meiner eigenwilligen Auswahl von Mörikes Gedichten auf das Alter, aber noch lange nicht auf das »tiefbekümmernde« zu. Von den späteren Gedichten gefällt mir neben den wehmütig-heiteren Betrachtungen über die musikalische Gartentür und über des Dichters eigene Füße vor allem der »Turmhahn«, diese Schullektüre, bei der wohl anläßlich der Beschreibung des alten Ofens Vergleiche mit dem Schild des Achill gezogen werden und das als ein Beispiel behäbiger Alltagsidylle angesehen wird, in dem aber für mich weit mehr steckt als klassische Bildung und bürgerlich-deutsche Gemütlichkeit, nämlich ein ganz originaler Ausdruck von Lebensschmerz und Lebenstrost. Denn der stille Beobachter auf dem Ofen ist ja nicht nur der in des Pfarrers Mörike Haus aufgenommene abgetakelte Turmhahn, es ist auch Mörike selbst, der aus der stürmischen Freiheit seiner Jugend in die Beschaulichkeit des seßhaften Lebens versetzt, dem hellen tätigen Leben des Tages und den Schauern der Nacht nachsinnt und sich noch einmal fortwünscht, um dann am Ende seine eigene hoffärtige Wanderlust mit wunderbarer Freiheit zu verspotten.
Solchen freien, überlegenen Selbstspott finden wir auch in vielen von Mörikes späteren Gedichten, etwa in der »Häuslichen Szene«, dem lustigen nächtlichen Zwiegespräch eines Ehepaares über die Essigbereitung des Mannes, das in Hexametern geschrieben ist und in dem die Übung des In-Hexametern-Redens zum letzten Streitpunkt der Eheleute, aber auch zu ihrer Versöhnung

Deutsch zu übertragen: die ihm verwandten Russen Block und Jessenin, und Mandelstamm, der, seiner Zeit vorausgreifend, ein Bruder Celanschen Geistes ist – aber auch Valéry, dessen Verdichtung mythologisch-philosophischer Gedankengänge ihm doch fernstehen mußte. Diesen Übertragungen im einzelnen gerecht zu werden, bin ich nicht befugt. Mir liegt noch daran, Ihnen deutlich zu machen, daß Celan, der das Handwerk wie kaum einer der jungen Lyriker beherrscht, weit davon entfernt ist, im Kunstreichen und Künstlichen sich selbst zu genügen. Seine Einsamkeit ist beständig auf der Suche nach Communication, er spricht nicht für sich selbst, sondern für sich *und* die andern, deren Ängste und Hoffnungen die seinen sind. Seine Fähigkeit, in Eiszeiten und Lichtjahren zu denken, hindert ihn nicht, die Essenz der Jetztzeit auszupressen, einen bittern, tod- und lebenspendenden Trank. Das Wort »wir« ist ihm, und nicht nur als Ausdruck der Liebesgemeinschaft, ein ewiges Wunschwort – ein »Wir« erscheint noch im »Sprachgitter« in den Zeilen

»Auch wir hier, im Leeren,
stehn bei den Fahnen.«

Eine metaphysische Verbindung wird in vielen Gedichten tastend gesucht. In dem frühen »Die feste Burg« hält ein »tieferes Aug« im »abendlichsten aller Häuser Ausschau« – in dem Köln-Gedicht des »Sprachgitters« sind in den ungesehenen Domen »Verbannt und Verloren« daheim. Der Tod, mit dem Weißhaar geheimnisvoll gleichgesetzt, ist der teuflische Meister aus Deutschland und der finstere Haldengott, aber auch die Erlösung, die in dem Gedicht »Schneebett« ein letztes »Wir« fallen und fallen und ein Fleisch mit der Nacht werden läßt.

So vermittelt uns Celan die Wahrheit, die, nach seinen eigenen Worten, der spricht, der vom Schatten spricht, und verbindet sich mit uns in der lebendigen Schwermut, die in all seinen Gedichten zum Ausdruck kommt. »Wir waren tot und konnten atmen«, heißt es einmal, und dieses Sterben und wieder Atmen vollziehen wir mit ihm, der sein Leben der Sprache abgewonnen hat und der heute hier als der Gebende steht.

Nachwort

Wenn Schriftsteller über Literatur sprechen, erwarten viele Hörer, sie würden wie Literarhistoriker oder wie Literaturkritiker sich äußern. Man erinnert sich dieser Problematik aus den 60er Jahren, als Schriftsteller an den Universitäten in München und Frankfurt am Main als Dozenten auftraten und nicht immer ungeteilten Beifall erhielten. Sicher, es gibt Schriftsteller, die wetteifern können mit den spezialisierten Theoretikern der Literaturwissenschaft, aber wieviel überraschender, wenn sie mit eigener Stimme und eigener Auffassung, frei von Verabredungen, dozieren. Wenn ihre Vorträge oder Aufsätze gleichsam Fortschreibungen ihrer Lyrik oder Prosa sind. So wie es, im idealen Fall, bei Fontane war, bei Ricarda Huch, bei Hesse, bei Thomas Mann.
Marie Luise Kaschnitz hat Gedichte, Hörspiele, Erzählungen, zwei Romane, Tagebuchaufzeichnungen, vereinzelte Aufsätze und die Courbet-Biographie veröffentlicht. Jetzt, nach ihrem 70. Geburtstag, können wir ihr Werk besser überblicken. Im »Insel Almanach auf das Jahr 1971«, der ihr allein gewidmet ist, stehen Interpretationen nebeneinander, die den Rang, die Zeitbezogenheit und Sprachkunst ihrer Bücher bezeugen. Hermann Kesten, der die ausführlichste Interpretation gibt, hat auch die Essayistin Kaschnitz nicht vergessen: »– ihre Beschreibungen zeigen fühlende Weisheit, quasi unausgesprochene Phantasie und Poesie, dank der exakten Betrachtung, der genauen Sprache, dem präzisen Gefühl.« Damit ist fast alles konstatiert, was sich über diese zusätzliche Begabung sagen läßt. Im Insel

Almanach 71 sind bereits drei Aufsätze zur Literatur veröffentlicht, die schon auf diese umfangreiche Auswahl hinweisen; nicht jedoch die breite Fundamentierung ahnen lassen, die nun, da die ganze Sammlung vorliegt, sichtbar wird. Neben den verstreut gedruckten Vorträgen und Aufsätzen erscheinen zum ersten Mal alle Vorlesungen, die Marie Luise Kaschnitz im Sommersemester 1960 an der Frankfurter Universität gehalten hat.

Beachten wir die Entstehungszeit der behandelten Werke, dann beginnt die Thematik in der Zeit um 2000 v. Chr. mit dem Gilgamesch-Epos. Die Bibel wird mit drei Beispielen, welche eine religiöse Unterrichtung in einprägsamer Erzählform vorgeben, als Literaturzeugnis hinzugerechnet. Sappho, Aristophanes, Shakespeare, Hölderlin, Goethe, Büchner, Fouqué, Stifter, Tolstoi, Hofmannsthal, Zola, Ibsen, Hauptmann, Brecht, Beckett, Camus sind die aufeinanderfolgenden Autoren; richtiger, ihre Gestalten sind es, exemplarische Gestalten, in deren Namen schon wir eine subjektive Auswahl erkennen dürfen. Erzählend werden sie interpretiert: als Gestalten eines bestimmten Autors, als Gestalten einer Epoche, als Gestalten, die uns etwas angehen. Der Sinn ihrer Existenz wird erschlossen. Menschsein, Jugend, Alter, Liebe, Ehe, Krankheit, Tod, Vergänglichkeit, immer wieder Vergänglichkeit, als sei sie das Hauptthema der Literatur, werden nachgezeichnet. Eine hohe Wertung für die Gestalt des Fuhrmanns Henschel darf stellvertretend genommen werden: »Er verkörpert ein altes Gesetz der Menschlichkeit.«

Die Nacherzählung in konziser Prosa steigert die Faszination der jeweils vorgegebenen Gestalt. Sie verstärkt Konturen, die andere Leser nicht wahrgenommen haben. Marie Luise Kaschnitz hat die Gabe des präzisen

Vergleichs, mit den anderen Künsten auch, mit Malerei, Plastik, Musik. Sie läßt sich in ihren Reflexionen vom Gegenstand kaum wegreißen. Wissenswertes, was andere Analytiker schon herausgebracht haben, läßt sie durchblicken. Wichtiger für sie ist der primäre Text. Die Schlußwendungen gleichen sich. Da konzentriert sich die Sprache zu einer lyrischen, fast hymnisch geformten Zusammenfassung. Über Romeo und Julia beispielsweise: »Der Marmorsarg in Verona, bedeckt von einem Haufen von vergilbten und staubgrauen Visitenkarten aus aller Welt, ist ein sichtbarer Beweis dafür, wie mächtig dieses reine Liebeslied durch alle Zeiten forttönt, und wie viele danach trachten, ihren sterblichen Ruhm in Verbindung zu bringen mit der unsterblichen Hingabe, die nichts bewahren will außer sich selbst.«

Die letzten Aufsätze unterscheiden sich von den vorhergehenden, weil sie das Engagement von Marie Luise Kaschnitz unmittelbar befragen. Am unmittelbarsten in den Aufsätzen zum »Tagebuch« oder in jener beunruhigenden Umfrage, die Heinz Friedrich 1961 veranstaltet hat: »Was ist Wahrheit?«. Eine Antwort von Marie Luise Kaschnitz lautet: »Auf Weltverbesserung zielt jedes Schreiben, sei es nur durch die intensive Bemühung Stoff und Form in der einzig gültigen Weise zu verbinden, sei es durch Sichtbarmachung von Dingen und Kräften, die dem rasch und flüchtig Lebenden verloren bleiben müssen...« Nach Eduard Mörike befragt, beginnt Marie Luise Kaschnitz einfach autobiographisch zu berichten: »Ich stamme aus einer Zeit, in der Balladen den Kindern Zugang zu einer Welt der Dichtung erschlossen, und in der Mütter, sich selbst am Klavier begleitend, sangen, so daß Gedichte zuerst Lieder waren...« Und wieder gibt sie Auskunft über andere Lyriker und ihre Verse. Über Hölderlin, über

Trakl, der in ihr die »erste große Erschütterung durch das Wort« verursacht hat; über Pablo Neruda, der über die Bildungswelt Hölderlins oder Trakls weit hinausgreift, indem er seine Hymnen mit dem »Bewußtsein der Geschichte« erfüllt. Marie Luise Kaschnitz schreibt über »Liebeslyrik« unserer Zeit. Über Gedichte von Brecht, Nelly Sachs, von Enzensberger, Max Hölzer, Ingeborg Bachmann, Heinz Piontek u. a. Paul Celans Name steht mehrere Male in ihren Texten. Aus seinem Gedicht »Nachts« nahm sie – und wir dürfen es als *hommage à Celan* werten – eine Zeile, um diesen Betrachtungen hier den angemessenen Titel zu geben: »Zwischen Immer und Nie«.

Hans Bender

Zu dieser Ausgabe

insel taschenbuch 1527
Marie Luise Kaschnitz
Zwischen Immer und Nie

Der Abdruck der folgenden Beiträge erfolgt mit freundlicher Genehmigung der Verlage.

Eduard Mörike. In: *Triffst du nur das Zauberwort.* Propyläen Verlag: Berlin 1961. Mit freundlicher Genehmigung des Ullstein Verlages, Berlin

Mein Gedicht. In: *Mein Gedicht. Begegnungen mit deutscher Lyrik.* Limes Verlag: Wiesbaden 1961. Mit freundlicher Genehmigung des Ullstein Verlages, Berlin

Schwierigkeiten, heute die Wahrheit zu schreiben. In: *Schwierigkeiten, heute die Wahrheit zu schreiben.* Nymphenburger Verlagshandlung: München 1964

Das Tagebuch. Gedächtnis · Zuchtrute · Kunstform. In: *Das Tagebuch und der moderne Autor.* Carl Hanser Verlag: München 1965

Liebeslyrik heute. Franz Steiner Verlag: Wiesbaden 1962

Umschlagabbildung: Gabriele Münter, Der Blaue Berg. 1952 © VG Bild-Kunst, Bonn, 1993

Inhalt

Engidu 7
Daniel und die Könige 18
Das Ärgernis 28
Tobias 38
Sappho 47
Lysistrata 57
Romeo und Julia 61
Prospero 71
Diotima 80
Mignon 89
Egmont und Klärchen 99
Werther 110
Wozzek 119
Undine 128
Brigitta 133
Anna Karenina 141
Die Frau ohne Schatten 153
La bête humaine 161
Zu Peer Gynt 169
Die Wildente 173
Fuhrmann Henschel 181

Mutter Courage 191
Lucky 202
Der Fremde 212
Liebeslyrik heute 221
Das Tagebuch. Gedächtnis · Zuchtrute · Kunstform 246
Georg Trakl 264
Eduard Mörike 279
Mein Gedicht 298
Schwierigkeiten, heute die Wahrheit zu schreiben 300
Rede auf den Preisträger Paul Celan.
Georg-Büchner-Preis 304
Nachwort 315

Literatur der Moderne
im insel taschenbuch

Hans Christian Andersen: Spaziergang in der Sylvesternacht. Aus dem Dänischen von Anni Carlsson. Mit Zeichnungen von Gunter Böhmer. it 1130

Lou Andreas-Salomé: Lebensrückblick. Grundriß einiger Lebenserinnerungen. Aus dem Nachlaß herausgegeben von Ernst Pfeiffer. Neu durchgesehene Ausgabe mit einem Nachwort des Herausgebers. it 54

– Rainer Maria Rilke. Mit acht Bildtafeln im Text. Herausgegeben von Ernst Pfeiffer. it 1044

Emmy Ball-Hennings: Märchen am Kamin. it 945

Bertolt Brecht: Hauspostille. Mit Anleitungen, Gesangsnoten und einem Anhang. Radierungen von Christoph Meckel. it 617

Hans Carossa: Werke in Einzelausgaben. Zwölf Bände in Kassette. Die Werke sind auch einzeln lieferbar. it 1461-1472

Band 1: Gedichte. Der alte Taschenspieler. it 1461
Band 2: Die Schicksale Doktor Bürgers. Rumänisches Tagebuch. it 1462
Band 3: Der Arzt Gion. it 1463
Band 4: Geheimnisse des Lebens. it 1464
Band 5: Führung und Geleit. it 1465
Band 6: Aufzeichnungen aus Italien. it 1466
Band 7: Eine Kindheit. it 1467
Band 8: Verwandlungen einer Jugend. it 1468
Band 9: Das Jahr der schönen Täuschungen. it 1469
Band 10: Der Tag des jungen Arztes. it 1470
Band 11: Ungleiche Welten. Lebensbericht. it 1471
Band 12: Ein Tag im Spätsommer 1947. Erzählung. it 1472

Tankred Dorst: Grindkopf. Libretto für Schauspieler. Mitarbeit Ursula Ehler. Mit farbigen Zeichnungen von Roland Topor. it 929

– Korbes. Ein Drama. Mitarbeit Ursula Ehler. Mit farbigen Zeichnungen von Johannes Grützke. it 1114

– Der nackte Mann. Mitarbeit Ursula Ehler. Mit farbigen Zeichnungen von Johannes Grützke. it 857

Federico García Lorca: Die dramatischen Dichtungen. Deutsch von Enrique Beck. it 3

Hermann Hesse: Bäume. Betrachtungen und Gedichte. Mit Fotografien von Imme Techentin. Zusammenstellung der Texte von Volker Michels. it 455

– Franz von Assisi. Mit Fresken von Giotto und einem Essay von Fritz Wagner. it 1069

– Gedichte des Malers. Zehn Gedichte mit farbigen Zeichnungen. it 893

Literatur der Moderne
im insel taschenbuch

Hermann Hesse: Hermann Lauscher. Mit frühen, teils unveröffentlichten Zeichnungen und einem Nachwort von Gunter Böhmer. it 206
- Kindheit des Zauberers. Ein autobiographisches Märchen. Handgeschrieben, illustriert und mit einer Nachbemerkung versehen von Peter Weiss. it 67
- Knulp. Drei Geschichten aus dem Leben Knulps. Mit dem Fragment ›Knulps Ende‹. Mit sechzehn Steinzeichnungen von Karl Walser. it 394
- Magie der Farben. Aquarelle aus dem Tessin. Mit Betrachtungen und Gedichten zusammengestellt und mit einem Nachwort versehen von Volker Michels. it 482
- Mit Hermann Hesse durch Italien. Ein Reisebegleiter durch Oberitalien. Mit farbigen Fotografien. Herausgegeben von Volker Michels. it 1120
- Piktors Verwandlungen. Ein Liebesmärchen, vom Autor handgeschrieben und illustriert, mit ausgewählten Gedichten und einem Nachwort versehen von Volker Michels. it 122
- Schmetterlinge. Betrachtungen, Erzählungen, Gedichte. Zusammengestellt und mit einem Nachwort versehen von Volker Michels. it 385
- Die Stadt. Ein Märchen, ins Bild gebracht von Walter Schmögner. it 236
- Der verbannte Ehemann oder Anton Schievelbeyn's ohnfreywillige Reisse nacher Ost-Indien. Handgeschrieben und illustriert von Peter Weiss. Mit einem erstmals veröffentlichten Opernlibretto von Hermann Hesse. it 260
- Der Zwerg. Ein Märchen. Mit Illustrationen von Rolf Köhler. it 636
Marie Hesse: Ein Lebensbild in Briefen und Tagebüchern. Mit einem Essay von Siegfried Greiner. Mit frühen Lithographien von Gunter Böhmer. it 261
Henrik Ibsen: Ein Puppenheim. Herausgegeben und übersetzt von Angelika Gundlach. Mit zeitgenössischen Abbildungen. it 323
Jens Peter Jacobsen: Niels Lyhne. Mit Illustrationen von Heinrich Vogeler. Nachwort von Fritz Paul. Aus dem Dänischen von Anke Mann. it 44
- Die Pest in Bergamo und andere Novellen. Mit Illustrationen von Heinrich Vogeler. Aus dem Dänischen von Mathilde Mann. it 265
Marie Luise Kaschnitz: Beschreibung eines Dorfes. Fotografien von Michael Grünwald. it 665
- Eisbären. Erzählungen. it 4
- Ferngespräche. it 1422

Literatur der Moderne
im insel taschenbuch

Eduard Graf v. Keyserling: Sommergeschichten. Erzählungen. Herausgegeben von Klaus Gräbner. it 1336

Dieter Kühn: Flaschenpost für Goethe. it 854

Christian Morgenstern: Alle Galgenlieder. it 6

Rainer Maria Rilke: Sämtliche Werke. 6 Bände in Kassette. Herausgegeben vom Rilke-Archiv in Verbindung mit Ruth Sieber-Rilke. Besorgt durch Ernst Zinn. it 1101-1106

  Band I: Gedichte. Erster Teil. it 1101
  Band II: Gedichte. Zweiter Teil. it 1102
  Band III: Jugendgedichte. it 1103
  Band IV: Frühe Erzählungen und Dramen. it 1104
  Band V: Kritische Schriften. Worpswede. Auguste Rodin. it 1105
  Band VI: Malte Laurids Brigge. Kleine Schriften. it 1106

– Am Leben hin. Novellen und Skizzen 1898. Mit Anmerkungen und einer Zeittafel. it 863
– Die Aufzeichnungen des Malte Laurids Brigge. it 630
– Auguste Rodin. Mit 96 Abbildungen. it 766
– Ausgesetzt auf den Bergen des Herzens. Gedichte aus den Jahren 1906 bis 1926. it 98
– Briefe. 3 Bde. in Kassette. Herausgegeben vom Rilke-Archiv in Weimar in Verbindung mit Ruth Sieber-Rilke. Besorgt durch Karl Altheim. it 867
– Die Briefe an Gräfin Sizzo. 1921-1926. Herausgegeben von Ingeborg Schnack. it 868
– Briefe über Cézanne. Herausgegeben von Clara Rilke. Besorgt und mit einem Nachwort versehen von Heinrich Wiegand Petzet. Mit siebzehn farbigen Abbildungen. it 672
– Das Buch der Bilder. Des ersten Buches erster Teil. Des ersten Buches zweiter Teil. Des zweiten Buches erster Teil. Des zweiten Buches zweiter Teil. it 26
– Duineser Elegien. Die Sonette an Orpheus. it 80
– Erste Gedichte. Larenopfer. Traumgekrönt. Advent. it 1090
– Ewald Tragy. Mit einem Nachwort von Richard von Mises. it 1142
– Frühe Gedichte. it 878
– Gedichte. Aus den Jahren 1902 bis 1917. Taschenbuchausgabe der 1931 als Privatdruck erschienenen Edition der Handschrift Rainer Maria Rilkes. Illustriert von Max Slevogt. it 701
– Gedichte aus den späten Jahren. Zusammengestellt von Franz-Heinrich Hackel. it 1178
– Geschichten vom lieben Gott. Illustrationen von E. R. Weiß. it 43

Literatur der Moderne
im insel taschenbuch

Rainer Maria Rilke: Geschichten vom lieben Gott. Illustrationen von E. R. Weiß. Großdruck. it 2313
– Die Letzten. Im Gespräch. Der Liebende. it 935
– Die Liebenden. Die Liebe der Magdalena. Portugiesische Briefe. Die 24 Sonette der Louïze Labé. it 355
– Neue Gedichte. Der Neuen Gedichte anderer Teil. it 49
– Das Stunden-Buch, enthaltend die drei Bücher: Vom mönchischen Leben. Von der Pilgerschaft. Von der Armut und vom Tode. it 2
– Vom Alleinsein. Geschichten, Gedanken, Gedichte. Herausgegeben von Franz-Heinrich Hackel. it 1216
– Wladimir, der Wolkenmaler und andere Erzählungen, Skizzen und Betrachtungen aus den Jahren 1893-1904. Ausgewählt und zusammengestellt von Volker Michels. it 68
– Worpswede. Fritz Mackensen. Otto Modersohn. Fritz Overbeck. Hans am Ende. Heinrich Vogeler. Mit zahlreichen Abbildungen und Farbtafeln im Text. it 1011
– Zwei Prager Geschichten und ›Ein Prager Künstler‹. Mit Illustrationen von Emil Orlik. Herausgegeben von Josef Mühlberger. it 235
Rainer Maria Rilke / Lou Andreas-Salomé: Briefwechsel. Herausgegeben von Ernst Pfeiffer. it 1217
Rilkes Landschaft. In Bildern von Regina Richter, zu Gedichten von Rainer Maria Rilke. Mit einem Nachwort von Siegfried Unseld. it 588
Der Roman der Zwölf. Von Hermann Bahr, Otto Julius Bierbaum, Otto Ernst, Herbert Eulenberg, Hanns Heinz Ewers, Gustav Falke, Georg Hirschfeld, Felix Hollaender, Gustav Meyrink, Gabriele Reuter, Olga Wohlbrück, Ernst von Wolzogen. Mit einem Nachwort von Alfred Estermann. it 1358
Leopold von Sacher-Masoch: Venus im Pelz. Mit einer Studie über den Masochismus von Gilles Deleuze. it 469
Felix Timmermans: Das Brevier für Liebende und andere Erzählungen. Aus dem Flämischen von Peter Mertens und Anna Valeton-Hoos. Mit Zeichnungen des Autors. Großdruck. it 2321
– Franziskus. Roman. Deutsch von Peter Mertens. Mit Zeichnungen des Autors. Der ›Sonnengesang‹ wurde von Max Lehrs ins Deutsche übertragen. it 753
– Der Heilige der kleinen Dinge. Erzählungen. Mit Zeichnungen des Autors. it 1364
– Das Jesuskind in Flandern. Aus dem Flämischen von Anton Kippenberg mit Zeichnungen des Dichters. it 937

Literatur der Moderne
im insel taschenbuch

Felix Timmermans: Pallieter. Mit Zeichnungen des Dichters. Aus dem Flämischen von Anna Valeton-Hoos. it 1430
- St. Nikolaus in Not. Aus dem Flämischen von Anna Valeton-Hoos. Mit farbigen Bildern von Else Wenz-Viëtor. it 2023

Georg Trakl: Die Dichtungen. it 1156

Robert Walser: Liebesgeschichten. Zusammengestellt und mit einem Nachwort versehen von Volker Michels. it 263

Oscar Wilde: Gesammelte Werke in zehn Bänden. Herausgegeben von Norbert Kohl. it 582
  Band 1: Das Bildnis des Dorian Gray
  Band 2: Märchen und Erzählungen
  Band 3: Theaterstücke I
  Band 4: Theaterstücke II
  Band 5: Gedichte
  Band 6: Essays I
  Band 7: Essays II
  Band 8: Briefe I
  Band 9: Briefe II
  Band 10: Briefe III
- Aphorismen. Herausgegeben von Frank Thissen. it 1020
- Das Bildnis des Dorian Gray. Deutsch von Hedwig Lachmann und Gustav Landauer. Mit einem Essay, einer Auswahlbibliographie und einer Zeittafel herausgegeben von Norbert Kohl. it 843
- Die Erzählungen und Märchen. Mit Illustrationen von Heinrich Vogeler. Aus dem Englischen übersetzt von Felix Paul Greve und Franz Blei. it 5
- Gedichte. Herausgegeben von Norbert Kohl. it 1455
- Das Gespenst von Canterville. Erzählung. Mit Illustrationen von Oski. Aus dem Englischen von Franz Blei. it 344
- Der glückliche Prinz und andere Märchen. Aus dem Englischen von Franz Blei. Mit Illustrationen von Michael Schroeder und einem Nachwort von Norbert Kohl. it 1256
- Lord Arthur Saviles Verbrechen und andere Geschichten. Mit Illustrationen von Michael Schroeder. Aus dem Englischen von Christine Hoeppener. it 1151
- Salome. Dramen, Schriften, Aphorismen und ›Die Ballade vom Zuchthaus zu Reading‹. Mit Illustrationen von Marcus Behmer. it 107

Klassische deutsche Literatur
im insel taschenbuch

Bettine von Arnims Armenbuch. Herausgegeben von Werner Vordtriede. it 541

Bettine von Arnim: Goethes Briefwechsel mit einem Kinde. Herausgegeben und eingeleitet von Waldemar Oehlke. Mit zeitgenössischen Abbildungen. it 767

– Die Günderode. Mit einem Essay von Christa Wolf. it 702

Hermann Bote: Till Eulenspiegel. Ein kurzweiliges Buch aus dem Lande Braunschweig. Wie er sein Leben vollbracht hat. Sechsundneunzig seiner Geschichten. Herausgegeben, in die Sprache unserer Zeit übertragen und mit Anmerkungen versehen von Siegfried H. Sichtermann. Mit zeitgenössischen Illustrationen. it 336

Clemens Brentano: Rheinmärchen. In der von Guido Görres herausgegebenen Ausgabe von 1846. Mit Illustrationen von Edward Steinle. it 804

Georg Büchner: Lenz. Erzählung. Mit Oberlins Aufzeichnungen ›Der Dichter Lenz, im Steinthale‹, ausgewählten Briefen von J. M. R. Lenz und einem Nachwort von Jürgen Schröder. it 429

– Leonce und Lena. Ein Lustspiel. Mit farbigen Illustrationen von Karl Walser und einem Nachwort von Jürgen Schröder. it 594

– Woyzeck. Nach den Handschriften neu herausgegeben und kommentiert von Henri Poschmann. it 846

Gottfried August Bürger: Wunderbare Reisen zu Wasser und zu Lande. Feldzüge und lustige Abenteuer des Freiherrn von Münchhausen, wie er dieselben bei der Flasche im Zirkel seiner Freunde selbst zu erzählen pflegt. Mit den Holzschnitten von Gustave Doré. it 207

Wilhelm Busch: Kritisch-Allzukritisches. Gedichte. Ausgewählt und mit einem Nachwort von Theo Schlee. Mit Illustrationen von Wilhelm Busch. it 52

Adelbert von Chamisso: Peter Schlemihls wundersame Geschichte. Nachwort von Thomas Mann. Illustriert von Emil Preetorius. it 27

Matthias Claudius: Der Wandsbecker Bote. Mit einem Vorwort von Peter Suhrkamp und einem Nachwort von Hermann Hesse. it 130

Annette von Droste-Hülshoff: Die Judenbuche. Ein Sittengemälde aus dem gebirgichten Westfalen. Mit Illustrationen von Max Unold. it 399

– Sämtliche Gedichte. Mit einem Nachwort von Ricarda Huch. it 1092

Marie von Ebner-Eschenbach: Dorf- und Schloßgeschichten. Mit einem Nachwort von Joseph Peter Strelka. it 1272

Johann Peter Eckermann: Gespräche mit Goethe in den letzten Jahren seines Lebens. 2 Bde. Herausgegeben von Fritz Bergemann. it 500

Klassische deutsche Literatur
im insel taschenbuch

Joseph von Eichendorff: Aus dem Leben eines Taugenichts. Mit Illustrationen von Adolf Schrödter und einem Nachwort von Ansgar Hillach. it 202
- Gedichte. Mit Zeichnungen von Otto Ubbelohde. Herausgegeben von Traude Dienel. it 255
- Gedichte. In chronologischer Folge herausgegeben von Hartwig Schultz. it 1060
- Novellen und Gedichte. Ausgewählt und eingeleitet von Hermann Hesse. it 360

Theodor Fontane: Cécile. Mit einem Nachwort von Walter Müller-Seidel. it 689
- Effi Briest. Mit 21 Lithographien von Max Liebermann. it 138
- Frau Jenny Treibel oder ›Wo sich Herz zum Herzen findt‹. Roman. Mit einem Nachwort von Richard Brinkmann. it 746
- Grete Minde. Mit einem Nachwort von Peter Demetz. it 1157
- Herr von Ribbeck auf Ribbeck. Gedichte und Balladen. Herausgegeben von Gottfried Honnefelder. it 1446
- Irrungen, Wirrungen. Mit einem Nachwort von Walther Killy. it 771
- Jenseit des Tweed. Bilder und Briefe aus Schottland. Mit zahlreichen Abbildungen und einem Nachwort herausgegeben von Otto Drude. it 1066
- Kriegsgefangen. Erlebnisse 1870. Herausgegeben von Otto Drude. Mit zahlreichen Abbildungen. it 1437
- Mathilde Möhring. Mit einem Nachwort von Peter Demetz. it 1107
- Meine Kinderjahre. Autobiographischer Roman. Mit einem Nachwort von Otto Drude. it 705
- Die Poggenpuhls. Roman. it 1271
- Schach von Wuthenow. Erzählung aus der Zeit des Regiments Gendarmes. Mit einem Nachwort von Benno von Wiese. it 816
- Der Stechlin. Mit einem Nachwort von Walter Müller-Seidel. it 152
- Stine. Roman. Mit einem Nachwort von Peter Demetz. it 899
- Unwiederbringlich. Roman. it 286
- Vor dem Sturm. Roman, aus dem Winter 1812 auf 13. Mit einem Nachwort von Hugo Aust. it 583
- Wanderungen durch die Mark Brandenburg. 5 Bde. in Kassette. Herausgegeben von Gotthard Erler und Rudolf Mingau. it 1181-1185
  Band I: Die Grafschaft Ruppin. it 1181
  Band II: Das Oderland. it 1182
  Band III: Havelland. it 1183
  Band IV: Spreeland. it 1184
  Band V: Fünf Schlösser. it 1185

Klassische deutsche Literatur
im insel taschenbuch

Georg Forster: Reise um die Welt. Herausgegeben und mit einem Nachwort von Gerhard Steiner. it 757

Das Gespensterbuch. Herausgegeben von Johann August Apel und Friedrich Laun. Ausgewählt von Robert Stockhammer. it 1388

Johann Wolfgang Goethe: Dichtung und Wahrheit. 3 Bde. in Kassette. Mit Bildmaterial. it 149-151

– Elegie von Marienbad. September 1823. Faksimile einer Urhandschrift. Herausgegeben von Christoph Michel und Jürgen Behrens. Mit einem Geleitwort von Arthur Henkel. it 1250

– Erotische Gedichte. Gedichte, Skizzen und Fragmente. Herausgegeben von Andreas Ammer. it 1225

– Faust. Erster Teil. Nachwort von Jörn Göres. Illustrationen von Eugène Delacroix. it 50

– Faust. Zweiter Teil. Mit Federzeichnungen von Max Beckmann. Mit einem Nachwort zum Text von Jörn Göres und zu den Zeichnungen von Friedhelm Fischer. it 100

– Gedichte. Sämtliche Gedichte in zeitlicher Folge. Herausgegeben von Heinz Nicolai. it 1400

– Hermann und Dorothea. Mit Aufsätzen von August Wilhelm Schlegel, Wilhelm von Humboldt, Georg Wilhelm Friedrich Hegel und Hermann Hettner. Mit zehn Kupfern von Catel. it 225

– Italienische Reise. Mit vierzig Zeichnungen des Autors. Herausgegeben und mit einem Nachwort versehen von Christoph Michel. it 175

– Tagebuch der Italienischen Reise 1786. Notizen und Briefe aus Italien. Mit Skizzen und Zeichnungen des Autors. Herausgegeben und erläutert von Christoph Michel. it 176

– Die Leiden des jungen Werther. Mit einem Essay von Georg Lukács und einem Nachwort von Jörn Göres. Mit zeitgenössischen Illustrationen von Daniel Nikolaus Chodowiecki und anderen. it 25

– Märchen. Der neue Paris. Die neue Melusine. Das Märchen. Herausgegeben und erläutert von Katharina Mommsen. it 825

– Der Mann von funfzig Jahren. Mit einem Nachwort von Adolf Muschg. it 850

– Maximen und Reflexionen. Text der Ausgabe von 1907 mit den Erläuterungen und der Einleitung Max Heckers. Nachwort von Isabella Kuhn. it 200

– Novelle. Mit Federzeichnungen von Max Liebermann und einem Nachwort von Paul Stöcklein. Großdruck. it 2301

– Novellen. Herausgegeben und mit einem Nachwort versehen von Katharina Mommsen. Mit Federzeichnungen von Max Liebermann. it 425

Klassische deutsche Literatur
im insel taschenbuch

Johann Wolfgang Goethe: Reineke Fuchs. Mit Stahlstichen nach Zeichnungen von Wilhelm Kaulbach. it 125
- Römische Elegien und Venezianische Epigramme. Herausgegeben von Regine Otto. it 1150
- Schriften zur Naturwissenschaft. Ausgewählt und herausgegeben von Horst Günther. Mit Zeichnungen von Goethe. it 550
- Tagebuch der ersten Schweizer Reise 1775. Goethes letzte Schweizer Reise. Mit den Zeichnungen des Autors und einem vollständigen Faksimile der Handschrift, herausgegeben und erläutert von Hans-Georg Dewitz. it 300/375
- Unterhaltungen deutscher Ausgewanderten. Mit einem Nachwort herausgegeben von Gert Ueding. it 1050
- Die Wahlverwandtschaften. Ein Roman. Erläuterungen von Hans-J. Weitz. Mit einem Essay von Walter Benjamin. it 1
- West-östlicher Divan. Mit Essays zum ›Divan‹ von Hugo von Hofmannsthal, Oskar Loerke und Karl Krolow. Herausgegeben und mit Erläuterungen versehen von Hans-J. Weitz. it 75
- Wilhelm Meisters Lehrjahre. Herausgegeben von Erich Schmitt. Mit sechs Kupferstichen von Catel, sieben Musikbeispielen und Anmerkungen. it 475
- Wilhelm Meisters Wanderjahre oder die Entsagenden. Mit einem Nachwort von Adolf Muschg. it 575

Goethes Briefe an Charlotte von Stein. 3 Bde. in Kassette. Herausgegeben von Julius Petersen. it 1125

Goethes Feste. Festliche Texte. Ausgewählt und mit einem Nachwort versehen von Uwe Hebekus. Mit zahlreichen Abbildungen. it 1325

Goethes Gedanken über Musik. Eine Sammlung aus seinen Werken, Briefen, Gesprächen und Tagebüchern. Herausgegeben von Hedwig Walwei-Wiegelmann. Mit achtundvierzig Abbildungen erläutert von Hartmut Schmidt. it 800

Goethes Liebesgedichte. Herausgegeben von Hans Gerhard Gräf mit einem Nachwort von Emil Staiger. it 275

Der Briefwechsel zwischen Schiller und Goethe. 2 Bde. Herausgegeben von Emil Staiger. Mit Illustrationen. Bildkommentar von Hans-Georg Dewitz. it 250

Johann Wolfgang von Goethe / Friedrich von Schiller: Sämtliche Balladen und Romanzen in zeitlicher Folge. Herausgegeben von Karl Eibl. it 1275

Manfred Wenzel: Goethe und die Medizin. Selbstzeugnisse und Dokumente. Mit zahlreichen Abbildungen. it 1350

Klassische deutsche Literatur
im insel taschenbuch

Jeremias Gotthelf: Die schwarze Spinne. Mit Illustrationen von Renate Sendler-Peters. it 991

Hans Jakob Christoffel von Grimmelshausen: Der abenteuerliche Simplicissimus. Mit Zeichnungen von Fritz Kredel. it 739

Karoline von Günderode: Gedichte. Herausgegeben von Franz Josef Görtz. it 809

Hartmann von Aue: Hartmann von Aue erzählt. Der arme Heinrich. Gregorius oder Der gute Sünder Erec. Iwein oder der Löwenritter. Aus dem Mittelhochdeutschen von Lambertus Okken. it 1417

Wilhelm Hauff: Märchen. Herausgegeben von Bernhard Zeller. Mit Illustrationen von Theodor Weber, Theodor Hosemann und Ludwig Burger. it 216

Johann Peter Hebel: Kalendergeschichten. Ausgewählt und mit einem Nachwort von Ernst Bloch. Mit neunzehn Holzschnitten von Ludwig Richter. it 17

– Schatzkästlein des rheinischen Hausfreundes. Nachdruck der Ausgabe von 1811 sowie sämtliche Kalendergeschichten aus dem »Rheinländischen Hausfreund« der Jahre 1808-1819. Herausgegeben und mit einem Nachwort versehen von Jan Knopf. it 719

Heinrich Heine: Briefe aus Berlin. Herausgegeben von Joseph A. Kruse. it 1322

– Buch der Lieder. Mit zeitgenössischen Illustrationen und einem Nachwort von E. Galley. it 33

– Deutschland. Ein Wintermärchen. Mit einem Nachwort von Joseph Peter Strelka. Anhang mit Bibliographie und einer Zeittafel. it 723

– Florentinische Nächte. Mit Illustrationen von Wilhelm Wagner. it 923

– Italien. Mit farbigen Illustrationen von Paul Scheurich. it 1072

– Liebesgedichte. In einer Auswahl von Thomas Brasch. it 1444

– Neue Gedichte. it 1055

– Der Rabbi von Bacherach. Ein Fragment. Mit Illustrationen von Max Liebermann und einem Nachwort von Joseph A. Kruse. it 811

– Reisebilder. Mit einem Nachwort von Joseph A. Kruse und zeitgenössischen Illustrationen. it 444

– Romanzero. Mit einem Nachwort von Joseph A. Kruse und zeitgenössischen Illustrationen. it 538

Friedrich Hölderlin: Gedichte. Herausgegeben und mit Erläuterungen versehen von Jochen Schmidt. it 781

– Hyperion oder Der Eremit in Griechenland. Herausgegeben und mit einem Nachwort versehen von Jochen Schmidt. it 365

Klassische deutsche Literatur
im insel taschenbuch

Hölderlins Diotima Susette Gontard. Gedichte–Briefe–Zeugnisse. Mit Bildnissen. Herausgegeben von Adolf Beck. it 447

Hölderlin. Chronik seines Lebens mit ausgewählten Bildnissen. Herausgegeben von Adolf Beck. it 83

E. T. A. Hoffmann: Die Abenteuer der Silvester-Nacht. Mit farbigen Illustrationen von Monika Wurmdobler. it 798

– Die Elixiere des Teufels. Mit Illustrationen von Hugo Steiner-Prag. it 304

– Das Fräulein von Scuderi. Erzählung aus dem Zeitalter Ludwig des Vierzehnten. Mit Illustrationen von Lutz Siebert. it 410

– Der goldne Topf. Ein Märchen aus der neuen Zeit. Mit 13 Illustrationen von Karl Thylmann. Herausgegeben und mit einem Nachwort von Jochen Schmidt. it 570

– Klein Zaches genannt Zinnober. Ein Märchen. Mit Radierungen von Renate Sendler-Peters. it 777

– Lebensansichten des Katers Murr nebst fragmentarischer Biographie des Kapellmeisters Johannes Kreisler in zufälligen Makulaturblättern. Mit Illustrationen von Maximilian Liebenwein. Mit Anmerkungen. it 168

– Nachtstücke. Mit einem Nachwort von Lothar Pikulik und Illustrationen von Renate Sendler-Peters. it 589

– Nußknacker und Mausekönig. Mit farbigen Illustrationen von Monika Wurmdobler. it 879

– Der Sandmann. Mit Illustrationen von Hugo Steiner-Prag und einem Nachwort von Jochen Schmidt. it 934

– Der unheimliche Gast und andere phantastische Erzählungen. Herausgegeben von Ralph-Rainer Wuthenow. it 245

– Der unheimliche Gast. Mit farbigen Illustrationen von Monika Wurmdobler. Großdruck. it 2302

Jean Paul: Flegeljahre. Eine Biographie. Mit einem Nachwort von Hermann Meyer. it 873

– Siebenkäs. Blumen-, Frucht- und Dornenstücke oder Ehestand, Tod und Hochzeit des Armenadvokaten F. St. Siebenkäs im Reichsmarktflecken Kuhschnappel. Mit einem Nachwort von Hermann Hesse. it 980

– Titan. Mit einem Nachwort von Ralph-Rainer Wuthenow. it 671

Das Kalte Herz und andere Texte der Romantik. Mit einem Essay von Manfred Frank. it 330

Gottfried Keller: Der grüne Heinrich. Erste Fassung. 2 Bde. Mit Zeichnungen Gottfried Kellers und seiner Freunde. it 335